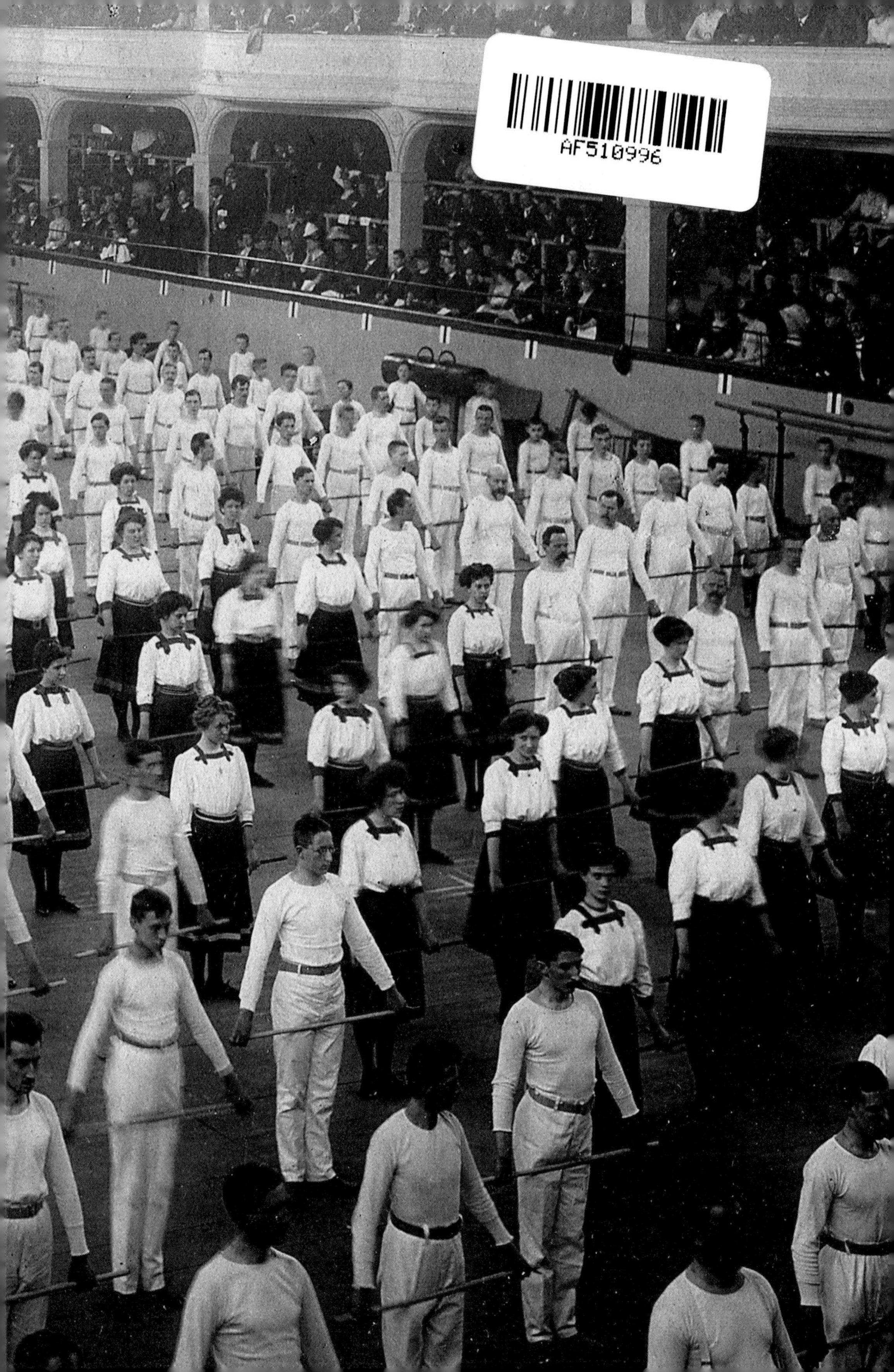

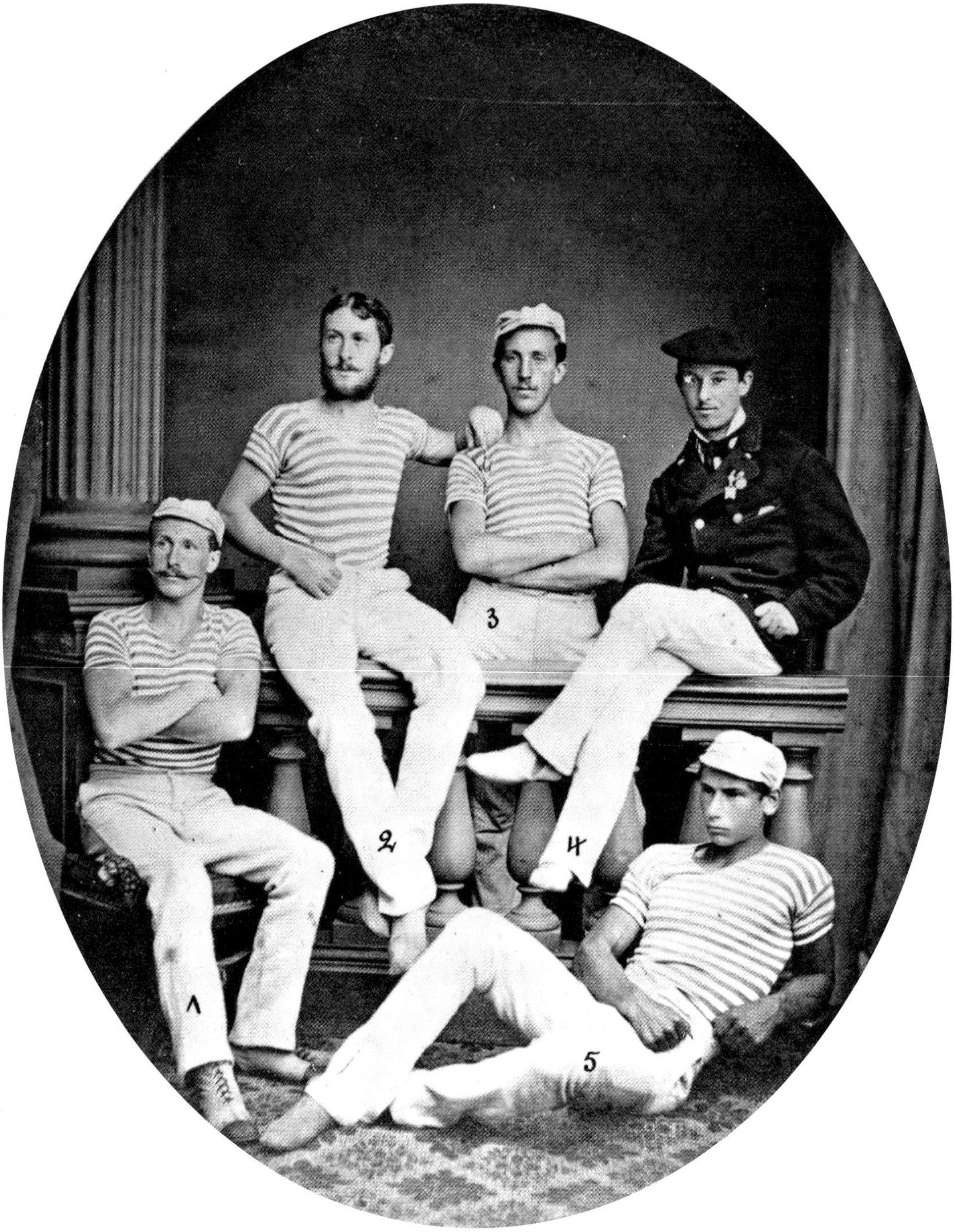

Die 1874 in Rotterdam und Amsterdam siegreiche Mannschaft des Vierers der Frankfurter Rudergesellschaft Germania 1869: A. Pfleger (1), A. Waltz (2), Th. Sipf (3), Steuermann O. Elz (4) und Vereinslegende Achilles Wild (5).

Sportstadt Frankfurt am Main

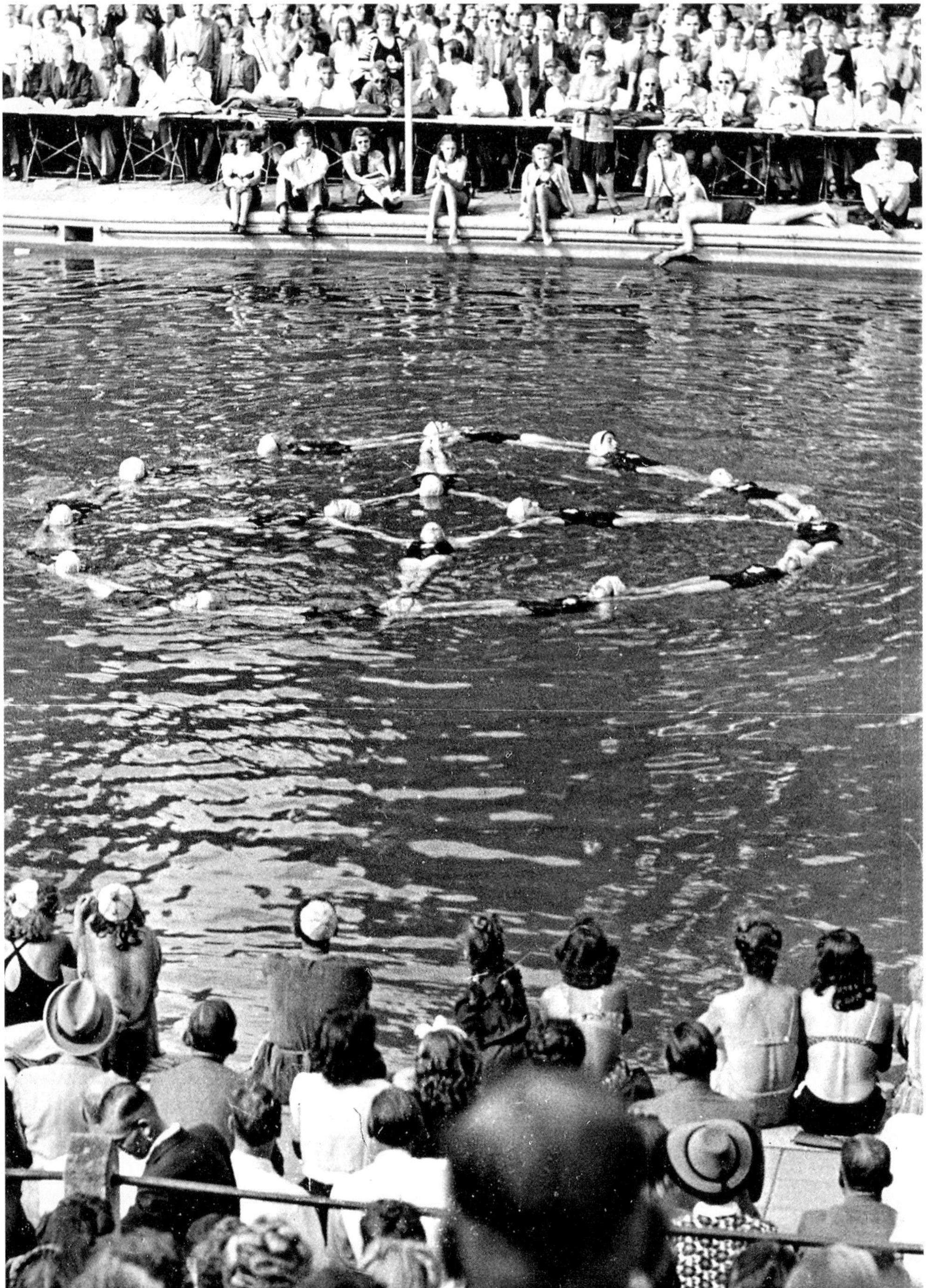

Die 59. deutschen Schwimmmeisterschaften am 3. und 4. August 1947 im Frankfurter Stadionbad (s. Seite 70).

Ulrich Eisenbach und Matthias Thoma

Sportstadt Frankfurt am Main

Eine spannende Zeitreise in Bildern 1880 bis 1970

SUTTON

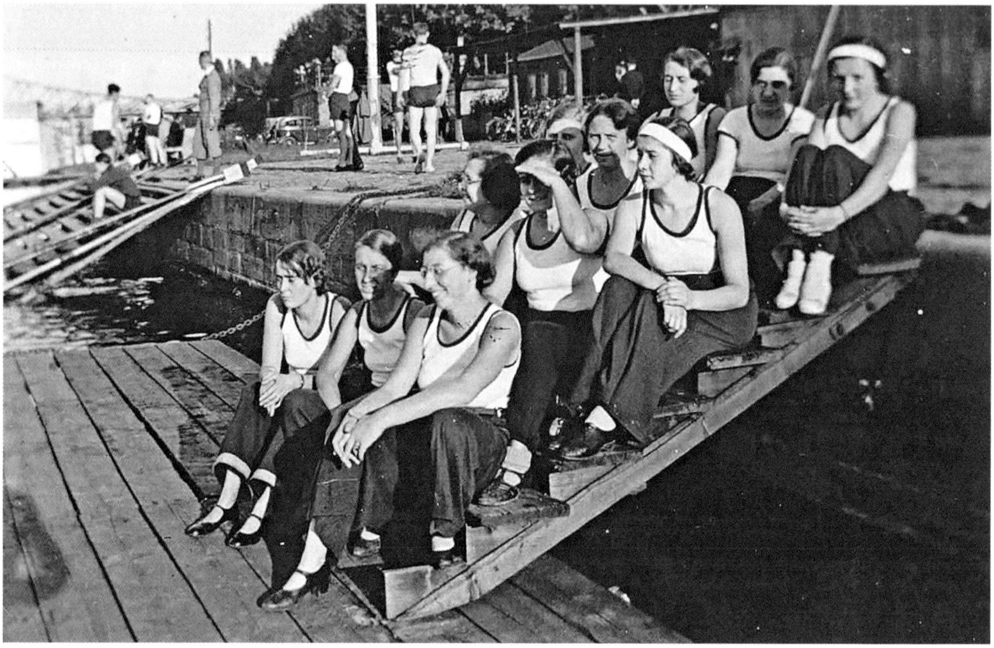

1934 gründete der Frankfurter Ruderverein von 1865 eine Frauenabteilung. Noch im selben Jahr nahmen die Frauen an Rennen teil. Das Bild zeigt einige der Ruderinnen während der internen Vereinsregatta 1934 auf dem Steg vor dem Bootshaus der Männer. Das der Frauen befand sich am Sachsenhäuser Hochkai, wo heute das Haus der Jugend steht.

Einband vorn: „Stillauf" der Leichtathleten der Turn- und Sportgemeinde Eintracht in der Pause des Fußballspiels Eintracht Frankfurt gegen den 1. FC Nürnberg am 10. April 1921 im Riederwaldstadion (s. Seite 53).
Vorsatz: Jubiläumsschauturnen der Frankfurter Turngemeinde 1861 zum 50-jährigen Bestehen am 2. April 1911 im Hippodrom an der Forsthausstraße (s. Seite 12).
Nachsatz: Laufwettbewerb beim Internationalen Schulfest am 8. September 1951 im Frankfurter Waldstadion. Die Frankfurter Schulen gaben an diesem Tag allen Schülern und Schülerinnen der höheren Jahrgangsstufen frei, damit sie teilnehmen oder zuschauen konnten.
Einband hinten: Feldhandball-Frauenmannschaft von Eintracht Frankfurt nach dem Gewinn der Süddeutschen Meisterschaft 1933. In der Mitte mit Blumenstrauß Tilly Fleischer, die 1936 als Olympiasiegerin im Speerwerfen berühmt wurde. (Foto: Schmidter, Frankfurt)

Impressum
Sutton Verlag GmbH
Schweickhardtstraße 1
72072 Tübingen
www.suttonverlag.de

ISBN: 978-3-96303-434-3
Printed in Poland by CGS
Gestaltung und Herstellung: Sutton Verlag
Lektorat: Matthias Kunstmann, Karlsruhe

In diesem Buch wird aus Gründen der besseren Lesbarkeit das generische Maskulinum verwendet. Weibliche und anderweitige Geschlechteridentitäten werden dabei ausdrücklich mitgemeint, soweit es für die Aussage erforderlich ist.

Inhalt

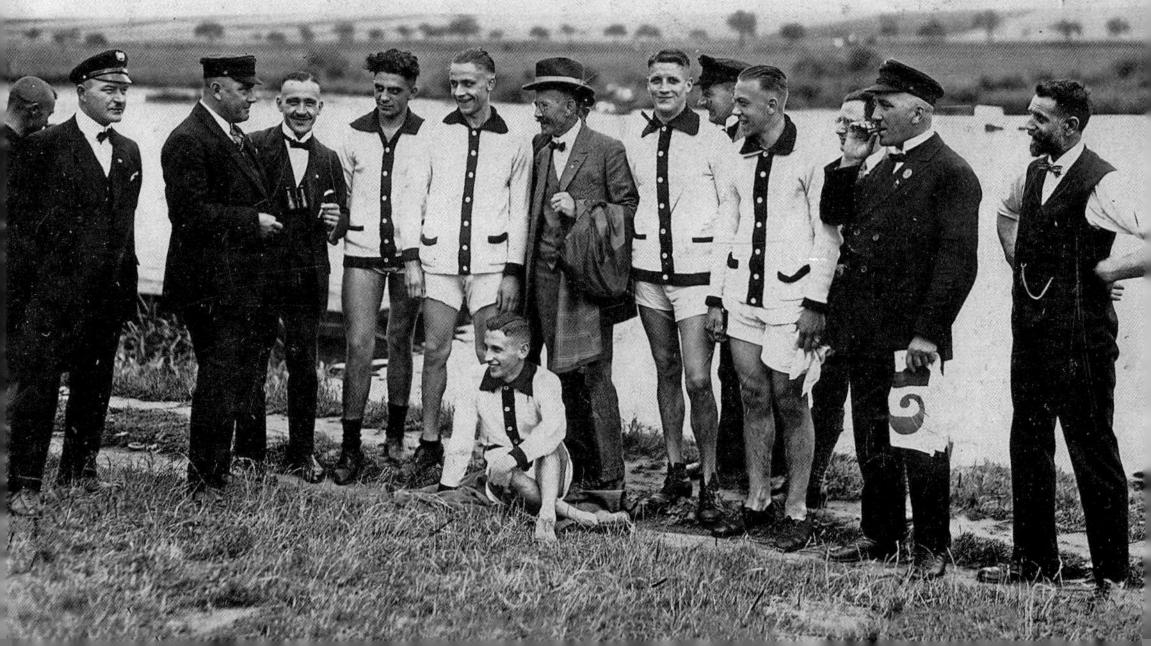

Vorwort der Herausgeber

Der Titel „Sportstadt Frankfurt am Main“ mag vermessen klingen – sofern darunter ein Alleinstellungsmerkmal verstanden wird, das Frankfurt einen herausragenden Platz unter den deutschen Großstädten zuweist. Eine solche Sonderstellung Frankfurts im Bereich des Sports jedoch ist nicht gemeint. Andere Städte vergleichbarer Größenordnung können vermutlich auf ein ähnlich breites Sportangebot, auf ebenso viele erfolgreiche Sportler und Sportlerinnen und auf entsprechend lange Traditionen verweisen.

Der Begriff „Sportstadt“ zielt vielmehr auf die Bedeutung des Sports als Teil des modernen kulturellen Lebens in Frankfurt am Main ab. Dabei ist der Sport wie das kulturelle Angebot insgesamt einem ständigen Wandel unterworfen. Vor einigen Jahrzehnten noch beliebte Sportarten verschwinden ganz oder werden an den Rand gedrängt, andere gewinnen an Beliebtheit und rücken ins Rampenlicht. Die Geschwindigkeit dieses Wandels hat sich in den letzten Jahrzehnten beschleunigt, was auch mit den veränderten Freizeitgewohnheiten, der zunehmenden Individualisierung und den nahezu unbeschränkten Möglichkeiten, Sportveranstaltungen quasi rund um den Globus zu verfolgen, zusammenhängt.

Wenn man sich der Mühe unterzieht, zu untersuchen, wo erstmals in Deutschland die verschiedenen Sportarten im Verein (also organisiert) ausgeübt wurden, so wird man feststellen, dass Frankfurt am Main zwar nur in wenigen Fällen an erster Stelle steht, aber fast immer zu den Pionieren gehört. Da die meisten Sportarten aus Großbritannien nach Deutschland kamen, liegt es nahe, hier einen Zusammenhang zu sehen: In der Bankenstadt mit ihren internationalen Geschäftsbeziehungen lebten schon im 19. Jahrhundert viele ausländische Geschäftsleute, die ihren in der Heimat ausgeübten Sport nicht missen wollten. Umgekehrt verschlug es viele Frankfurter geschäftlich nach England, wo sie die neuen Formen der Freizeitgestaltung kennenlernten.

In Deutschland hat die sportliche Betätigung mit dem Turnen angefangen. 1810 rief „Turnvater“ Friedrich Ludwig Jahn die deutsche Turnbewegung ins Leben, um die Jugend auf den Kampf gegen die napoleonische Besetzung vorzubereiten. Verbunden war sie mit den Forderungen nach einem deutschen Nationalstaat und einer demokratischen Verfassung – deshalb wurde sie argwöhnisch von den Regierungen der deutschen Staaten überwacht und immer wieder unterdrückt. Die Turner sahen ihre Aktivitäten als Leibesertüchtigung. Das Motiv der Wehrhaftigkeit spielte bei ihnen eine große Rolle. Fechten und zeitweise auch Schießübungen standen bei ihnen oft gleichberechtigt neben dem Geräteturnen. Der Wettkampfgedanke war bei den Turnern verpönt. Deutlich grenzten sie sich damit vom „Sport“ ab. Die Folge war, dass sich gegen Ende des 19. Jahrhunderts junge Leute vermehrt anderen Sportarten zuwandten. Um neue Mitglieder zu gewinnen, sahen sich die Turnvereine genötigt, ebenfalls Wettkampf- und Mannschaftssportarten anzubieten. Es entstanden innerhalb der Turnvereine Abteilungen für

Handball, Faustball, Hockey, Boxen, Schwer- und Leichtathletik, aber auch für Schwimm- und Radsport. Nur zum Fußball behielten sie in der Regel ein distanziertes Verhältnis.

Die Sportarten, die dem Turnen im letzten Drittel des 19. Jahrhunderts Konkurrenz zu machen begannen, kamen meist aus Großbritannien. Rudern, Pferderennen, Rugby (und in seinem Gefolge der Fußball), Tennis, Golf und Hockey waren anfangs ausgesprochen großbürgerliche Betätigungen, verloren zum Teil aber bald ihren elitären Charakter. Auch Schwimmen und Radsport wurden gegen Ende des 19. Jahrhunderts immer beliebter.

Niemals gab es in Frankfurt am Main mehr Turn- und Sportvereine als in den Jahren der Weimarer Republik. Als die Nationalsozialisten an die Macht kamen, sank ihre Zahl. Nicht nur, weil alle Arbeitersportvereine und konfessionelle Vereine aufgelöst wurden. Auch viele „bürgerliche" Sportvereine, die schnell die ideologischen Vorgaben der Nazis umsetzten, wurden zu Fusionen genötigt, die oft über den Zweiten Weltkrieg hinaus Bestand hatten. Weitere Fusionen gab es in der Nachkriegszeit. Diesmal waren der Mangel an Sportstätten und -geräten oder schlicht die Mitgliederverluste durch den Krieg die Ursache dafür, dass man sich zusammenschloss.

Heute gibt es in Frankfurt weit mehr als 400 Sportvereine. Etwa ein Viertel davon ist erst nach 1970 gegründet worden und liegt somit außerhalb unseres Betrachtungszeitraums. Rund 140 Vereine haben wir kontaktiert, nicht alle haben geantwortet. Andere ließen uns wissen, dass keine historischen Fotos mehr vorhanden seien. Mehr als die Hälfte der angeschriebenen Vereine stellte uns Fotos zur Verfügung, sodass schließlich rund 1.700 Aufnahmen zusammenkamen, von denen nicht einmal ein Zehntel in den vorliegenden Bildband Eingang fand. Die Auswahl der Bilder war für uns nicht einfach. Am Ende entschieden Motiv und Qualität der Aufnahme. Einige mögen enttäuscht sein, dass „ihr" Verein oder „ihr" Sport nicht oder vermeintlich unzureichend berücksichtigt worden ist. Wir sind uns dieser Defizite bewusst und können als Entschuldigung nur den begrenzten Platz in diesem Buch anführen.

Dass ohne die Unterstützung seitens der Vereine dieses Buch nicht zustande gekommen wäre, versteht sich von selbst. Vorstände und Mitglieder, vor allem solche, die schon lange in den Vereinen tätig sind, haben viel Zeit geopfert, um die gewünschten Fotos und die notwendigen Bildinformationen zu beschaffen. Ihnen allen sei für ihre Mühen herzlichst gedankt. Viele Bilder erhielten wir auch von den Heimat-, Museums- und Geschichtsvereinen in Bornheim, Fechenheim, Griesheim, Höchst und Nied. Ihr erstaunliches Wissen um die lokale Sportgeschichte hat uns ein um das andere Mal verblüfft. Auch ihnen gebührt unser Dank. Die Beteiligten alle namentlich aufzuführen, würde den Rahmen dieses Vorworts sprengen. Zwei Ausnahmen seien gestattet: Peter Schermer, langjähriger Vorsitzender des Arbeitskreises „Sport und Geschichte" beim Landessportbund Hessen, hat uns nicht nur in Gesprächen wertvolle Hinweise gegeben, sondern auch mit zahlreichen Arbeiten zum Sport in Frankfurt eine solide Ausgangsgrundlage geschaffen. Monika Lauria, die beim Institut für Stadtgeschichte Frankfurt am Main die Vereinsarchive betreut, hat uns ganz unbürokratisch die Möglichkeit gegeben, in den Beständen nach fotografischen Schätzen zu suchen. Ihnen gilt ebenfalls unser herzlicher Dank.

Ulrich Eisenbach und Matthias Thoma

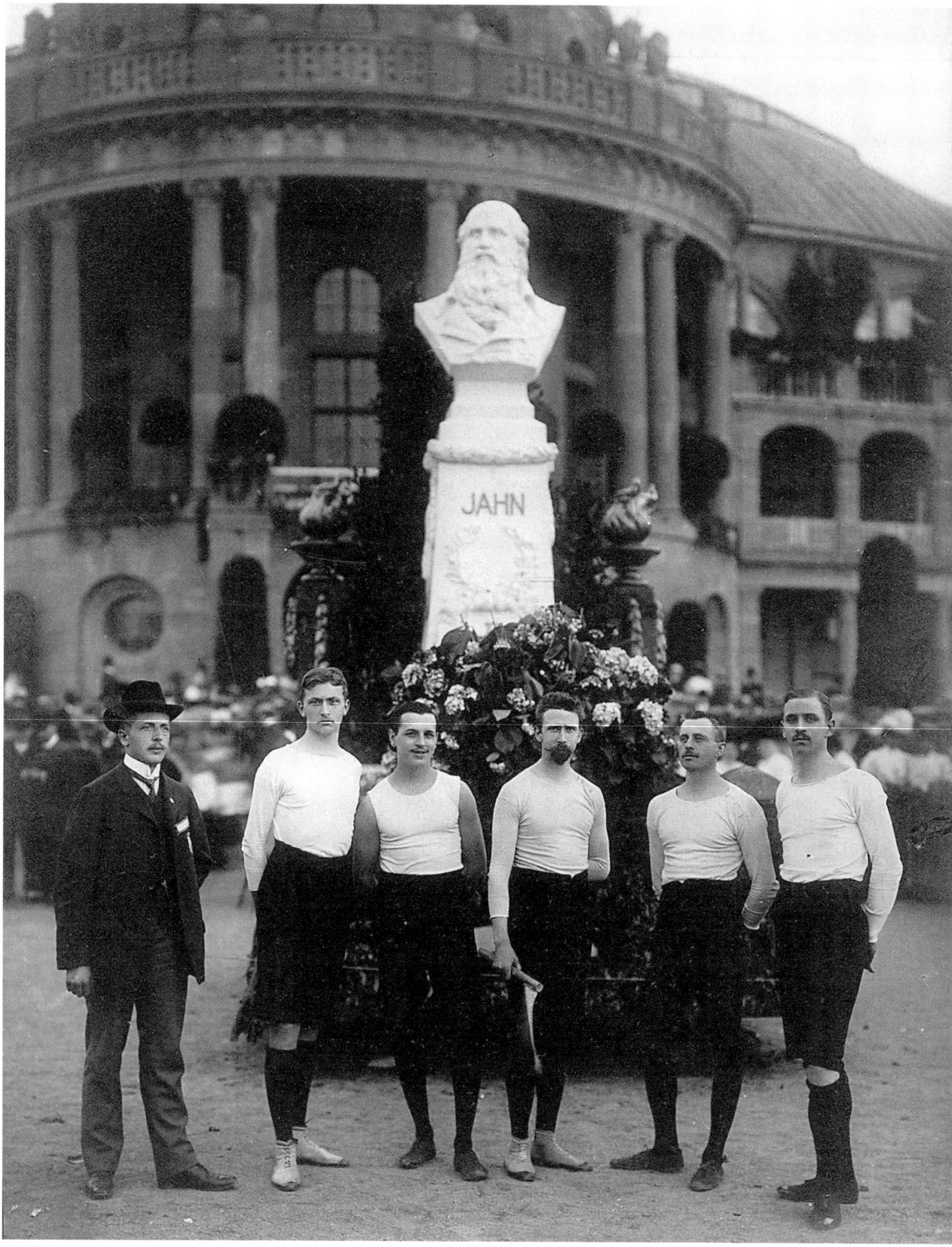

Zum zweiten Mal nach 1880 fand vom 18. bis 23. Juli 1908 das Deutsche Turnfest in Frankfurt statt. Vor einer Büste des Turnvaters Jahn vor der Festhalle, dem zentralen Veranstaltungsort, hat sich die 500-Meter-Staffel des Frankfurter Turnvereins 1861 aufgestellt.

1

Frisch, fromm, fröhlich, frei

Turnen ist die älteste in Vereinen betriebene Sportart in Deutschland und gehört zu den wenigen, die hier ihren Ursprung haben – auch wenn sich die Turner bewusst vom Sport abgrenzten und von Leibesertüchtigung sprachen. 1811 eröffnete „Turnvater" Friedrich Ludwig Jahn in der Hasenheide in Berlin den ersten Turnplatz. Fünf Jahre später gab es die Jahn'schen Turngeräte (Reck, Barren, Klettergerüst) auch schon in Frankfurt. 1819 wurden alle Turnplätze aus politischen Gründen geschlossen, doch die Turnerbewegung ließ sich nicht mehr aufhalten. August Ravenstein gründete 1833 die Frankfurter Turngemeinde und organisierte 1844 das erste Feldbergturnfest. Weitere Turnvereine in Frankfurt folgten.

Ihre wiederholten Auflösungen waren Reaktionen des Obrigkeitsstaats auf die freiheitlichen Ideen der Turnerbewegung, die sich für Bürgerrechte und einen deutschen Nationalstaat einsetzte. Doch Jahn und seine Anhänger vertraten auch nationalistische und antisemitische Anschauungen. Mit der Reichsgründung von 1871 hatte die Turnbewegung ihr Hauptziel erreicht und rückte mehr und mehr ins national-konservative Lager. Das betraf zumindest die Vereine, die in der Deutschen Turnerschaft organisiert waren. Einen anderen Weg beschritten die „Freien" Turnvereine – Arbeitervereine, die eng mit der Sozialdemokratie verbunden waren. Sie standen in Opposition zum monarchistischen Staat.

Eines der Zentren der Turnbewegung war Frankfurt. Gleich fünfmal fanden hier Deutsche Turnfeste statt: 1880, 1908, 1948, 1983 und 2009. Es waren Massenveranstaltungen mit Tausenden, ja Zehntausenden von Teilnehmern. Unter den vielen Sport treibenden Vereinen in Frankfurt waren und sind die Turnvereine die häufigsten. Sie haben es verstanden, ihre sportlichen Angebote ständig zu erweitern und dabei den Zeitgeist immer im Blick zu haben. Im ersten Viertel des 20. Jahrhunderts zum Beispiel richteten sie Hand-, Faust- und Schlagballabteilungen ein, riefen Faschings-, Wander- und Gesangsabteilungen ins Leben, trieben Leichtathletik, boten Fechten, Kegeln und Schwimmen an und öffneten sich vereinzelt sogar dem Fußball und dem Tennis. Kurz: Sie offerierten ein umfassendes Sport- und Freizeitangebot.

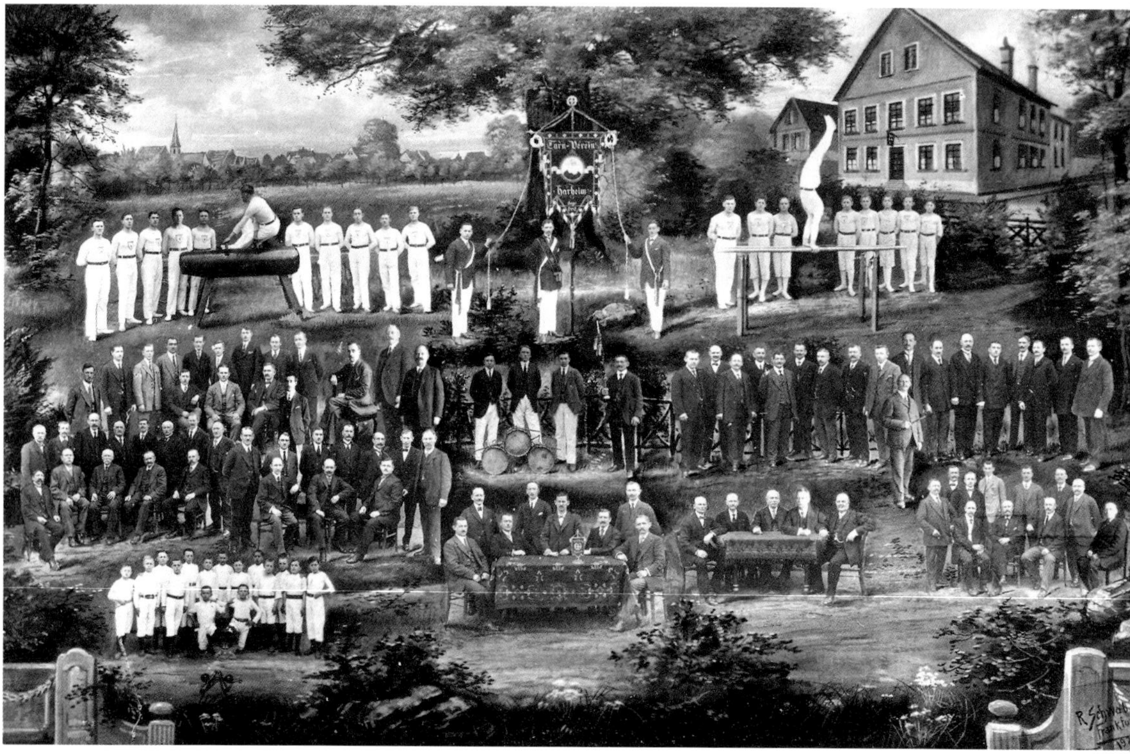

Mitglieder des TV 1882 Harheim mit Vereinsfahne 1922 (Fotocollage). Hinten rechts ist das Gasthaus „Darmstädter Hof" zu sehen, damals Vereinslokal der Harheimer Turner, in dessen Saal auch die Übungsstunden abgehalten wurden. (Foto R. Schwab, Frankfurt)

Arbeiter gründeten am 10. August 1904 die Freie Turnerschaft Fechenheim, einen sozialdemokratischen Arbeitersportverein. Er schloss sich dem Arbeiter-Turnerbund an, der für seine Mitgliedsvereine eigene Turnfeste organisierte. Das Foto zeigt die „Arbeiterturner" 1912 beim 1. Süddeutschen Arbeiterturnfest in Nürnberg. ▶

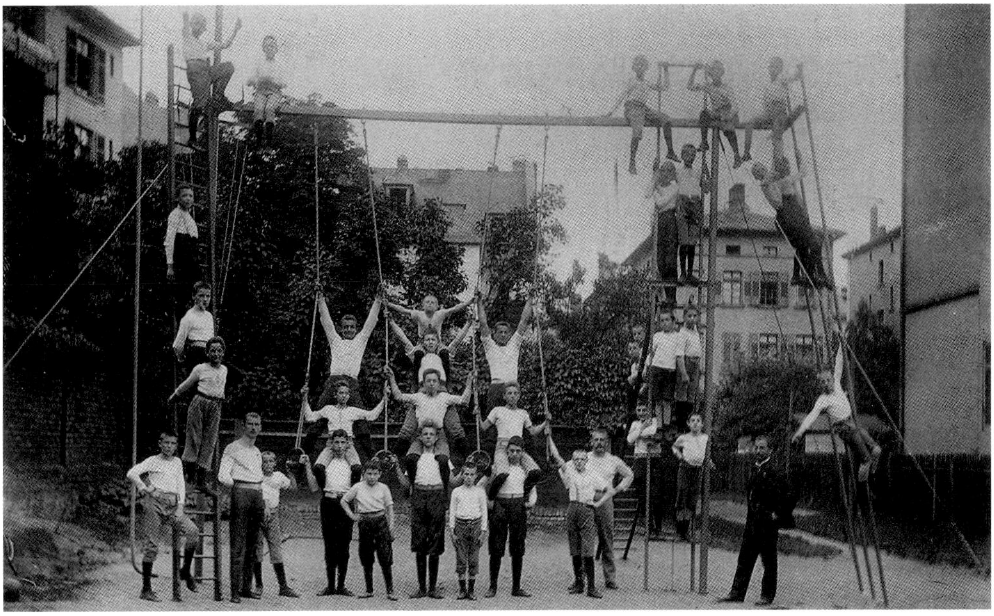

Turnlehrer Böcker (links) mit „Zöglingen" zu Beginn des 20. Jahrhunderts auf dem Hof hinter der Turnhalle des Frankfurter Turnvereins 1861 (Rückseite des Hauses Sandweg 4). Böcker unterrichtete u.a. an der Bürger- und Realschule der Israelitischen Gemeinde Frankfurt.

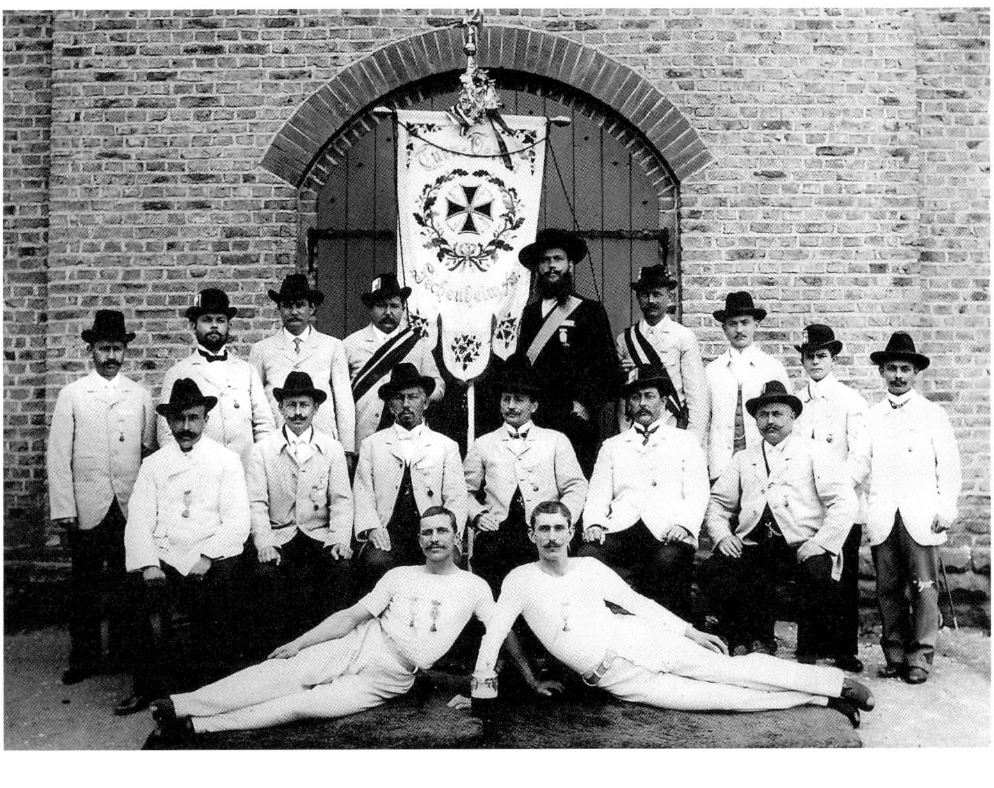

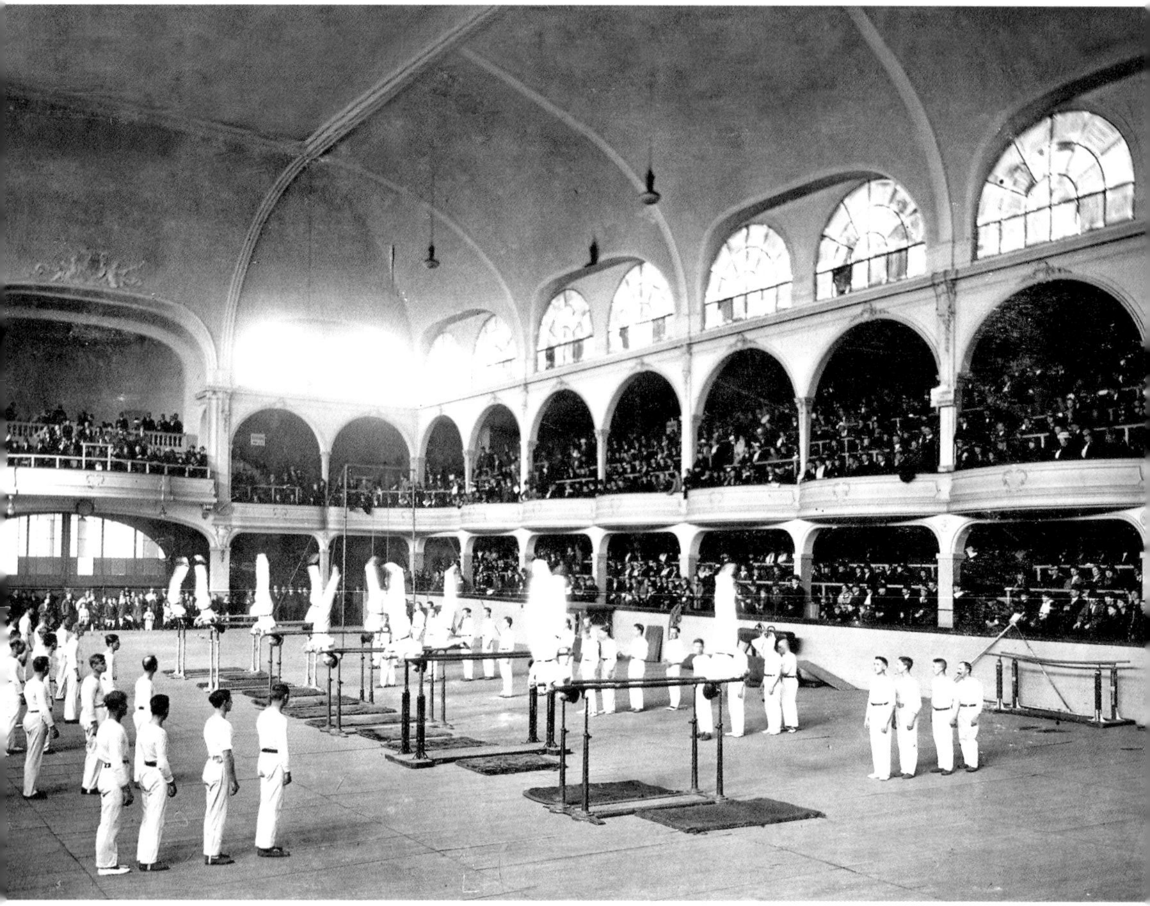

Jubiläumsschauturnen der Frankfurter Turngemeinde 1861 zum 50-jährigen Bestehen am 2. April 1911 im Hippodrom an der Forsthausstraße. Der 95 Meter lange und 25 Meter hohe Bau wurde 1899 eröffnet. Neben Reitsportveranstaltungen fanden hier auch Turn- und Sportfeste statt. Im Oktober 1956 wurde die im Krieg beschädigte Halle abgerissen.

Turnriege des TV Nied auf dem Turnplatz am Schwarzen Weg (heute Oeserstraße, etwa auf der Höhe der heutigen Schliephakestraße). Die Aufnahme datiert von 1910. Drei Turner lassen sich noch identifizieren: Anton Ickstadt (2.v.l.), Johann Belzer (7.v.l.) und Georg Stephan (2.v.r.). ►

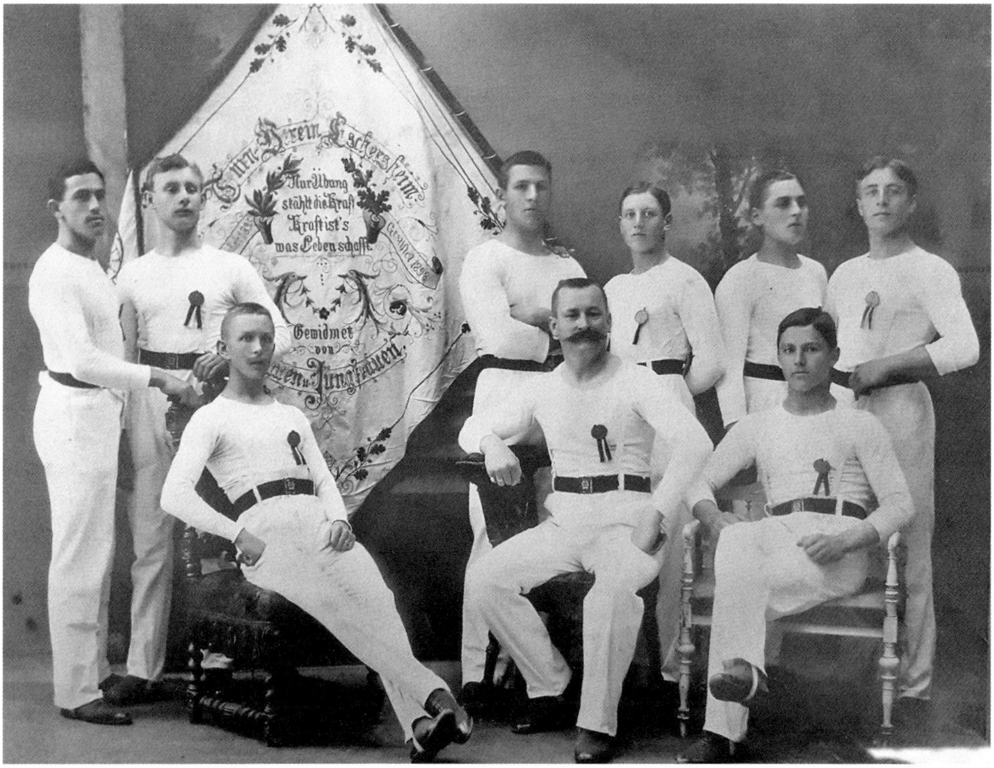

Turner des TV Eschersheim mit ihrer 1898 geweihten Vereinsfahne beim 12. Deutschen Turnfest 1913 in Leipzig.

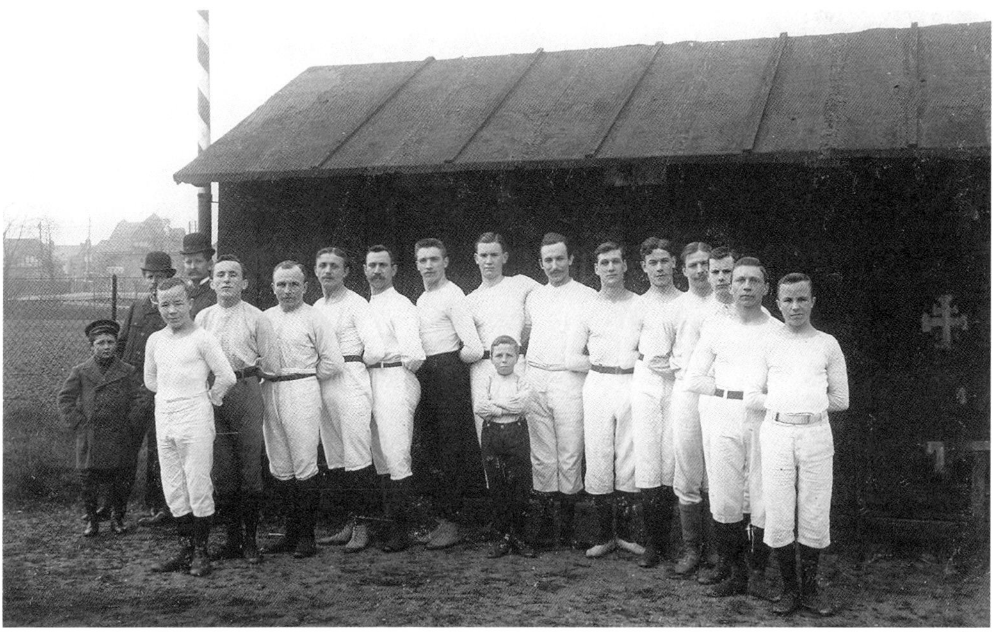

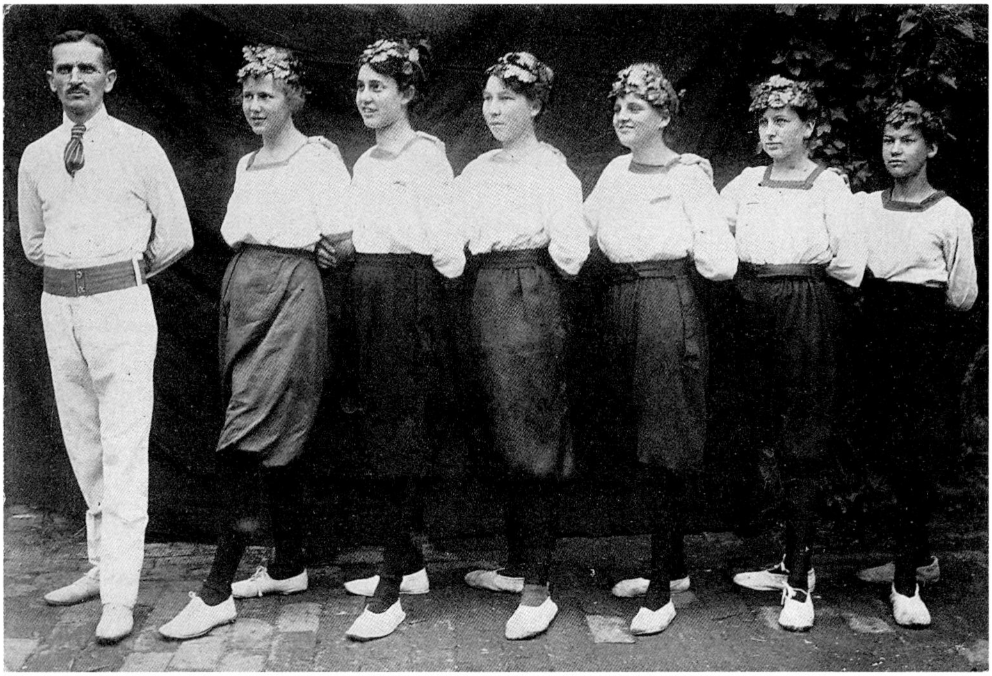

Seit Beginn des 20. Jahrhunderts ließen Turnvereine auch Frauen zu. Das Foto zeigt die Damenriege des TV Eschersheim mit ihrem Trainer 1920 beim Gauturnfest in Heddernheim; von links nach rechts Albertine Wirth, Marie Parrandier, Käthe Reuter, Liesabeth Hochhut, Henni Müller und Emilie Lang.

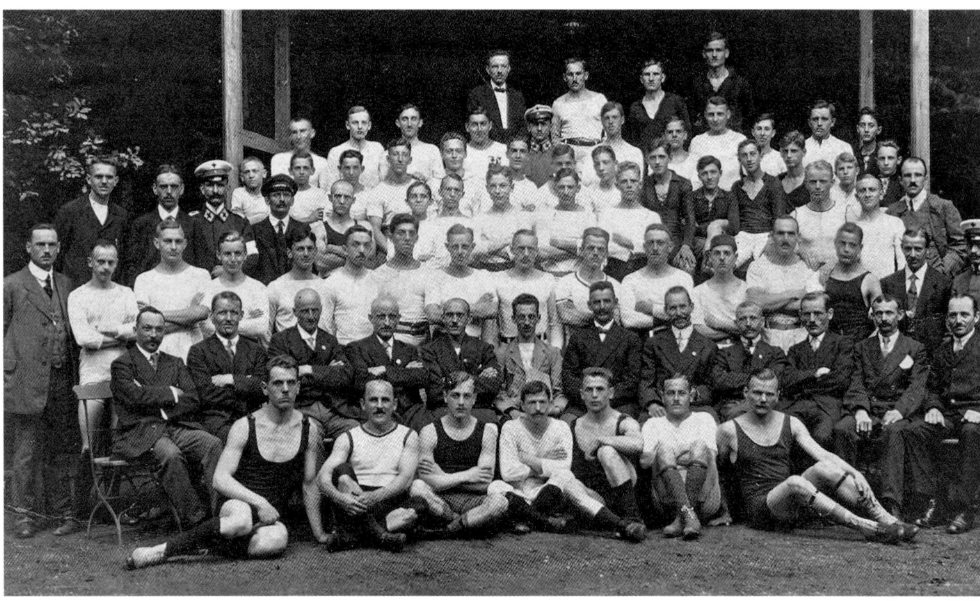

Gruppenbild mit Vereinsoffiziellen, Turnern und anderen Sportlern der 1874 gegründeten Turngesellschaft Rödelheim, aufgenommen am 20. Juli 1919. Die TG Rödelheim ging später in der TGS Vorwärts Frankfurt auf.

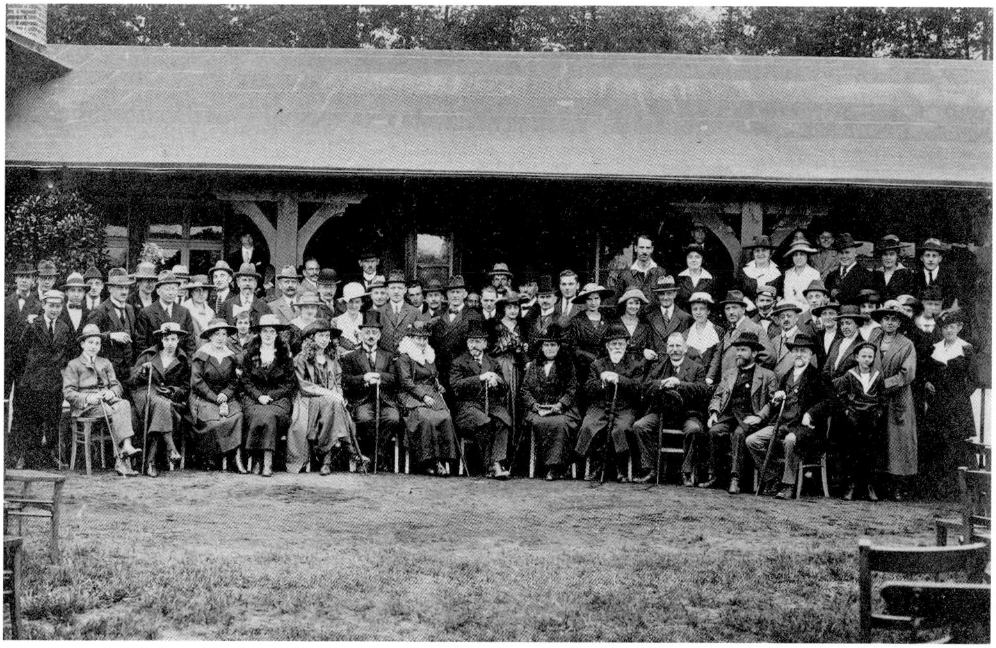

1914 pachtete der Frankfurter Turnverein 1860 die Sandhöfer Wiesen in Niederrad und baute sie zu einem Sportgelände aus. Hier fanden internationale Leichtathletikwettkämpfe, ein Endspiel um die deutsche Fußballmeisterschaft und andere hochkarätige Veranstaltungen statt. Das Foto zeigt Vereinsmitglieder vor dem 1920 eingeweihten Klubhaus.

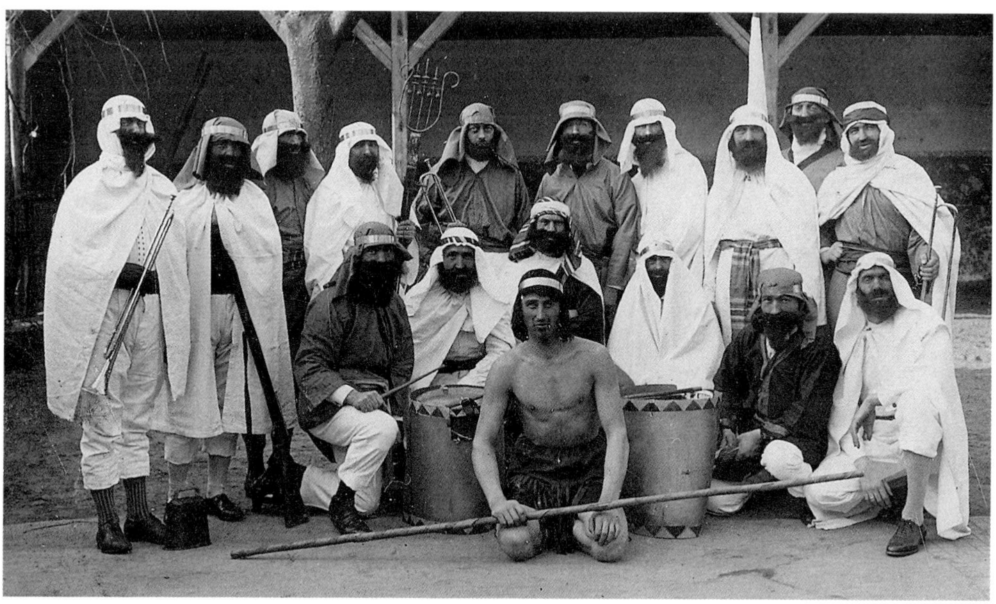

Fasching spielte für die Mitglieder des Turnvereins 1877 Nied eine große Rolle. Jedes Jahr wurde eigens ein Ausschuss berufen, um den Maskenball und die anderen Veranstaltungen zu organisieren. 1926 haben sich die Turner als Araber verkleidet. (Foto Georg Stephan, Nied)

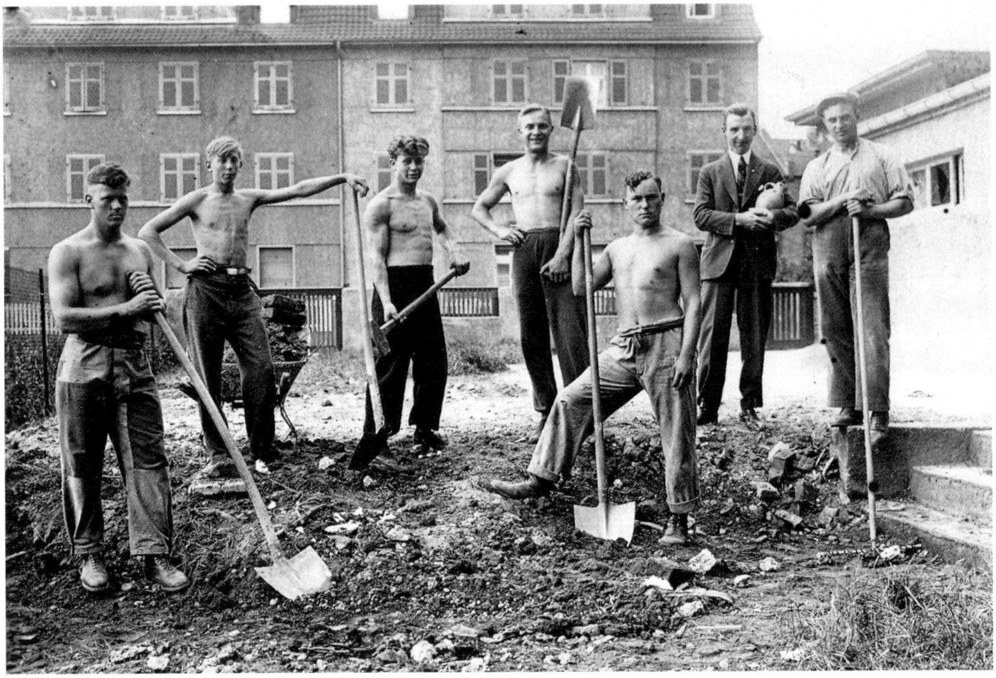

Was geht, erledigen die Vereine aus eigener Kraft: Mitglieder des Turnvereins Griesheim legten um 1930 bei Bauarbeiten neben der Turnhalle in der Eichenstraße Hand an.

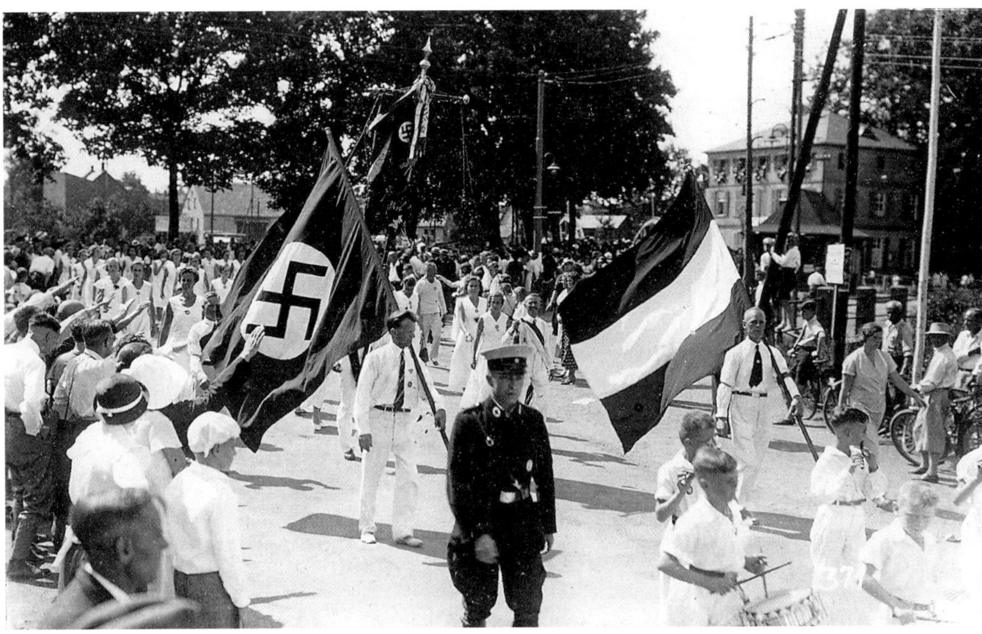

Erstes Kreisturnfest des neu gebildeten Kreises Groß-Frankfurt der Deutschen Turnerschaft, ausgerichtet von der Turngemeinde Praunheim anlässlich ihres 50. Vereinsjubiläums am 7. Juli 1934. Der nationalsozialistische Geist ist inzwischen unübersehbar. (Foto Paul Beuttler, Frankfurt)

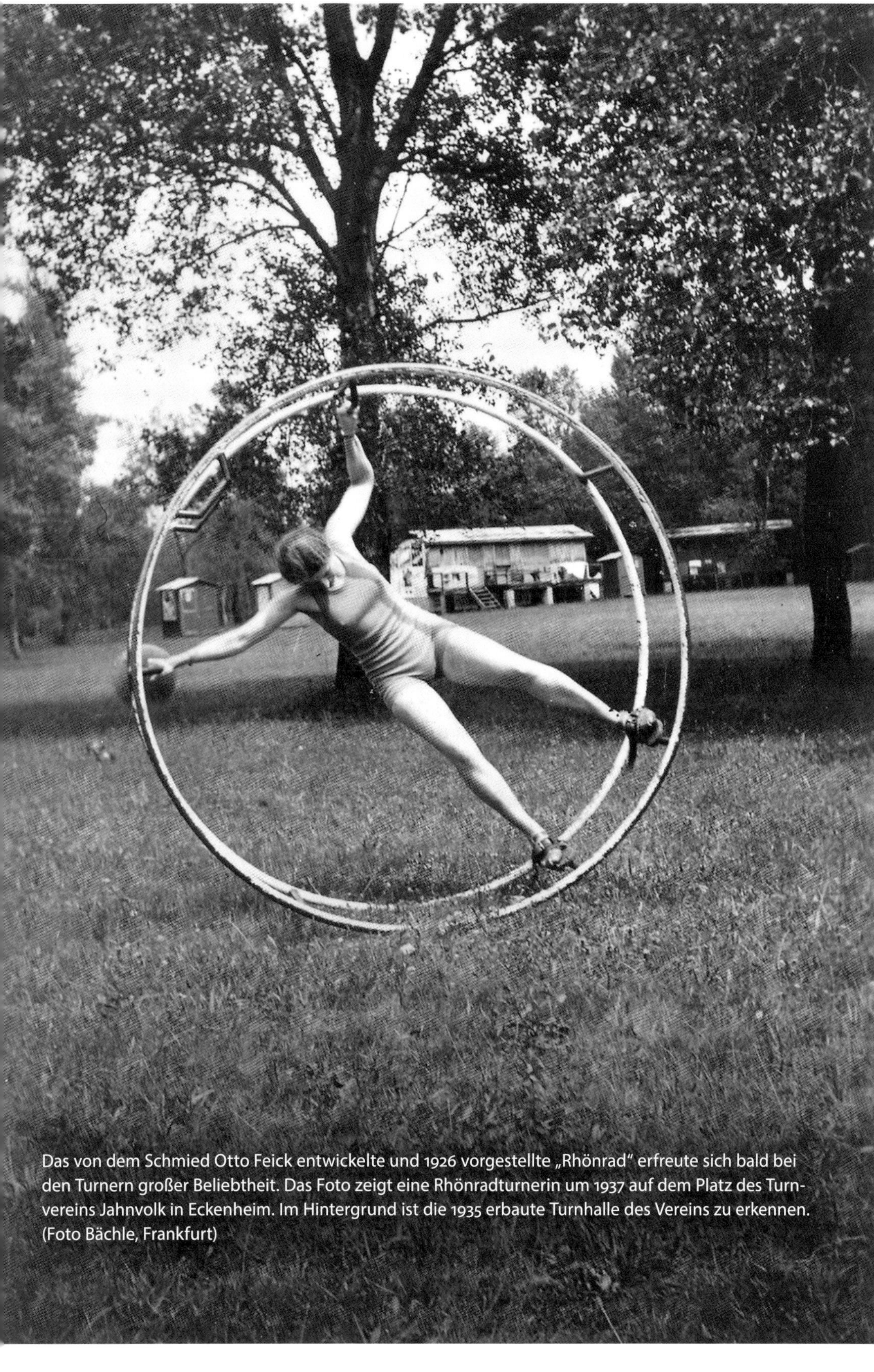

Das von dem Schmied Otto Feick entwickelte und 1926 vorgestellte „Rhönrad" erfreute sich bald bei den Turnern großer Beliebtheit. Das Foto zeigt eine Rhönradturnerin um 1937 auf dem Platz des Turnvereins Jahnvolk in Eckenheim. Im Hintergrund ist die 1935 erbaute Turnhalle des Vereins zu erkennen. (Foto Bächle, Frankfurt)

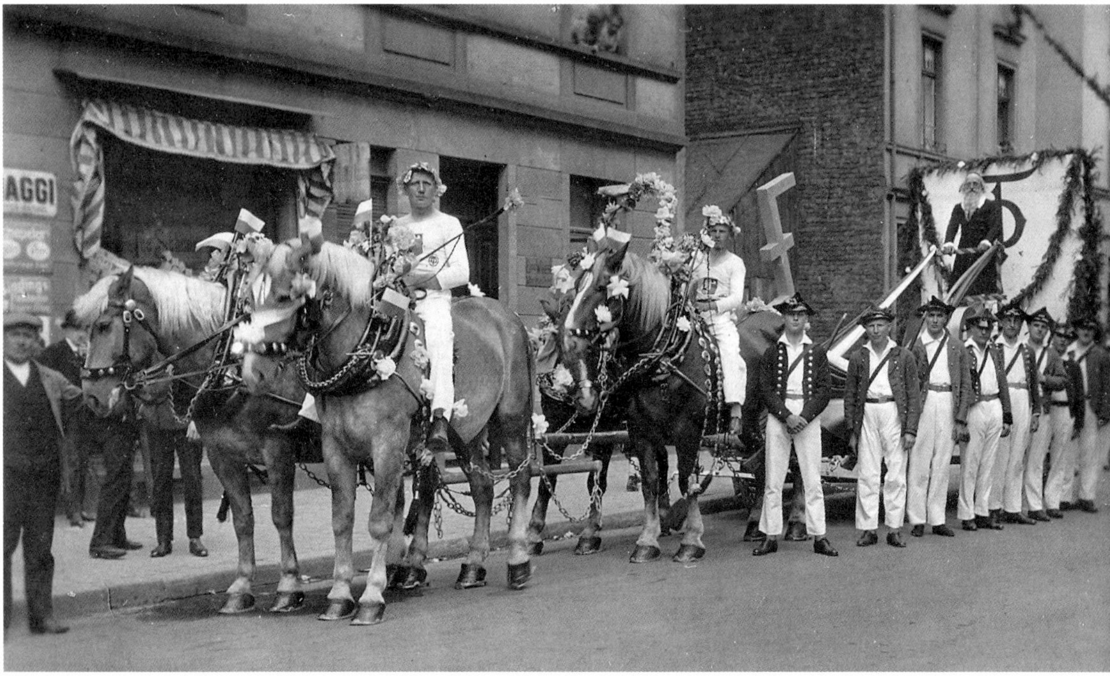

Am 2. September 1929 feierte die Turngesellschaft Bornheim ihr 50-jähriges Bestehen. Höhepunkt der Feierlichkeiten war der Umzug durch Bornheim mit einem prächtig geschmückten Festwagen, auf dem Turnvater Jahn thronte.

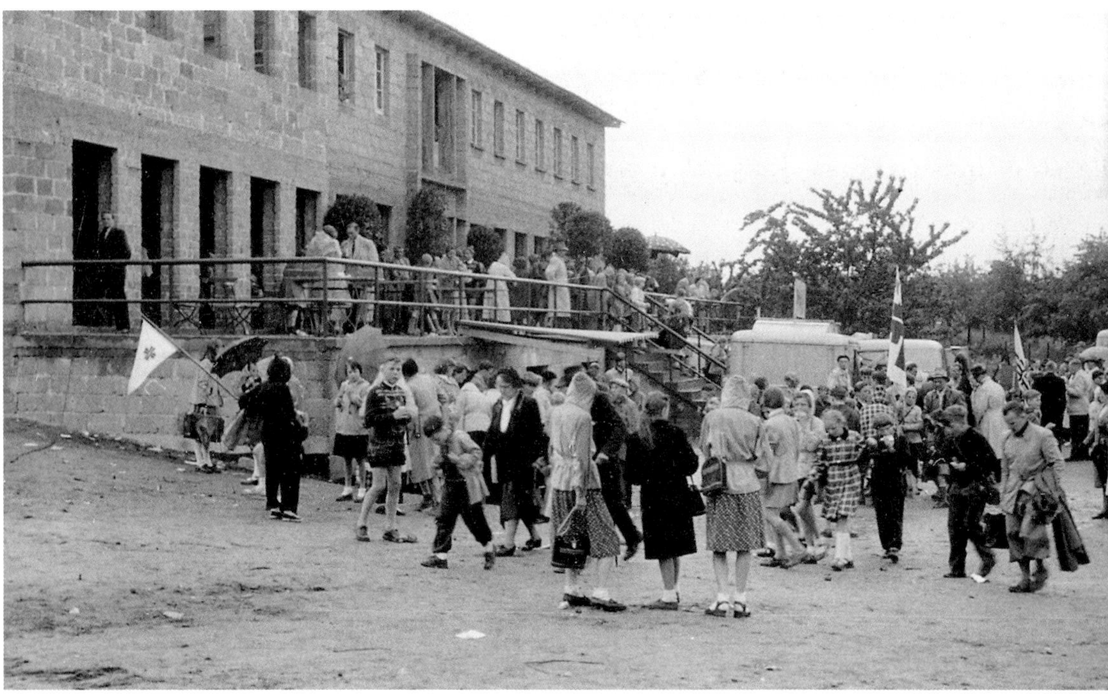

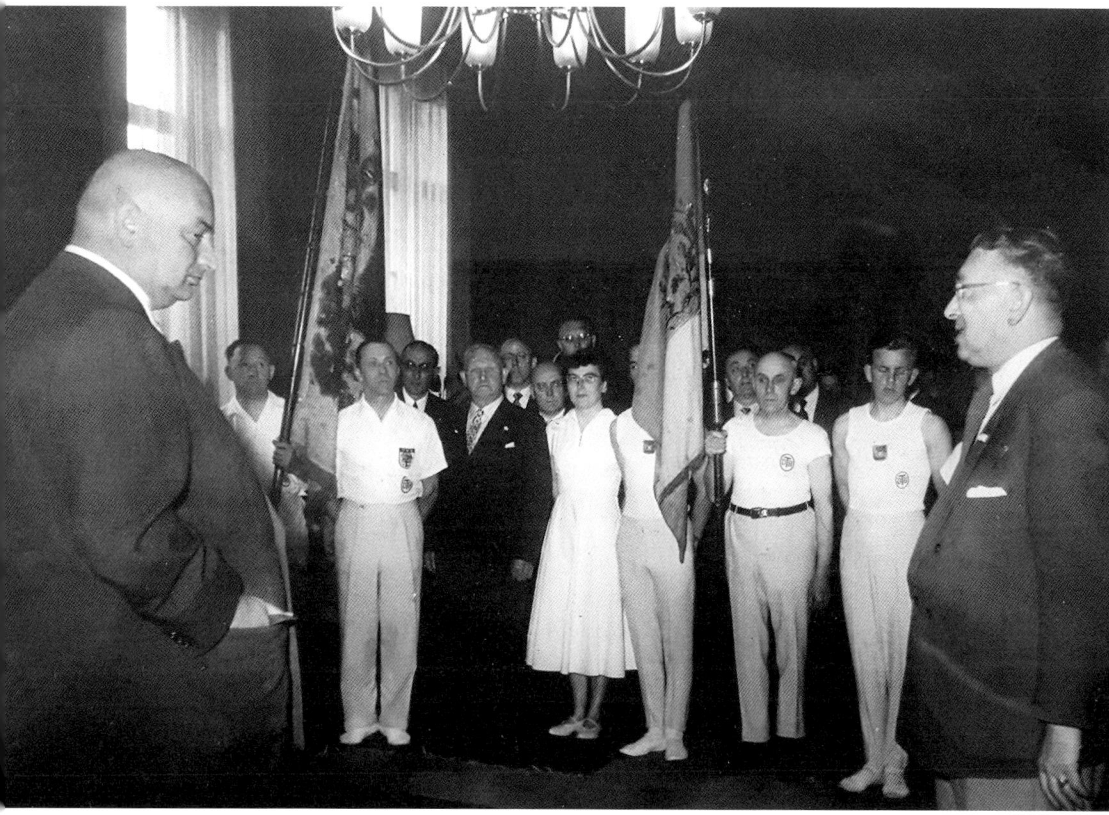

Vertreter des TV Eschersheim übergaben am 2. Februar 1955 dem Frankfurter Oberbürgermeister Dr. Walter Kolb (l.) die 1848 geweihte Fahne ihres Vorgängervereins, der Turngemeinde Eschersheim. Sie zierte für zwei Jahre das Dienstzimmer des Oberbürgermeisters. Kolb war seit 1950 Vorsitzender des Deutschen Turner-Bundes.

◄ Am 31. März 1954 richtete die SG 1877 Nied in der Nidda-Kampfbahn das Kinder-Gauturnfest mit 1.700 Jungen und Mädchen aus. Das Vereinsheim mit Gaststätte und Gymnastiksaal war noch nicht verputzt, aber seit Ende 1953 in Betrieb. (Foto E. Dehler)

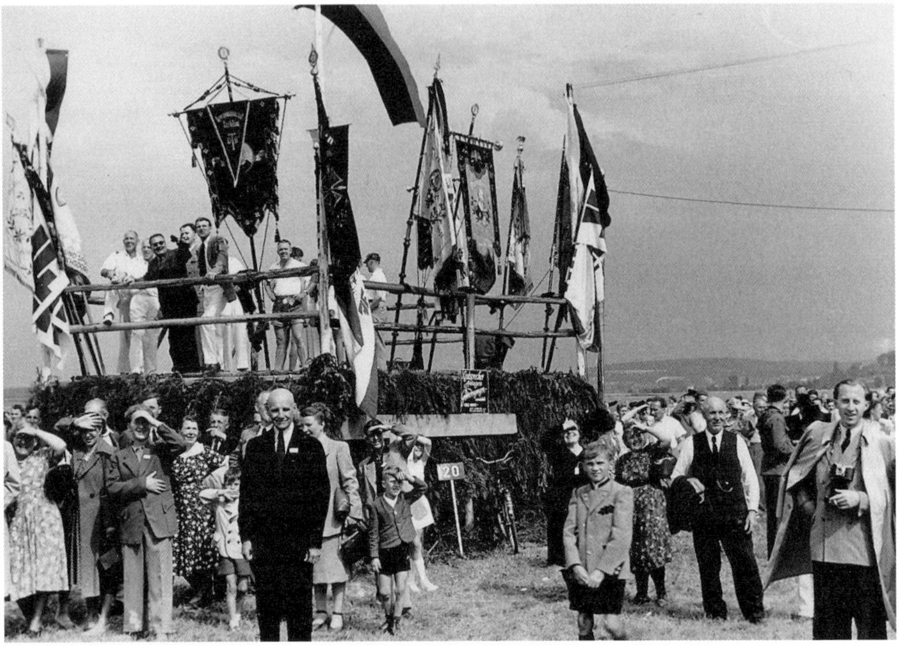

Anlässlich des Kreisturnfestes des Turnkreises Frankfurt im Juli 1951 in Harheim wurde auf der Festwiese (heutige Bezirkssportanlage) eine Bühne errichtet, auf der sich die teilnehmenden Vereine mit ihren Fahnen präsentieren konnten.

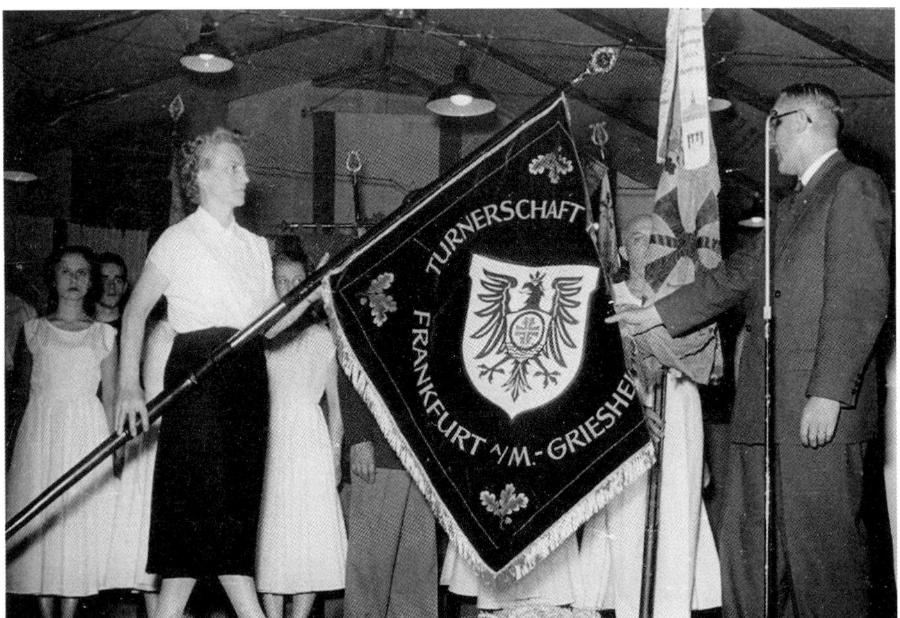

100. Jubiläum der Turnerschaft 1856 Griesheim im Jahr 1956. Beim Festabend im Festzelt überreichten die Vereinsfrauen dem Vorsitzenden eine neue Fahne.

2

Auf dem Main

Der Rudersport hat seinen Ursprung in England. Von dort fasste er zunächst in Hamburg Fuß, wo 1836 der erste deutsche Ruderverein aus der Taufe gehoben wurde. 19 Jahre später wurde mit dem Frankfurter Ruderverein von 1865 der erste binnenländische deutsche Ruderverein gegründet, dem 1869 die Frankfurter Rudergesellschaft Germania folgte. Beide Vereine waren maßgeblich an der Gründung und Entwicklung des Deutschen Ruderverbandes beteiligt. Bis zum Ersten Weltkrieg entstanden in Frankfurt zahlreiche weitere Rudervereine, die zum Teil wieder verschwanden oder fusionierten, größtenteils jedoch bis heute bestehen.

In den ersten Jahrzehnten blieb der Rudersport eine Domäne des Bürgertums. Gemäß den Satzungen des Deutschen Ruderverbandes konnten Personen, die „durch ihrer Hände Arbeit" ihren Lebensunterhalt bestritten, nicht Vereinsmitglieder werden. Das führte dazu, dass auch in Frankfurt Handwerker und Arbeiter seit den 1890er-Jahren ihre eigenen Vereine bildeten, die nicht dem Deutschen Ruderverband angehörten. Auch eine Mitgliedschaft von Frauen lehnten die Rudervereine lange Zeit ab. So wurde 1927 mit dem Frauen-Ruderverein „Freiweg" in Frankfurt am Main einer der ersten reinen Frauen-Rudervereine Süddeutschlands gegründet. Wenige Jahre später ließen auch die bestehenden Rudervereine Frauen zu.

Die Bootshäuser der Rudervereine säumten und säumen bis heute das Frankfurter Mainufer. Ein Zentrum des Ruderbetriebs bildet das sogenannte Ruderdorf auf dem linken Mainufer bei der Gerbermühle. Fünf Vereine haben hier bis 1958 ihre Bootshäuser und Vereinslokale errichtet.

Neben dem Rudern erfreute sich seit Beginn des 20. Jahrhunderts auch das Kanu- und Kajakfahren wachsender Beliebtheit. 1913 kam es mit dem Frankfurter Kanu-Verein zur ersten Vereinsgründung. Die Zahl der Aktiven in dieser Sportart blieb jedoch hinter der der Ruderer deutlich zurück, allein schon deswegen, weil es in Frankfurt an geeigneten Gewässern für Slalom- und Wildwasserwettbewerbe fehlte und die Sportler für Training und Wettbewerbe weite Wege in Kauf nehmen mussten.

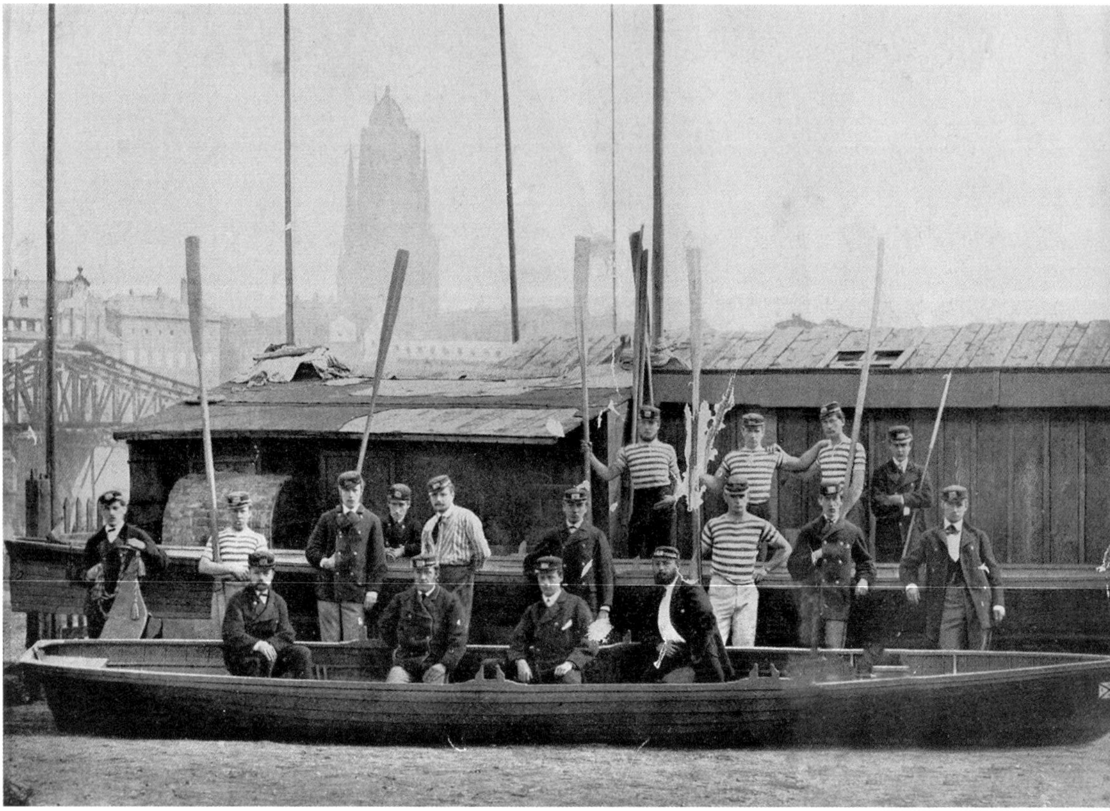

Mitglieder des Frankfurter Rudervereins von 1865 vier Jahre nach der Vereinsgründung. Im Hintergrund erkennt man den Turm des am 15. August 1867 abgebrannten Doms, mit dessen Wiederaufbau noch nicht begonnen worden ist. Das vordere Boot ist ein „Riemenvierer" ohne Ausleger.

1874 feierte die Frankfurter Rudergesellschaft Germania 1869 ihre ersten Erfolge. Sowohl im Mai bei der Regatta des Königlichen Yachtclubs in Rotterdam als auch am 29. August bei der Regatta der Königlichen Zeil & Roi-Vereenigung in Amsterdam siegte der Germania-Vierer (hier in Amsterdam). ▸

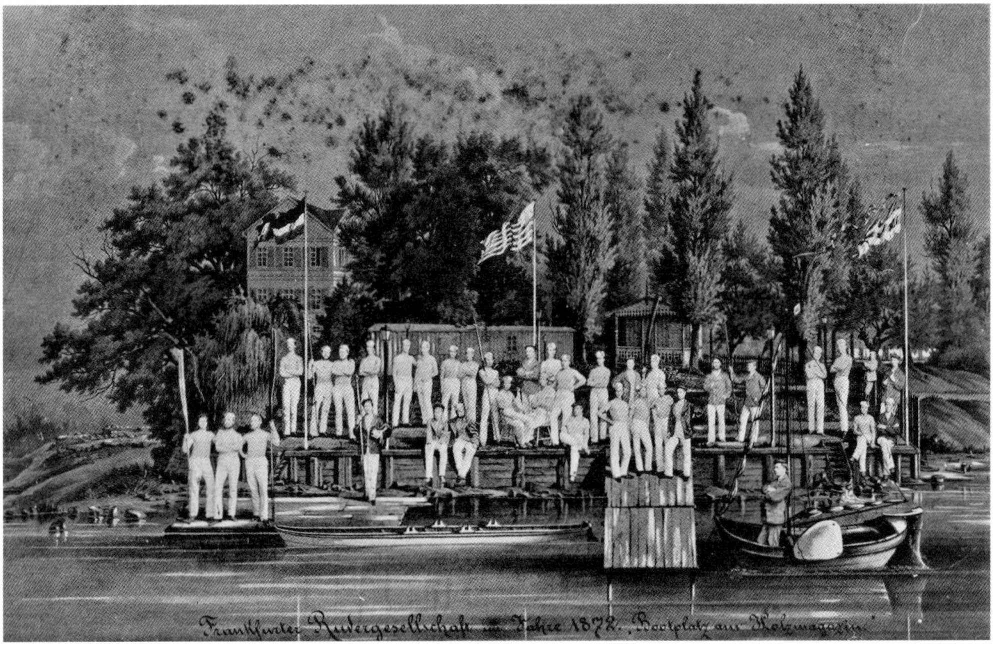

Drei Jahre nach Gründung der Frankfurter Rudergesellschaft Germania 1869 ist diese Fotocollage entstanden. Sie zeigt die Mitglieder vor dem ersten Bootshaus des Vereins am Holzmagazin am Sachsenhäuser Mainufer, gegenüber dem östlichen Ende der Maininsel.

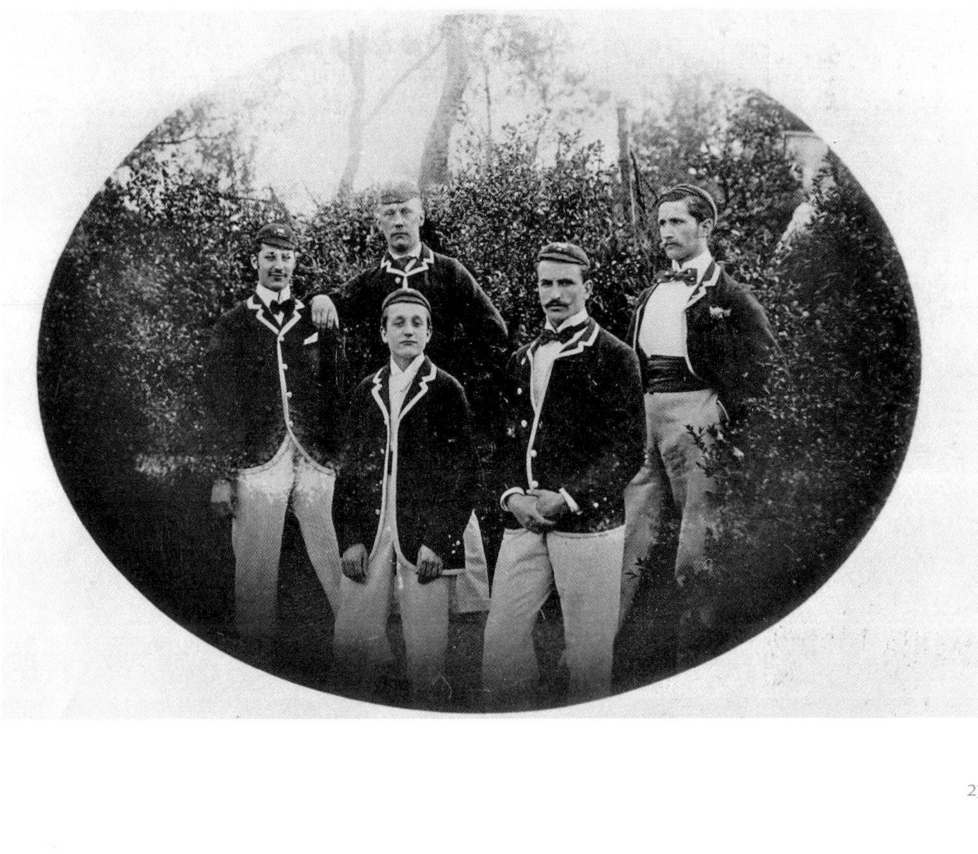

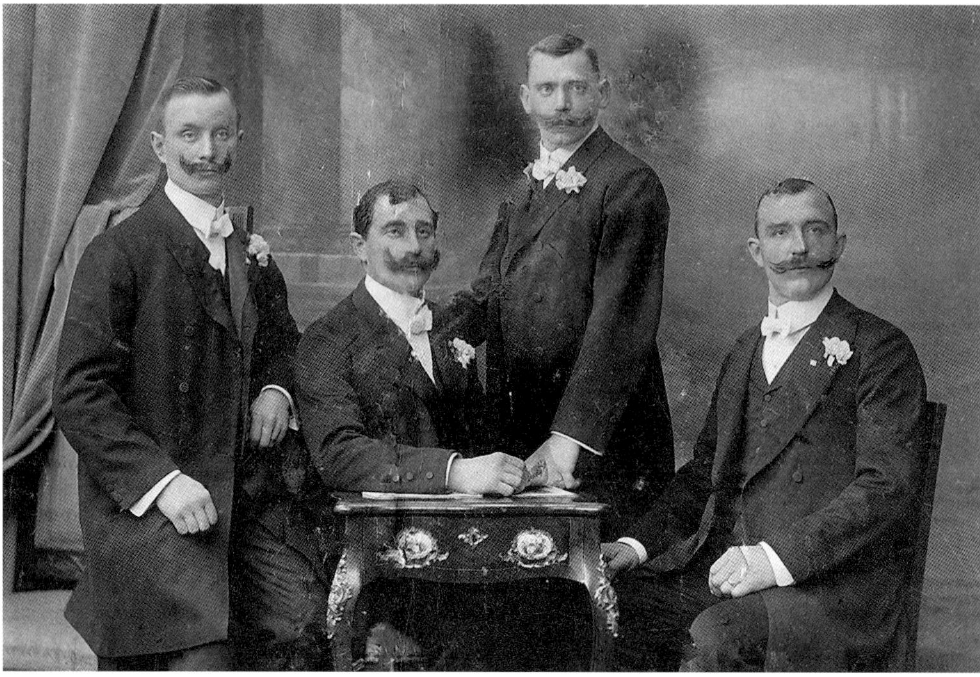

Bis ins 20. Jahrhundert hinein gehörte der Rudersport zu den „Gentlemen"-Sportarten, die dem Bürgertum vorbehalten waren. 1896 gründeten deshalb Arbeiter und Handwerker die Frankfurter Rudergesellschaft „Borussia". Das Foto zeigt die vier Gründer (v.l.) Hermann Pröpper, Georg Steinhauer, Theodor Rau und Fritz Buchner.

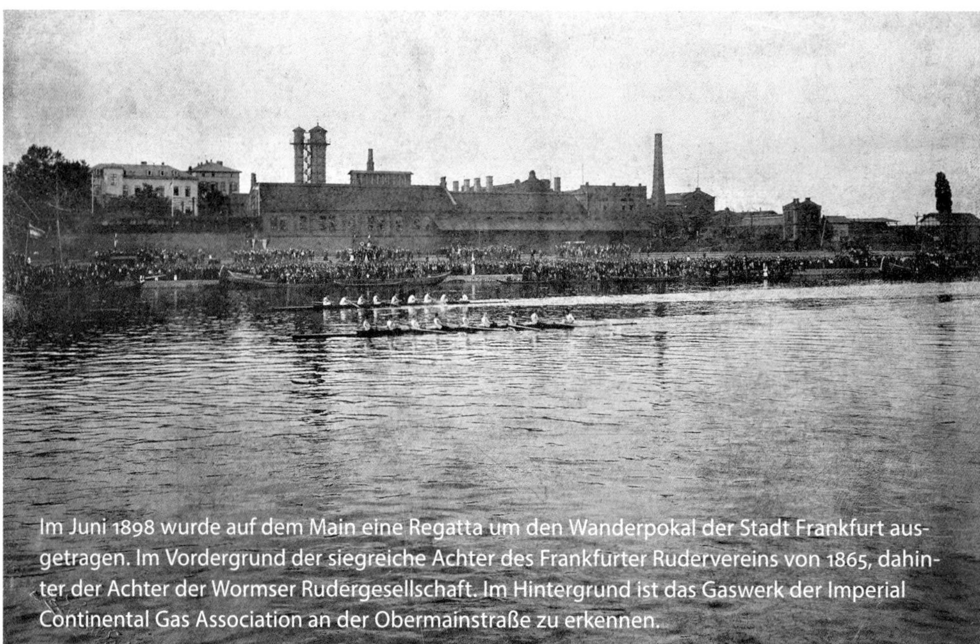

Im Juni 1898 wurde auf dem Main eine Regatta um den Wanderpokal der Stadt Frankfurt ausgetragen. Im Vordergrund der siegreiche Achter des Frankfurter Rudervereins von 1865, dahinter der Achter der Wormser Rudergesellschaft. Im Hintergrund ist das Gaswerk der Imperial Continental Gas Association an der Obermainstraße zu erkennen.

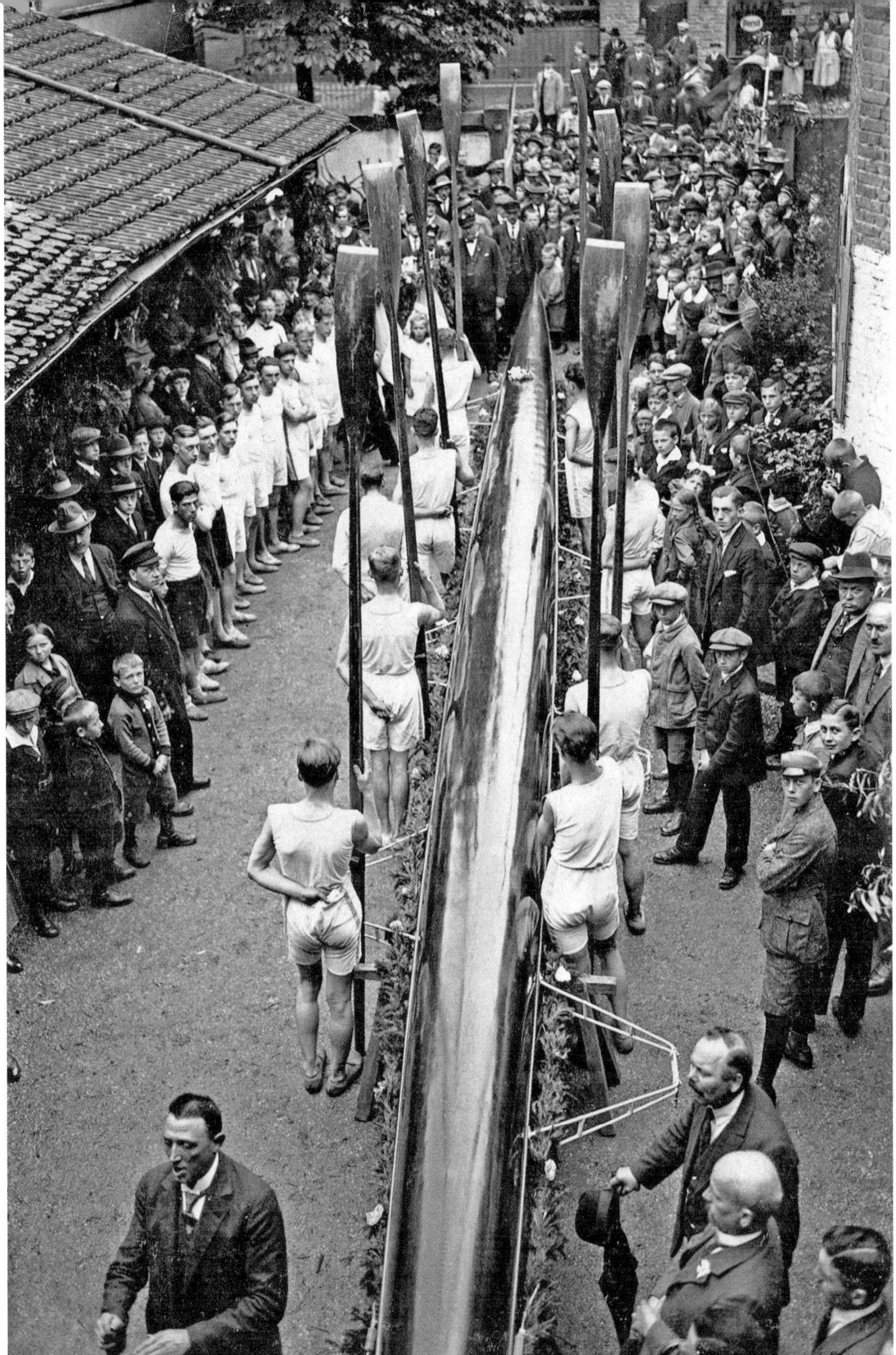

Unter großer Beteiligung der Bevölkerung wurde 1926 der im Jahr zuvor von der Rudergesellschaft Nied erworbene Achter auf den Namen „Hans Adolf" getauft.

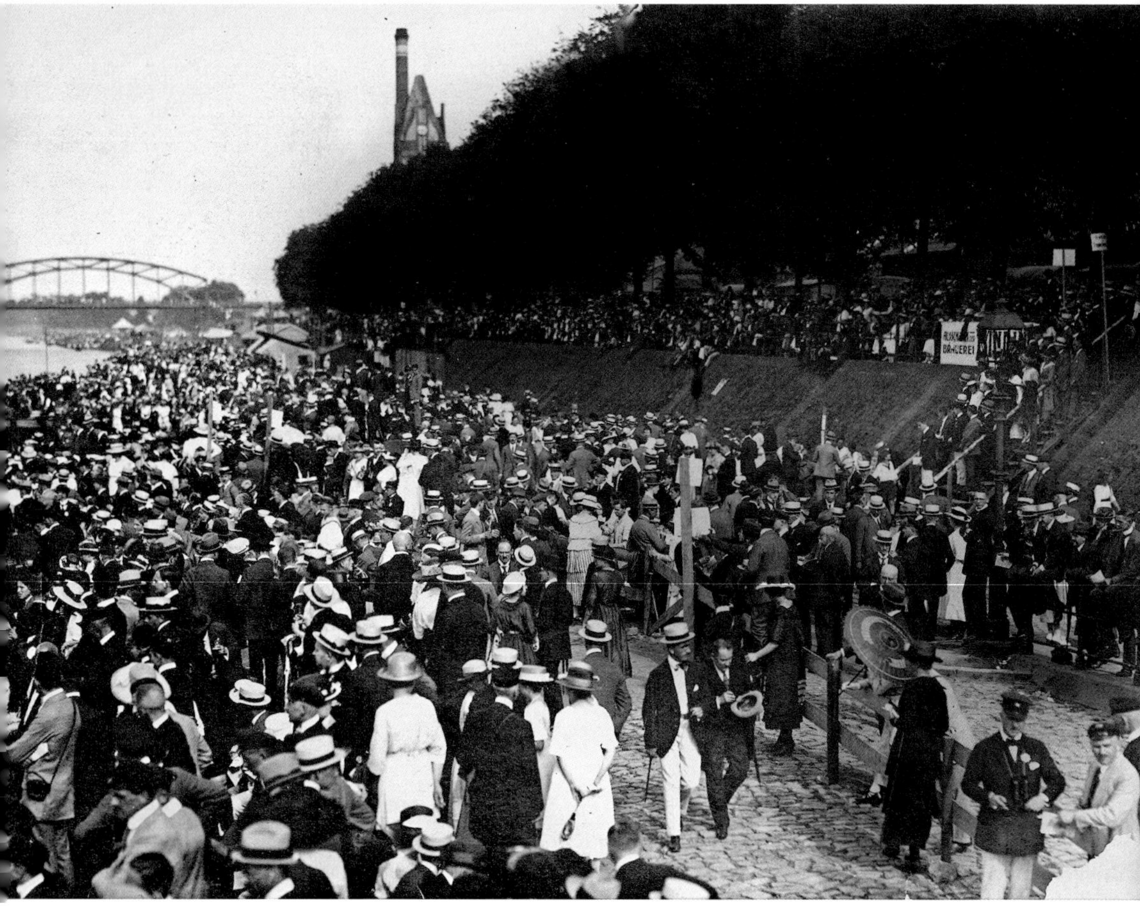

Welch große Faszination der Rudersport auf die Menschen ausübt, verdeutlicht dieses Foto. Tausende Zuschauer säumen 1920 das Mainufer bei der traditionsreichen Frankfurter Regatta.

Noch in ihrem Gründungsjahr 1921 erwarb die Rudergesellschaft Nied zwei gebrauchte rennfähige Boote. Ein gewisser Stolz ist bei den Mitgliedern zu erkennen, als eines der Boote nach Nied überführt wird, wo es in einem Schuppen unter dem Saal der Gaststätte „Zum Schwanen" untergestellt wird. Ein eigenes Bootshaus gab es noch nicht.

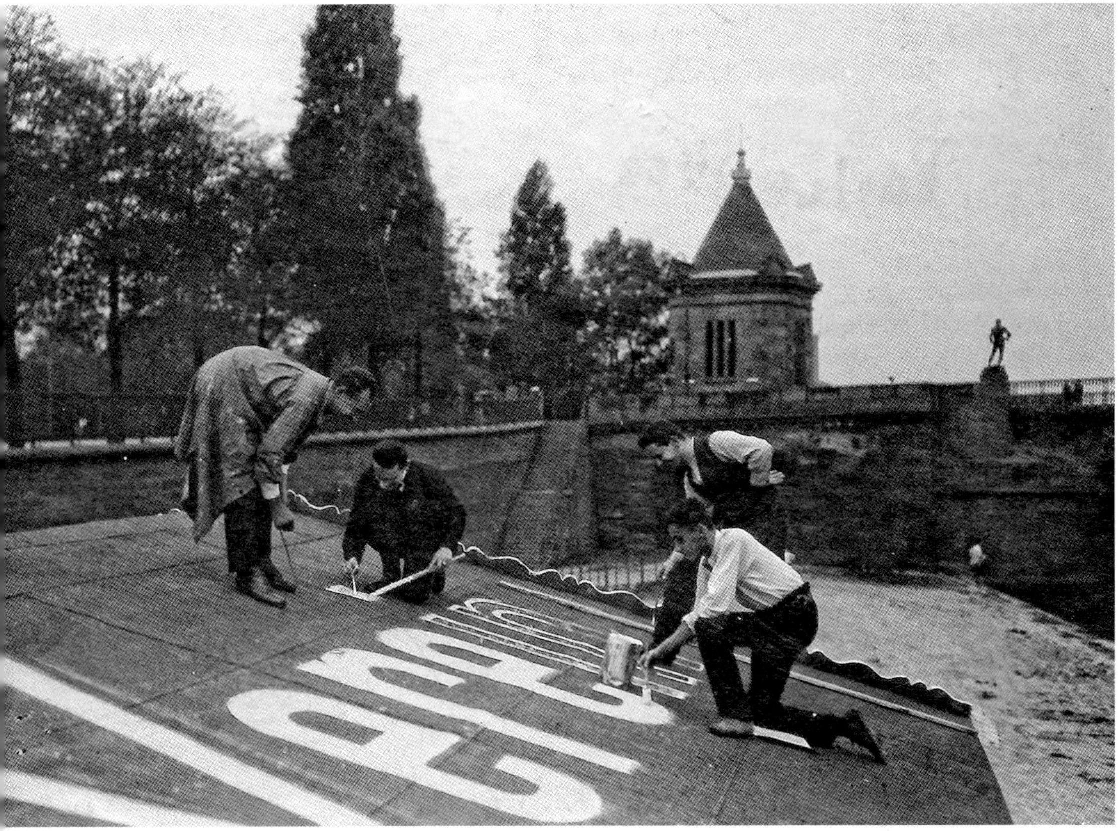

1920 weihte der Frankfurter Kanu-Verein 1913 sein neues Bootshaus ein. Vereinsmitglieder malen den Vereinsnamen auf das Dach. Im Hintergrund ist der südliche Brückenkopf der Wilhelmsbrücke (heute: Friedensbrücke) mit der 1890 von Constantin Meunier geschaffenen Bronzeplastik eines Hafenarbeiters zu erkennen.

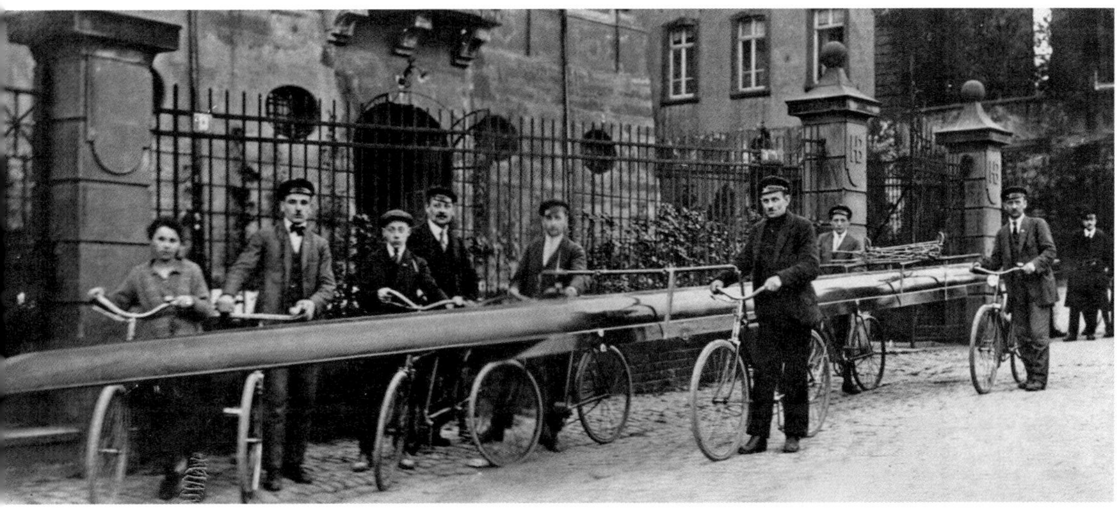

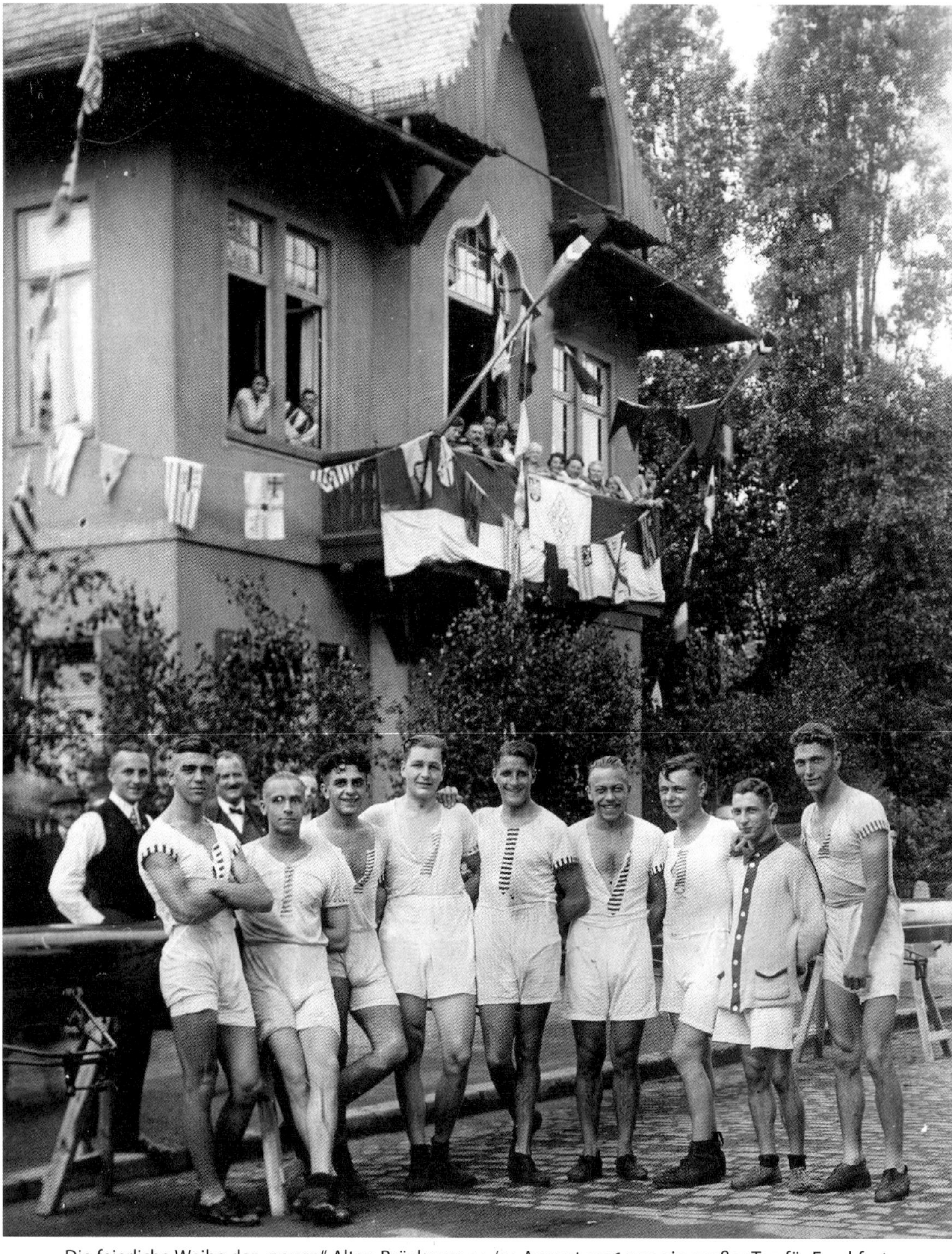

Die feierliche Weihe der „neuen“ Alten Brücke am 14./15. August 1926 war ein großer Tag für Frankfurt. Die Mitglieder der Frankfurter Rudergesellschaft von 1886 haben ihr Vereinsheim an der Ecke Deutschherrnkai/Paradiesgasse festlich geschmückt. Davor präsentiert sich die Besatzung des Achters mit zwei Vorstandsmitgliedern.

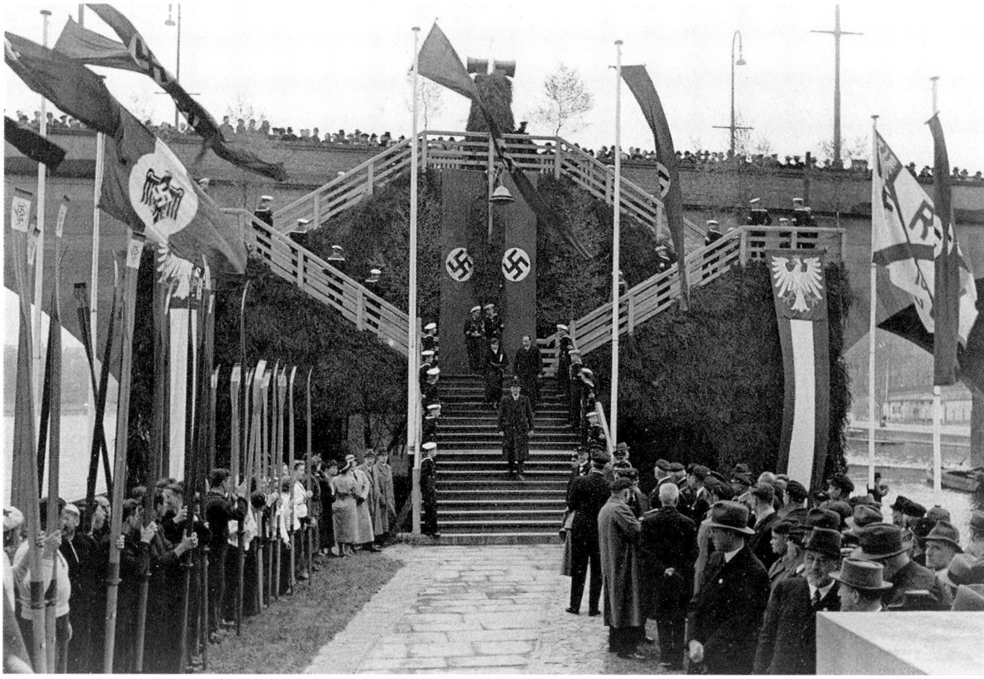

Am 29. April 1939 erfolgte die feierliche Grundsteinlegung für den Mittelbau des neuen Bootshauses des Frankfurter Rudervereins von 1865. Auf der „neuen" Alten Mainbrücke standen Hitlerjungen in Matrosenuniformen Spalier. Vereinsmitglieder mit Rudern und Fahnen erwarteten die Ehrengäste. Wegen des wenige Monate später beginnenden Zweiten Weltkriegs wurde der Bau nicht fertiggestellt.

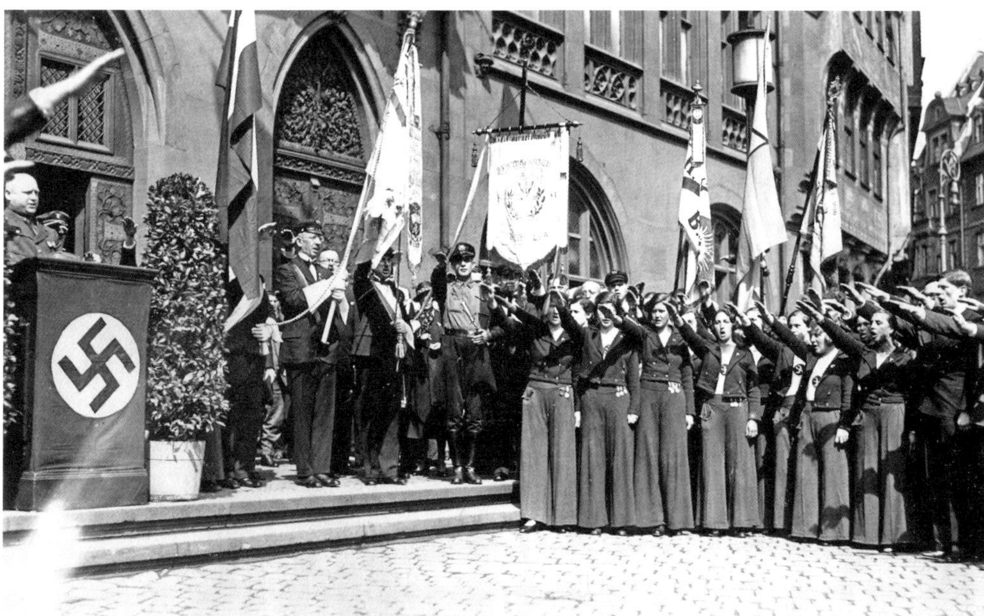

1927 wurde in Frankfurt mit dem Frauen-Ruderverein „Freiweg" einer der ersten reinen Frauen-Rudervereine Süddeutschlands gegründet. Als Oberbürgermeister Dr. Friedrich Krebs (l.) am 15. April 1934 auf dem Römerberg den Frankfurter Sportlern und Sportlerinnen die feierliche „Trainingsverpflichtung" abnahm, waren die Ruderinnen dabei. (Foto H.V. Müller, Enkheim)

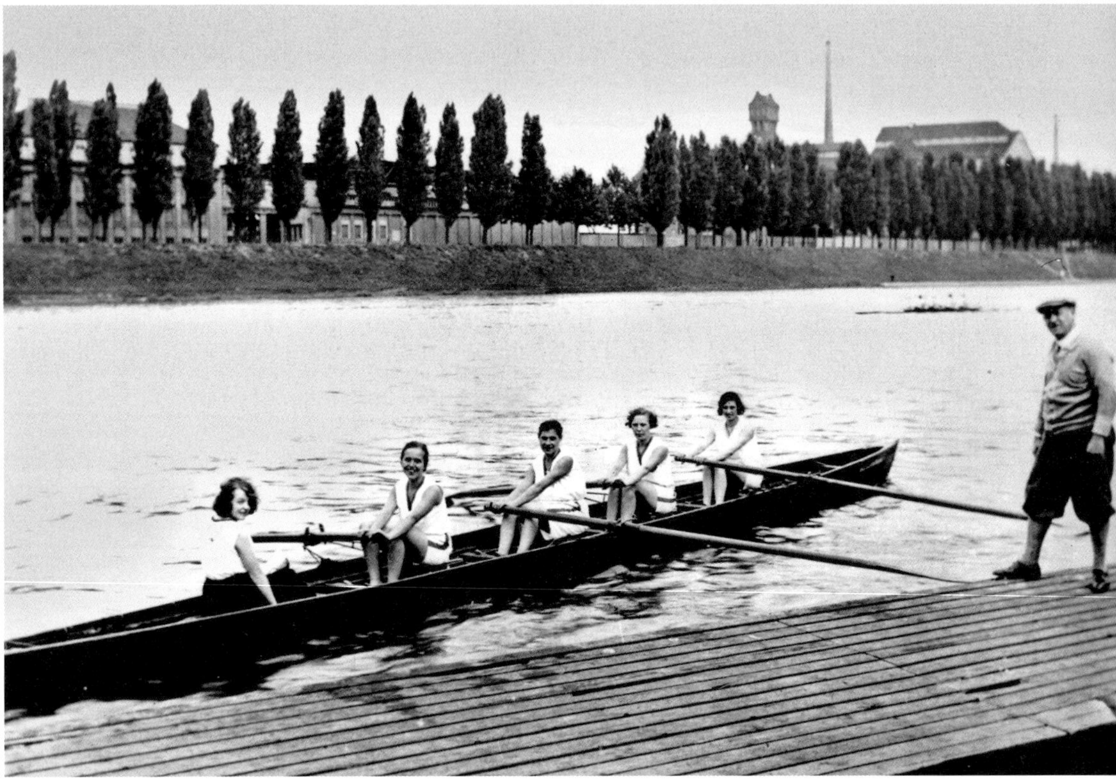

Bereits 1929 ruderten die ersten Frauen bei der Frankfurter Rudergesellschaft Oberrad. Im Boot von links Steuerfrau Hanni Werner, Änne Kugel, Martha Griesinger, Gretchen Braun und Hanni Funk, auf dem Anleger Trainer Hugo Grossmann.

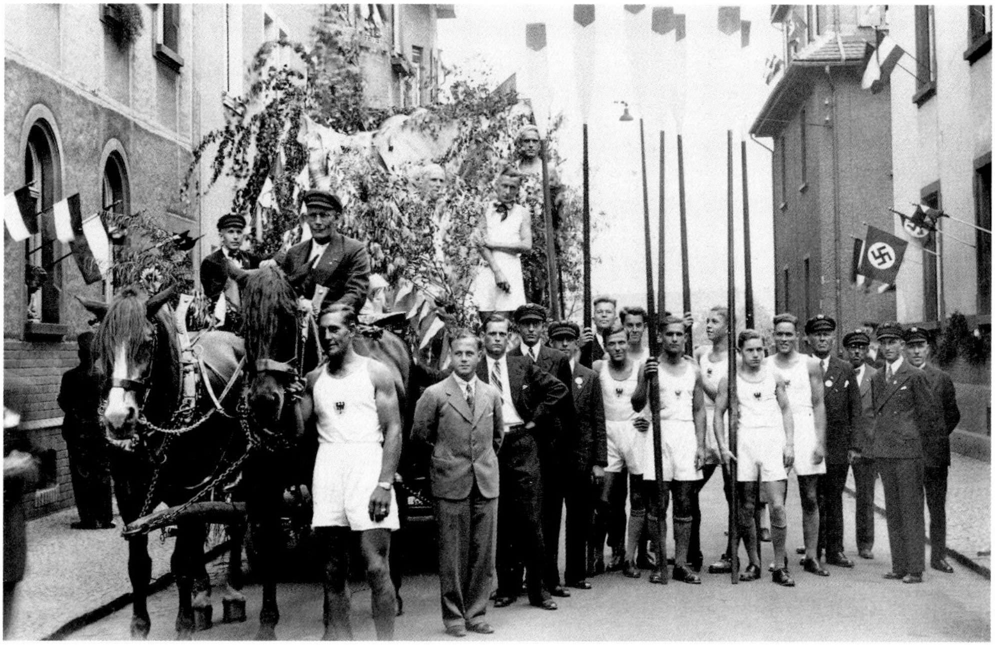

Wie andere Turn- und Sportvereine beteiligten sich auch die Rudervereine an den Festzügen in ihrem Stadtteil, wie hier die Frankfurter Rudergesellschaft Nied am Umzug durch Nied am 5. Oktober 1935 anlässlich des Erntedankfestes.

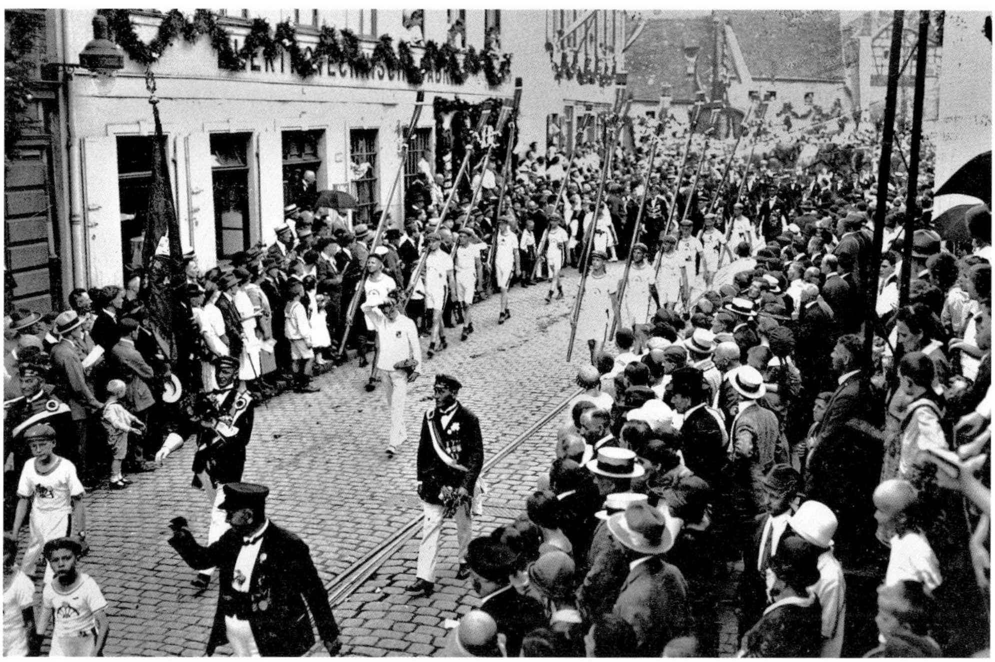

1925 jährte sich zum 500. Mal die Ersterwähnung von Oberrad. Beim großen Festzug am 19. Juli war die Frankfurter Ruder-Gesellschaft Oberrad mit einer großen Abordnung vertreten.

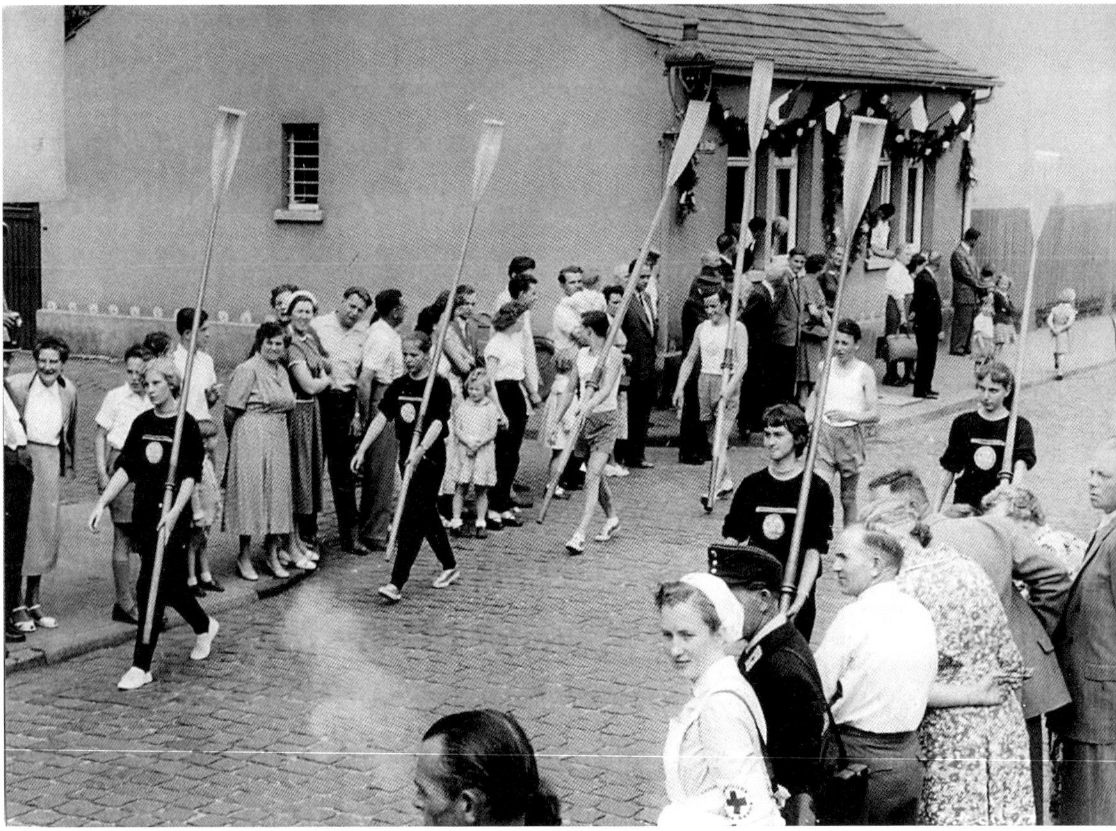

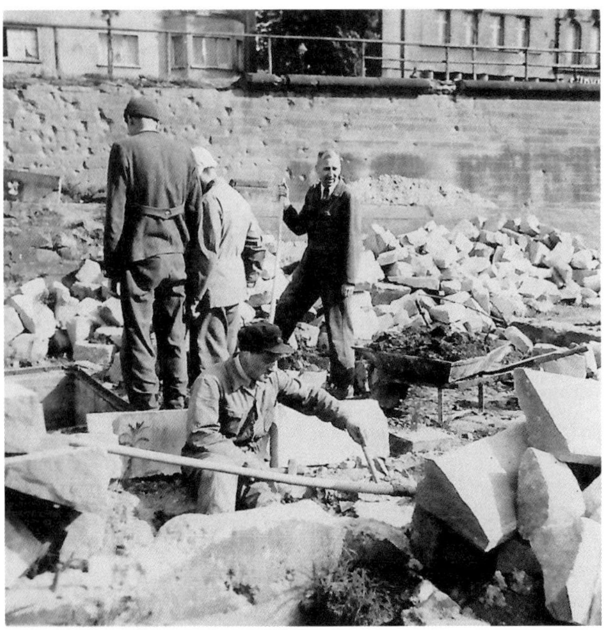

1956 wurde der Frankfurter Ruder-Club Griesheim stolze 50 Jahre alt. Zum Jubiläum gab es zahlreiche Veranstaltungen, u.a. einen Umzug durch den Stadtteil Griesheim, an dem sich viele Vereine aus Griesheim und der Nachbarschaft beteiligten. ▲

Bei einem Luftangriff 1943 auf Frankfurt wurde das Bootshaus des Frankfurter Kanu-Vereins 1913 völlig zerstört. Vereinsmitglieder begannen wenige Tage später mit den Aufräumungsarbeiten und bargen aus den Trümmern, was noch verwertbar war.

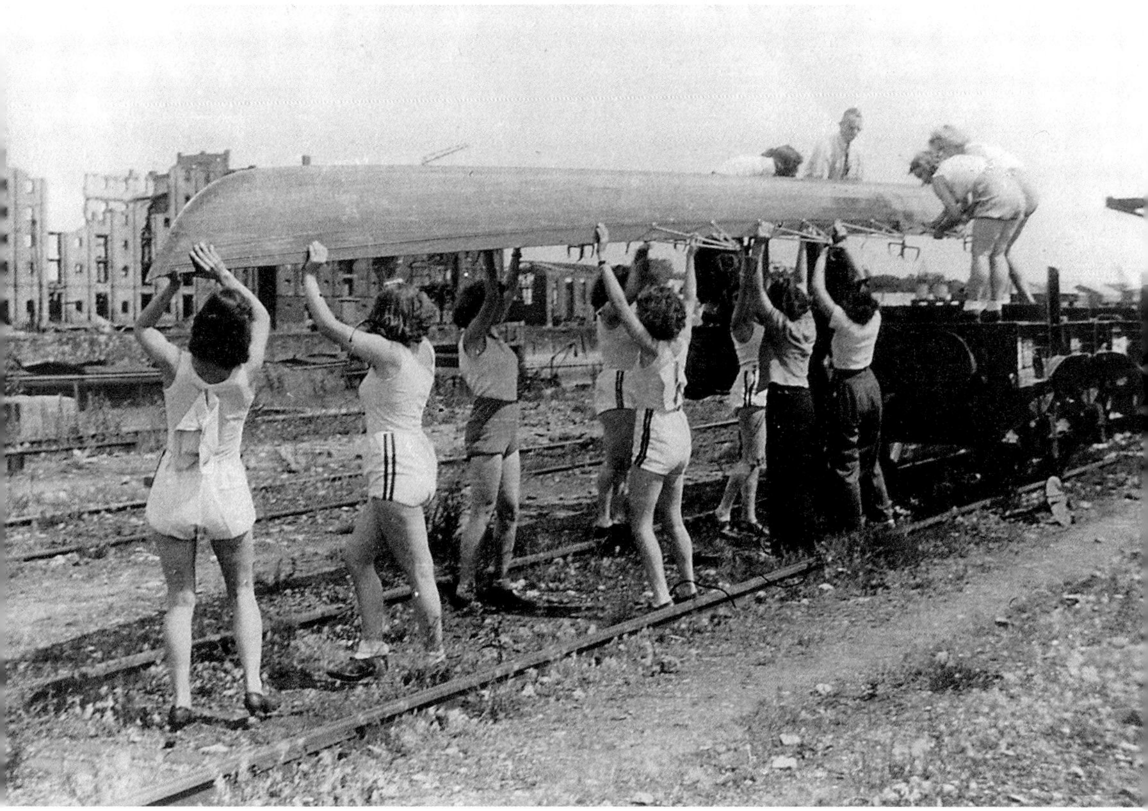

1943 wurde das Bootshaus des Frauen-Rudervereins „Freiweg" im Westhafen mit allen Booten zerstört. Mit einem vom Offenbacher Ruderverein 1874 geliehenen Boot beteiligten sich die Ruderinnen 1947 erstmals wieder an einem Rennen. In Offenbach verluden sie es eigenhändig auf einen Güterwagen, um es nach Mannheim zu schaffen. (Foto H.V. Müller, Enkheim)

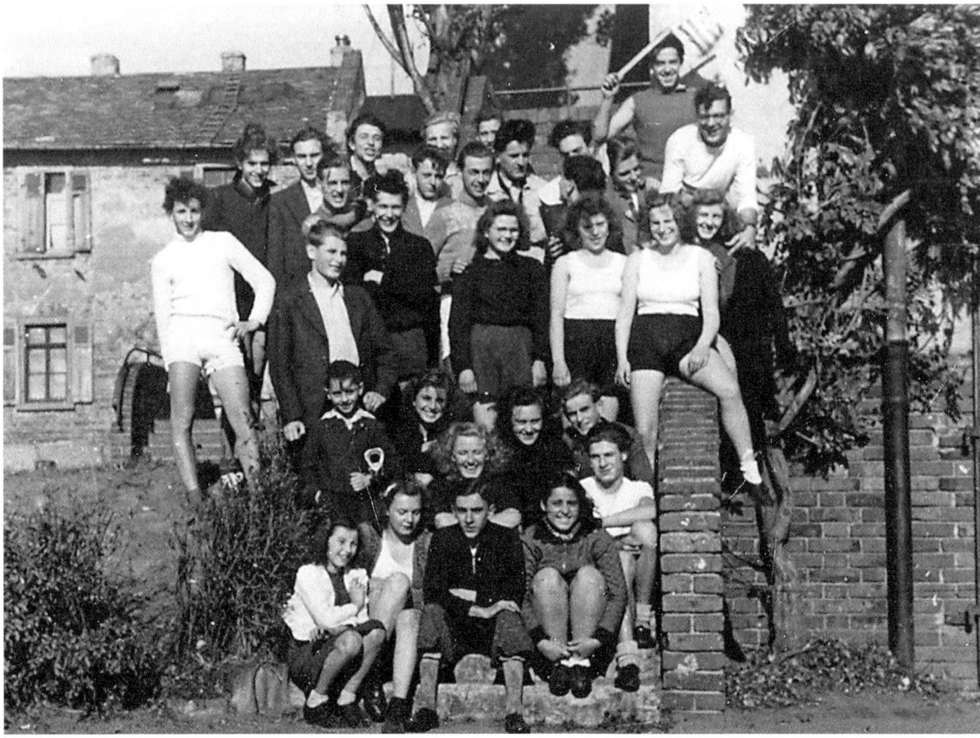

Mitglieder des Frankfurter Ruder-Clubs Griesheim 1946 vor dem bei einem Luftangriff schwer beschädigten Bootshaus, das sie im Wesentlichen in Eigeninitiative wieder aufbauten.

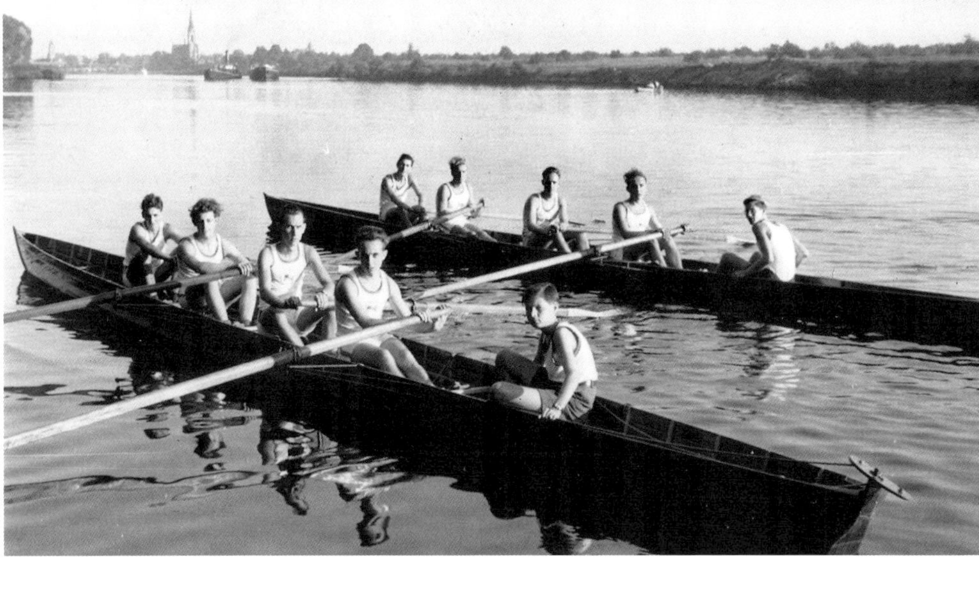

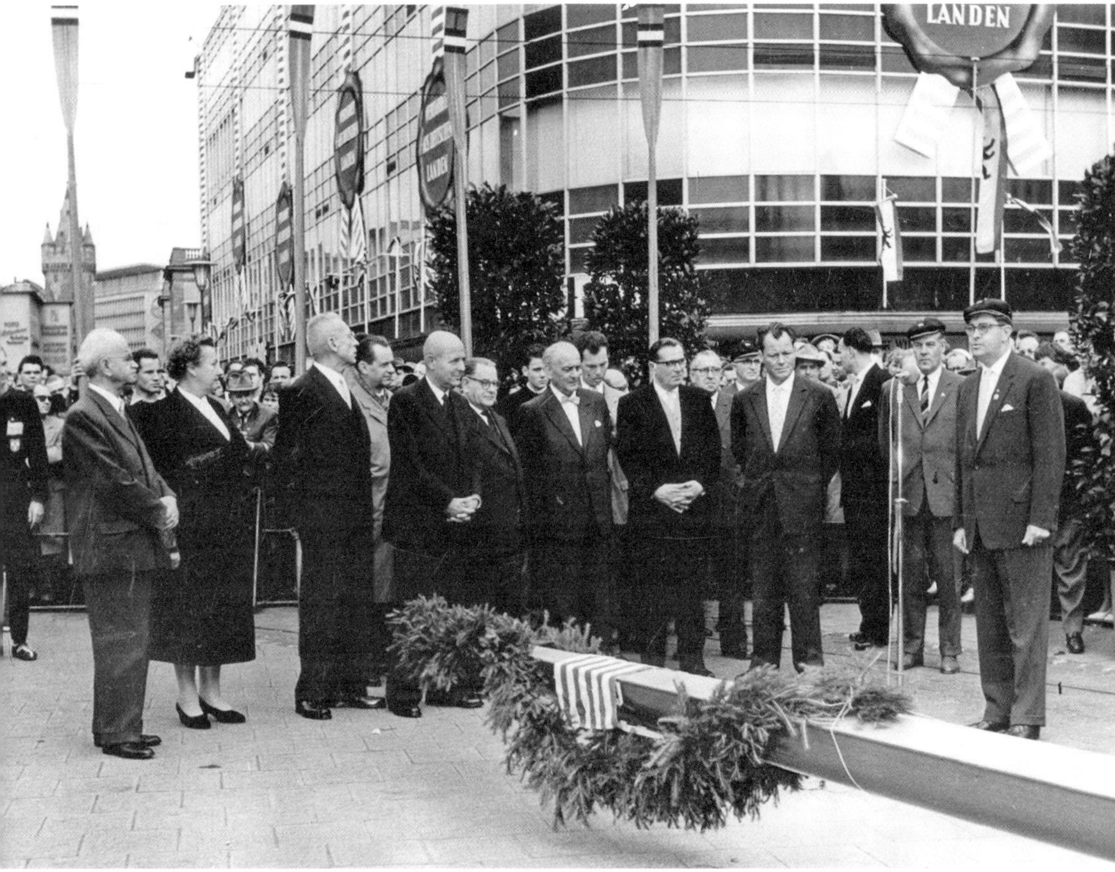

Anlässlich der „Berliner Woche“ in Frankfurt tauft Berlins Regierender Bürgermeister Willy Brandt am 5. Oktober 1958 an der Hauptwache ein Boot der Frankfurter Rudergesellschaft Germania 1869 auf den Namen „Berlin“. Am Mikrofon der Präsident der Germania, Alfred Beyring, links neben ihm (v.r.) Brandt, Oberbürgermeister Werner Bockelmann und der Präsident des Berliner Abgeordnetenhauses Willy Henneberg. (Foto Robert Kack, Frankfurt)

◄ Abrudern bei der Frankfurter Rudergesellschaft Nied zum Ende der Saison 1951 an der Wörthspitze. Der hintere Vierer in der Besetzung Wolfgang Elwenn, Rolf Reinshagen, Heinz Blankenburg, Friedel Stark und Rolf Schell (Steuermann) hat in der abgelaufenen Saison sieben Siege errungen. Im Hintergrund ist die Schwanheimer Kirche zu erkennen.

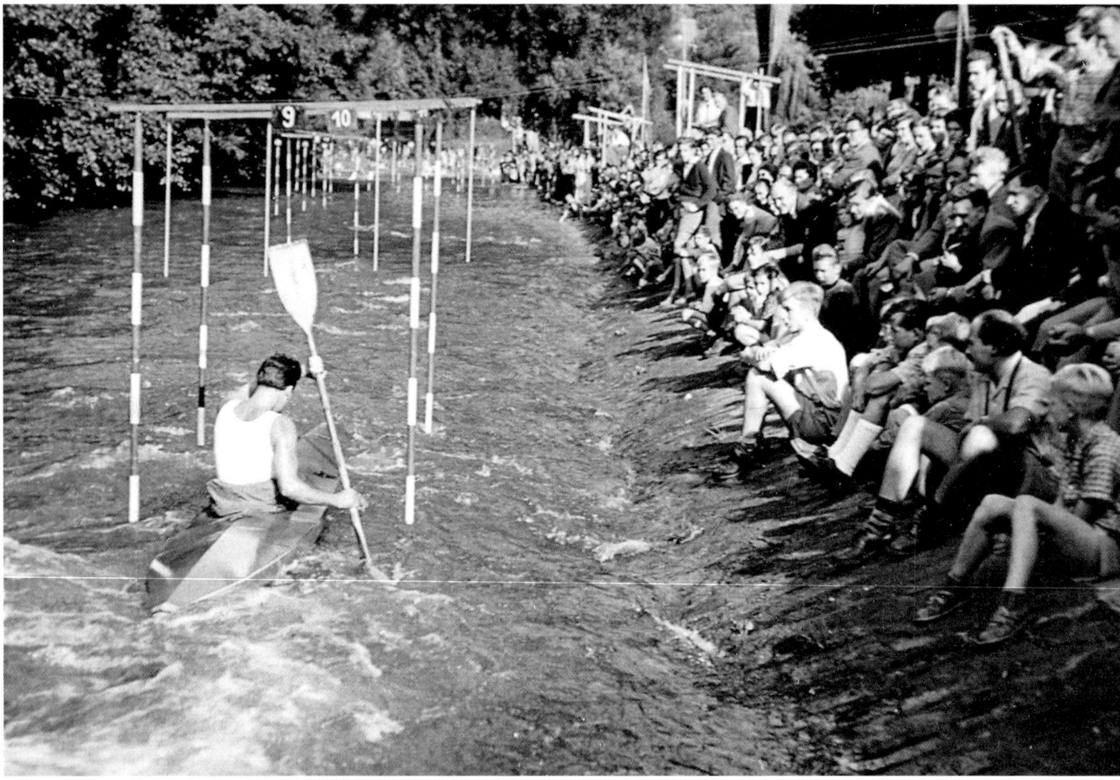

Karl Rath vom Höchster Kanuclub Wiking 1921 beim Kanu-Slalom auf der Lahn bei Marburg 1955. Der Wettkampf hat zahlreiche Besucher angelockt. Rath hatte 1953 bei den Weltmeisterschaften im Einer-Kajak die Bronzemedaille gewonnen.

3

Der Siegeszug des runden Leders

Fußball wurde in Frankfurt zuerst 1892 in der Spielabteilung des „Vergnügungsclubs Fidelitas“ gespielt. Als sich die „Fidelitas“ 1894 auflöste, gründeten die Fußballer am 26. August 1894 den „Frankfurter Fußball-Klub Germania“, den ältesten Frankfurter Fußballverein, der bis heute existiert. Bald folgten weitere Vereinsgründungen. 1898 entstand der Fußball-Klub Nordend, aus dem 1899 der FSV wurde. Ebenfalls 1899 gründeten sich die Eintracht-Vorgänger Victoria und Kickers. Zur Jahrhundertwende gab es mit der Germania, der Victoria, den Kickers, dem FSV, der Hermannia und dem 1. Bockenheimer FC bereits sechs Fußballvereine. Die meisten spielten auf der Hundswiese an der Miquelallee.

In den folgenden Jahren festigten sich die Strukturen im Fußball. Kickers und Victoria fusionierten zum Frankfurter Fußball-Verein und wurden später zur Eintracht, erste Vereinsanlagen entstanden. Nach dem Ersten Weltkrieg erlebte der Sport im Allgemeinen und der Fußball im Besonderen einen Boom. Mit der Einweihung des Waldstadions 1925 erhielt die Stadt endlich auch eine moderne städtische Großsportanlage.

Nachdem der FSV Frankfurt Mitte der 1920er-Jahre eine Spitzenmannschaft geworden war und 1925 als erster Frankfurter Verein das Endspiel um die deutsche Meisterschaft erreicht hatte, begann die große Zeit der Eintracht Ende der 1920er-Jahre. 1932 stand auch sie im Endspiel. Gegen Bayern München unterlagen die Adlerträger mit 0:2.

Die Machtübernahme der Nationalsozialisten bedeutete auch für die Frankfurter Vereine einen tiefen Einschnitt. Sie wurden gleichgeschaltet, und jüdische Mitglieder wurden aus den Vereinen gedrängt. Die Vereinsjugend wurde in die Hitlerjugend integriert. 1939 erreichte der FSV Frankfurt das Finale des Tschammerpokals, des Vorgängerwettbewerbs des DFB-Pokals. In Berlin unterlagen die Bornheimer dem SK Rapid Wien mit 1:3. Im Zweiten Weltkrieg wurden viele Frankfurter Sportanlagen zerstört.

Nach Kriegsende starteten die Spitzenvereine in der neugegründeten Oberliga Süd. Neben der Eintracht und dem FSV Frankfurt spielten hier auch zeitweise Rot-Weiß Frankfurt und der 1. FC Rödelheim. In Rödelheim kickte seit 1947 ein begnadeter Fußballer, der 1949 zur Frankfurter Eintracht wechselte: Alfred Pfaff. Er wurde zum Star der Eintracht-Mannschaft, die 1959 die deutsche Meisterschaft gewann und 1960 als erste deutsche Mannschaft ein Europapokalfinale erreichte. 1954 war Pfaff mit der deutschen Nationalmannschaft in Bern bereits Weltmeister geworden, ebenso wie Richard Herrmann vom FSV Frankfurt.

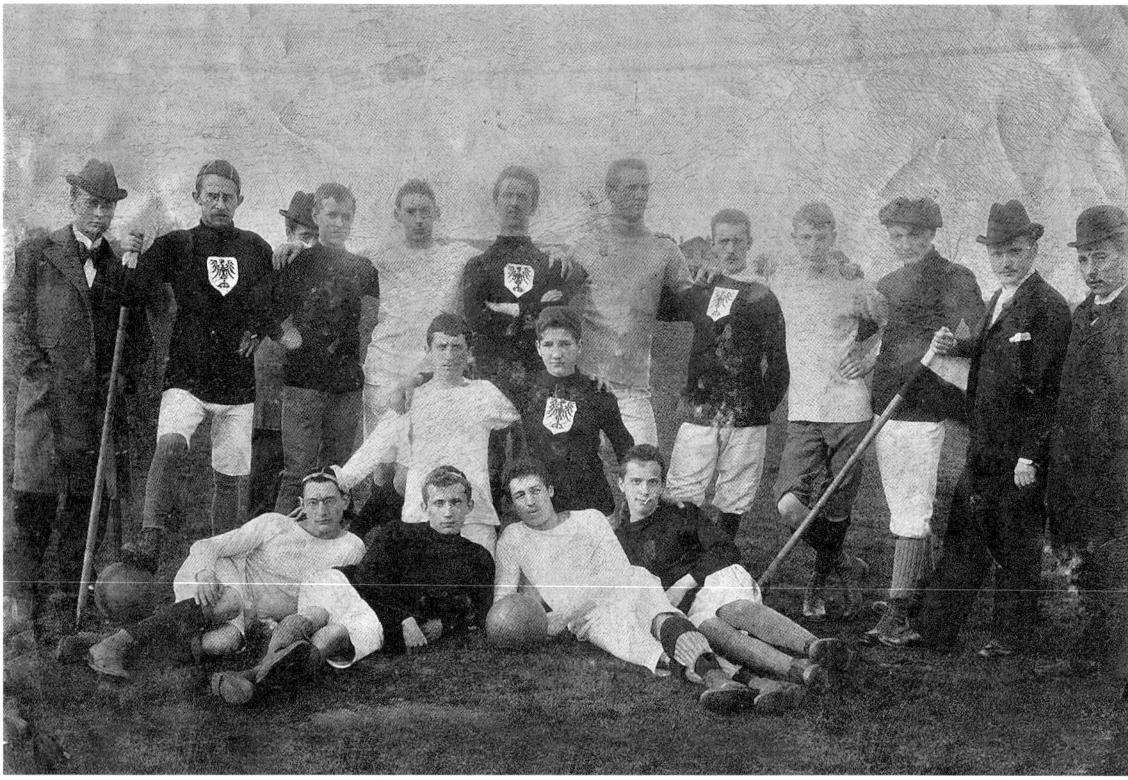

Möglicherweise das älteste Foto vom Fußball in Frankfurt: Spieler und Offizielle des 1. FFC Germania 1894 ein Jahr nach der Vereinsgründung, also im Jahr 1895.

Im Triumphzug kehrten Ende Mai 1922 die Spieler des FC Germania 1894 nach dem Gewinn des Schwedenpokals, den ihnen König Gustav V. persönlich überreicht hatte, nach Frankfurt zurück. Die Einladung zu dieser dreiwöchigen Reise nach Schweden war vier Jahre nach dem Ersten Weltkrieg keine Selbstverständlichkeit. (Foto Paul Beuttler, Frankfurt) ▸

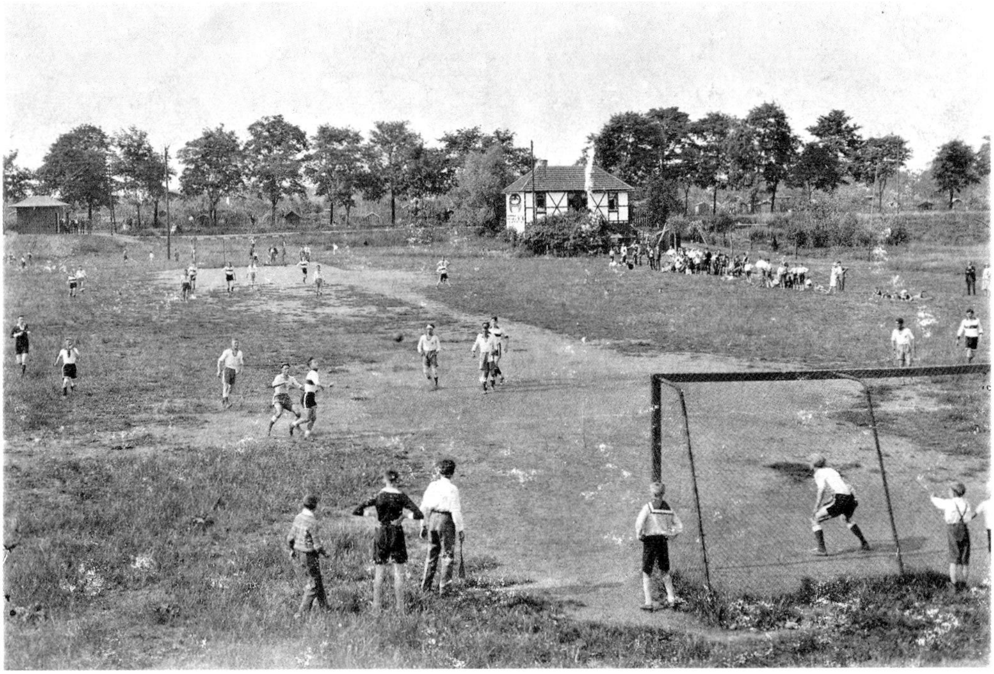

Fußballspiel auf dem ersten Platz der DJK Schwarz-Weiß Griesheim an der Ecke Mainzer Straße/Elektronstraße, um 1923. Der katholische Sportverein (DJK = Deutsche Jugendkraft) ist 1921 aus einer Gruppe von Messdienern hervorgegangen, die schon seit 1917 unorganisiert Fußball spielten.

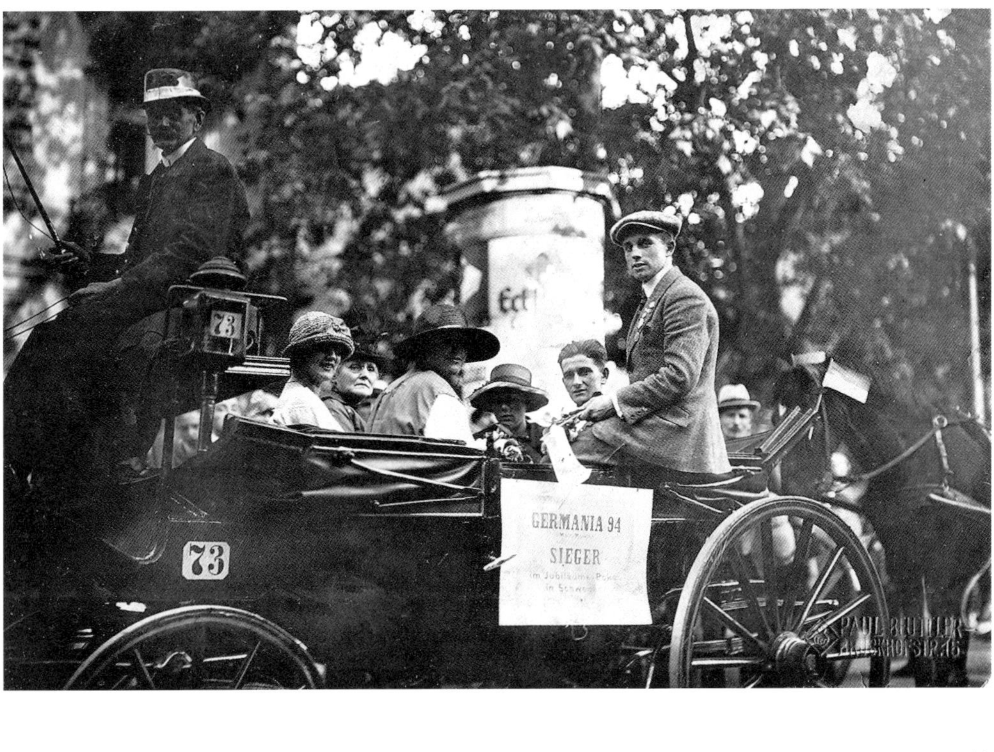

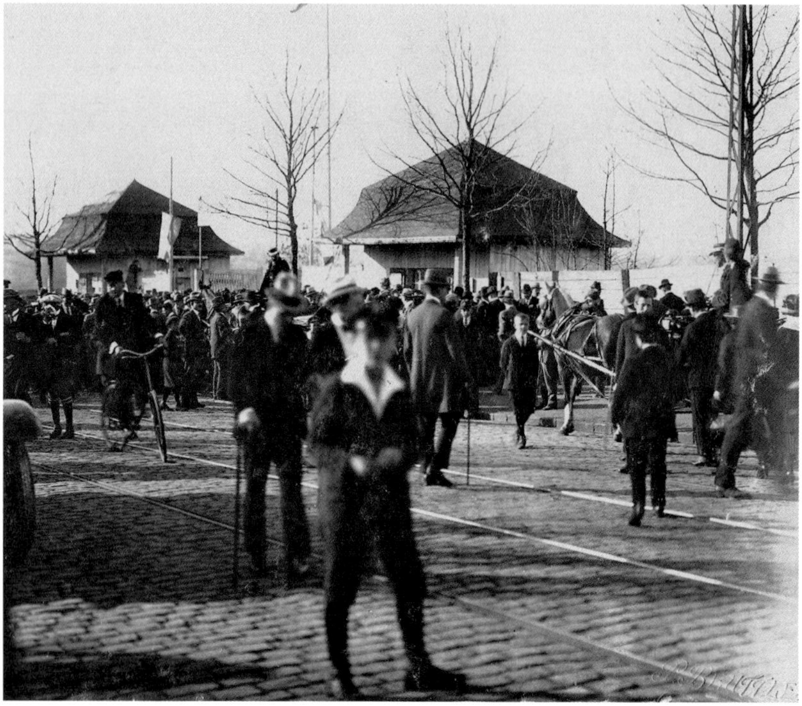

Nach der 0:1-Niederlage der Eintracht gegen den 1. FC Nürnberg am 10. April 1921 verließen die Zuschauer enttäuscht das Riederwaldstadion. Die Sportstätte war im März des Vorjahres eingeweiht worden. Sie fasste 30.000 Zuschauer und war damals die größte vereinseigene Sportanlage in Deutschland. (Foto Paul Beuttler, Frankfurt)

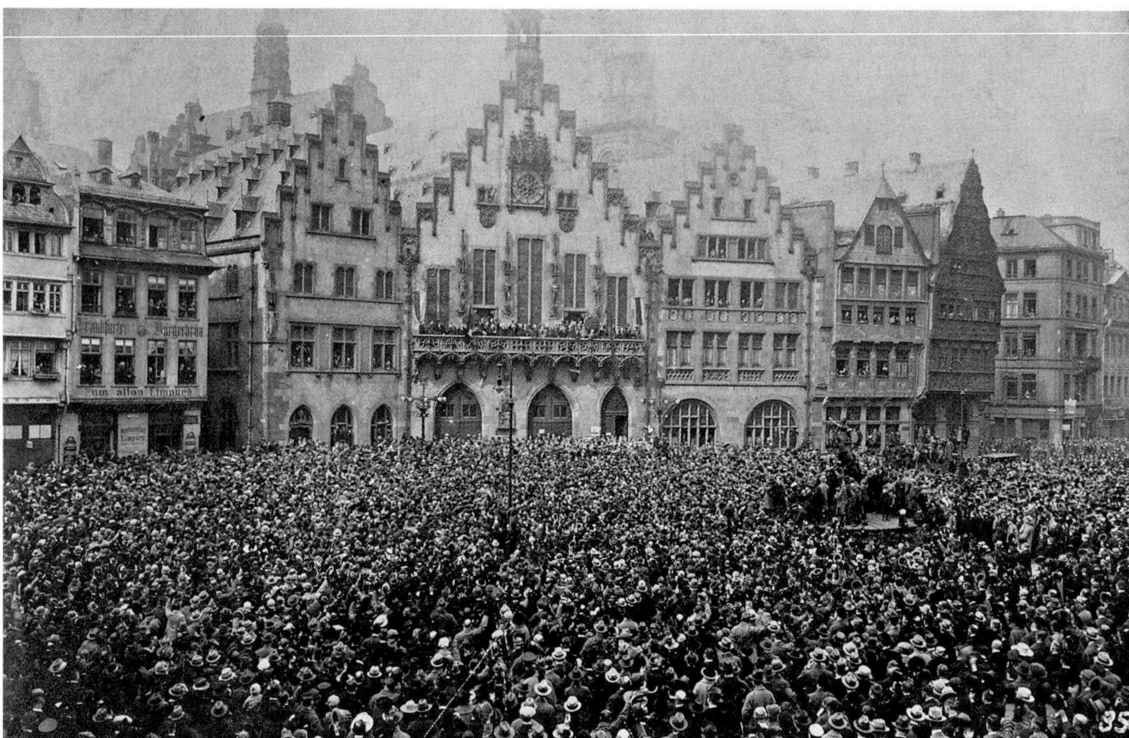

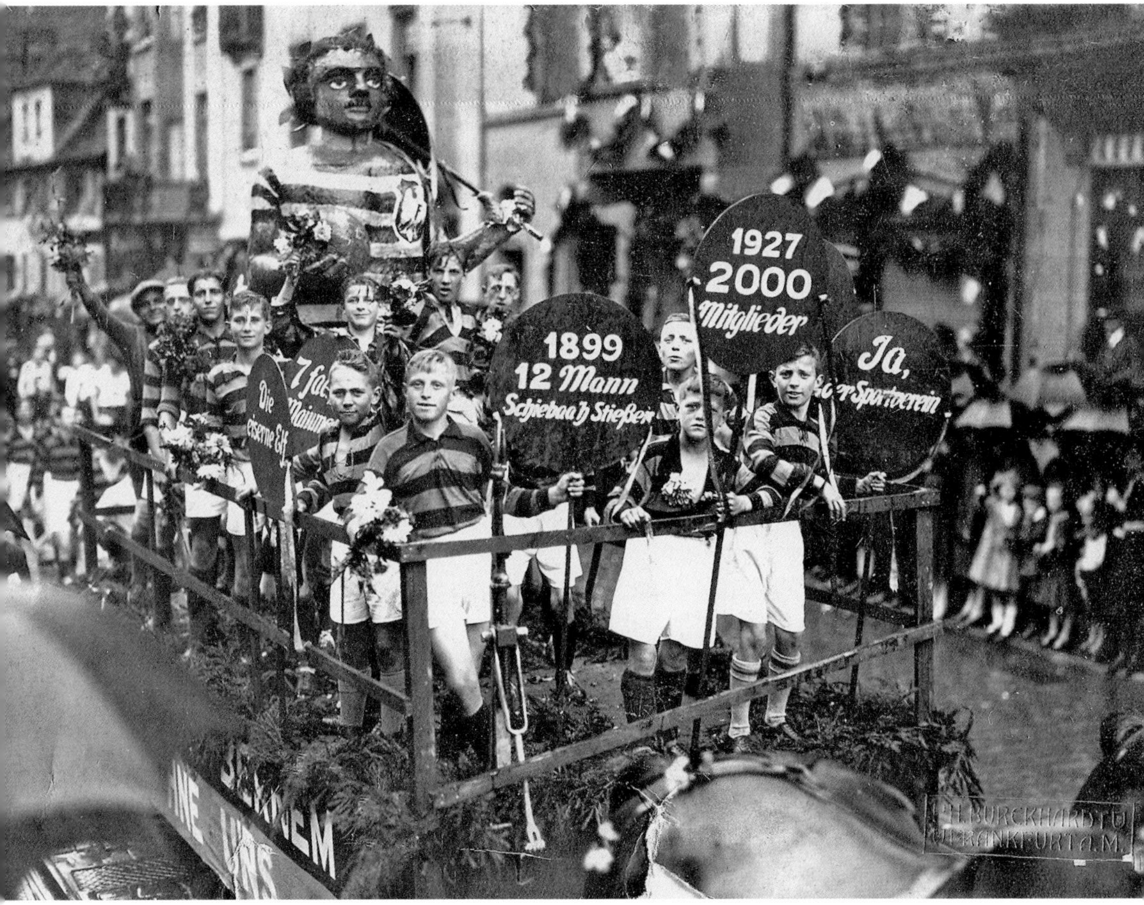

Festumzug 1927 in Bornheim anlässlich der „Bornheimer Kerb". Der Festwagen des FSV Frankfurt befindet sich am „Hohen Brunnen" auf der Berger Straße. Er illustriert die rasante Mitgliederentwicklung des Vereins. Auf dem Festwagen Jugendspieler, darunter in der Bildmitte oben Heinz Pflug, Sohn von Heiner Pflug, Wirt der Vereinsgaststätte „Sporteck" im Prüfling.

◄ Am 26. März 1922 wurde im neuen Riederwaldstadion erstmals in Frankfurt ein Fußballländerspiel ausgetragen. Tausende bereiteten der Schweizer Nationalmannschaft vor der Partie auf dem Römerberg einen begeisterten Empfang. Drei Jahre nach dem Krieg weigerten sich die meisten Länder noch, gegen Deutschland zu spielen.

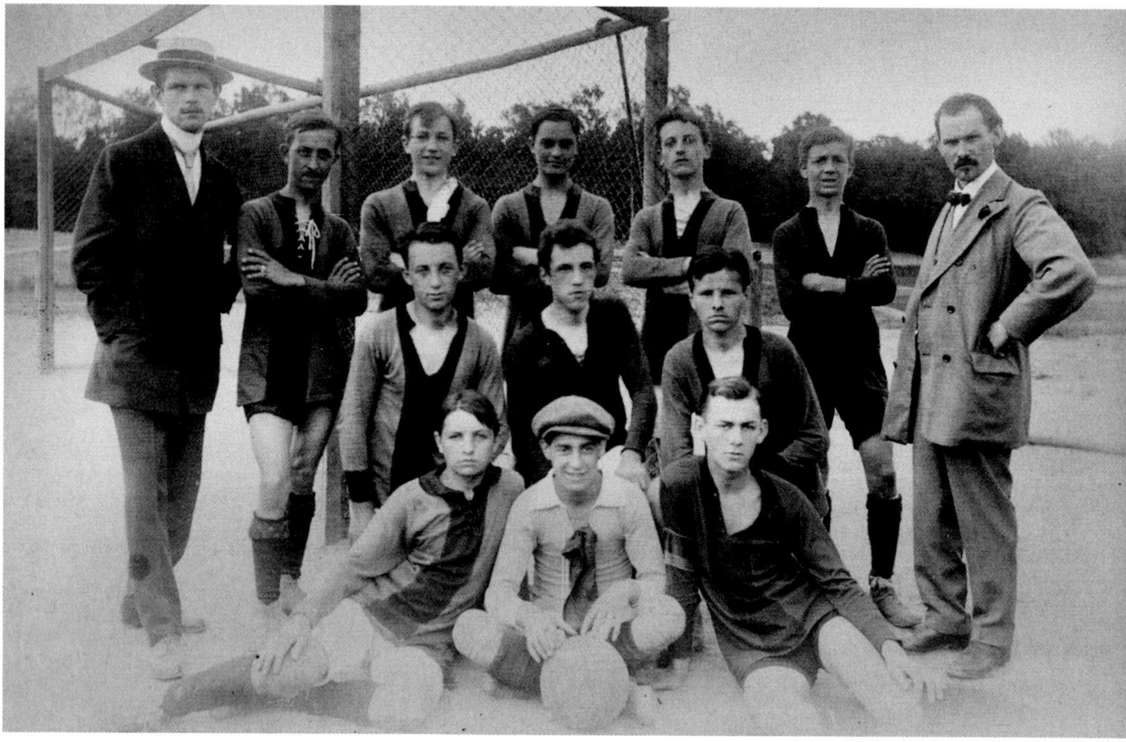

Nur wenige Turnvereine unterhielten Fußballabteilungen. Eine Ausnahme bildete der Turnverein 1860 Fechenheim. Das Bild zeigt die 1. Mannschaft um 1925.

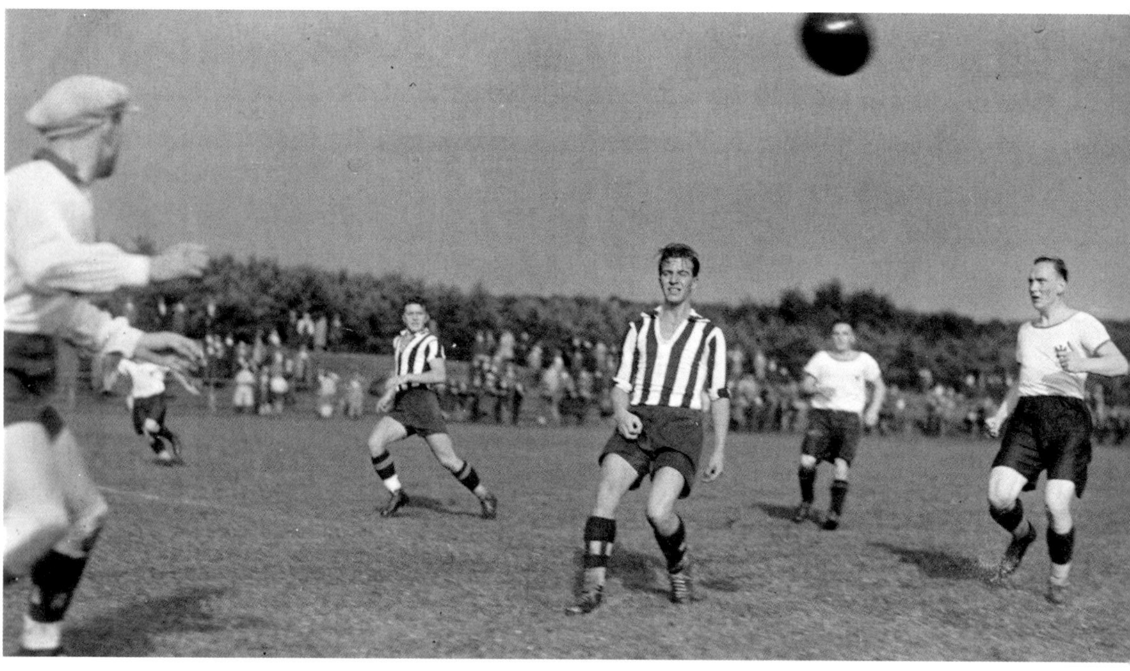

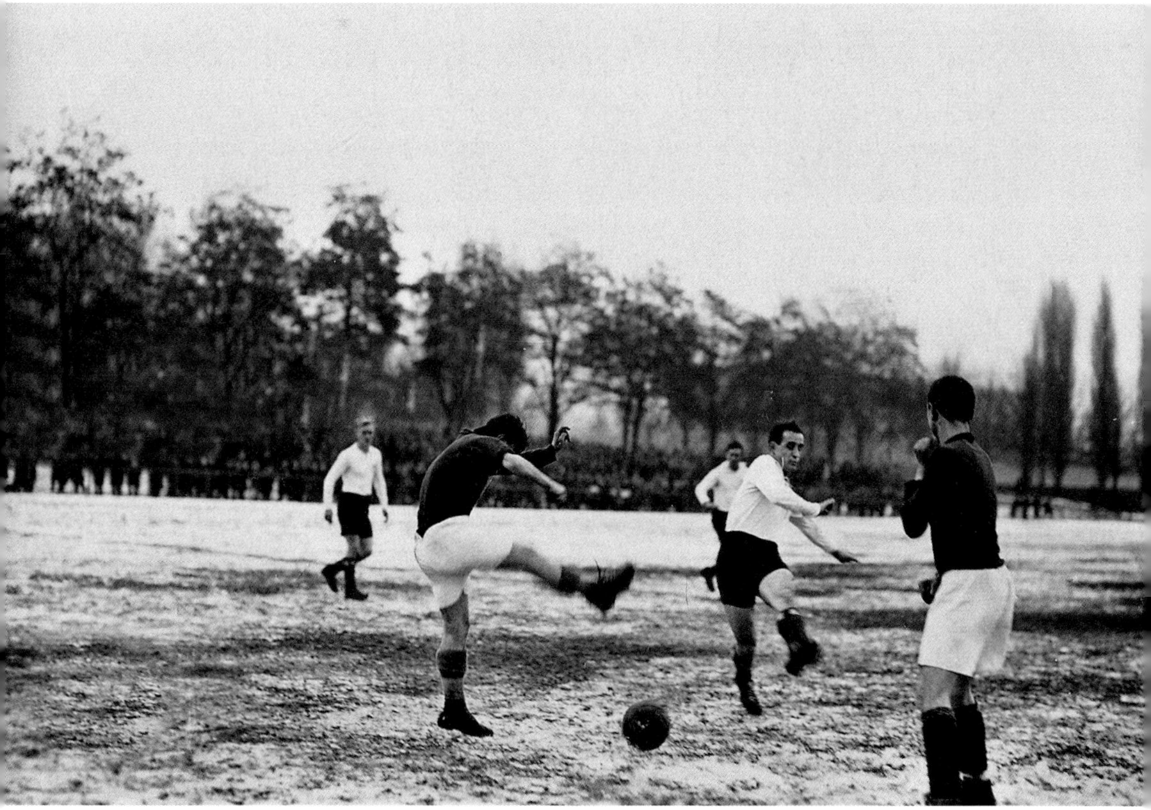

Am 14. April 1935 fusionierte Rot-Weiß Frankfurt mit dem Betriebssportverein der Reichsbahner zur Sportgemeinschaft Reichsbahn Rot-Weiß Frankfurt. Der neue Großverein spielte in der Bezirksliga. Hier kommt es auf dem Fußballplatz an der Messe zur Begegnung mit dem SV Heddernheim 07, die mit 5:2 gewonnen wird. (Foto Schmidter, Frankfurt)

◂ Am 16. August 1931 trat der FC Germania 1894 am Riederwald bei Eintracht Frankfurt an und verlor 0:1. Von links nach rechts die Germania-Spieler Georg Koch (Torhüter), Erich Kress und Vogt, rechts Karl Ehmer.

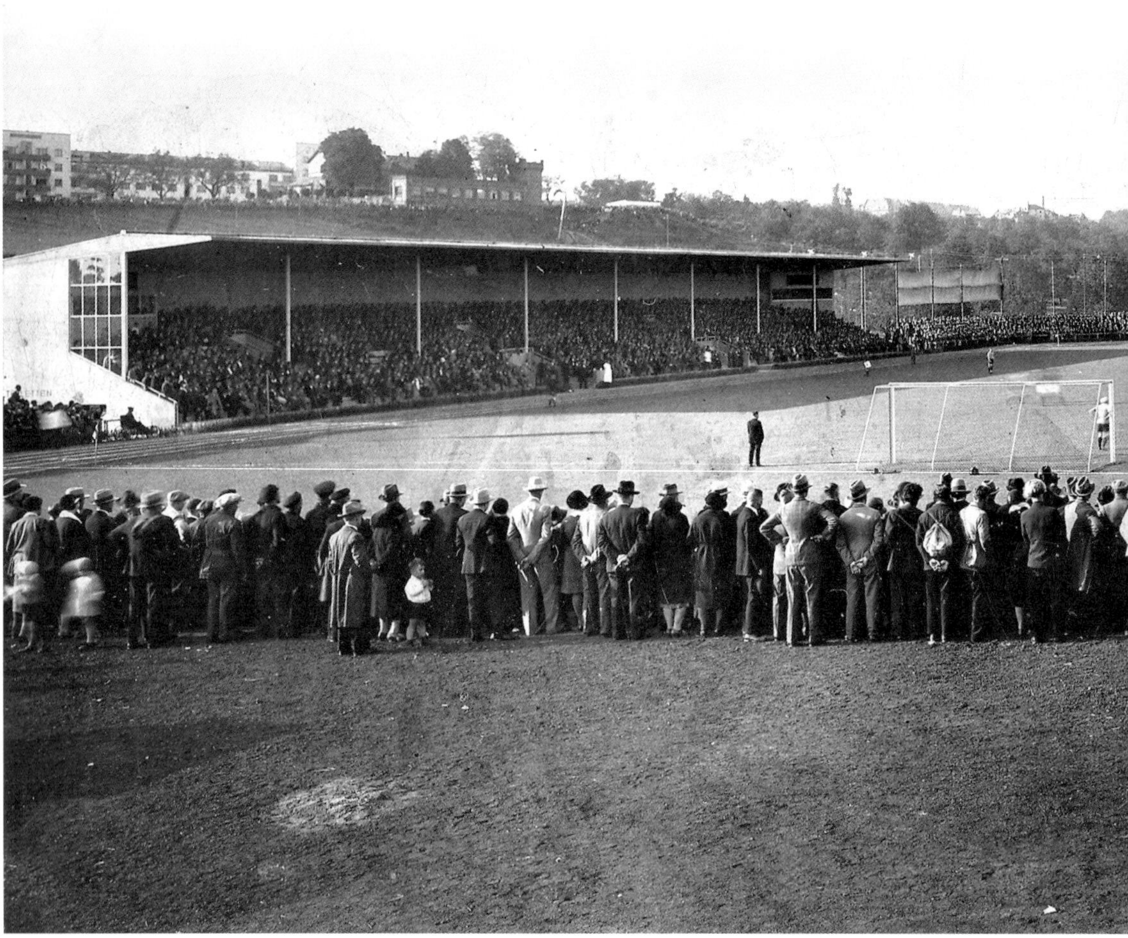

Am 11. Oktober 1931 wurde das Stadion am Bornheimer Hang als eines der modernsten Stadien in Süddeutschland mit dem Spiel des FSV Frankfurt gegen Germania 94 eingeweiht. (Foto Philipp Burckhardt, Frankfurt)

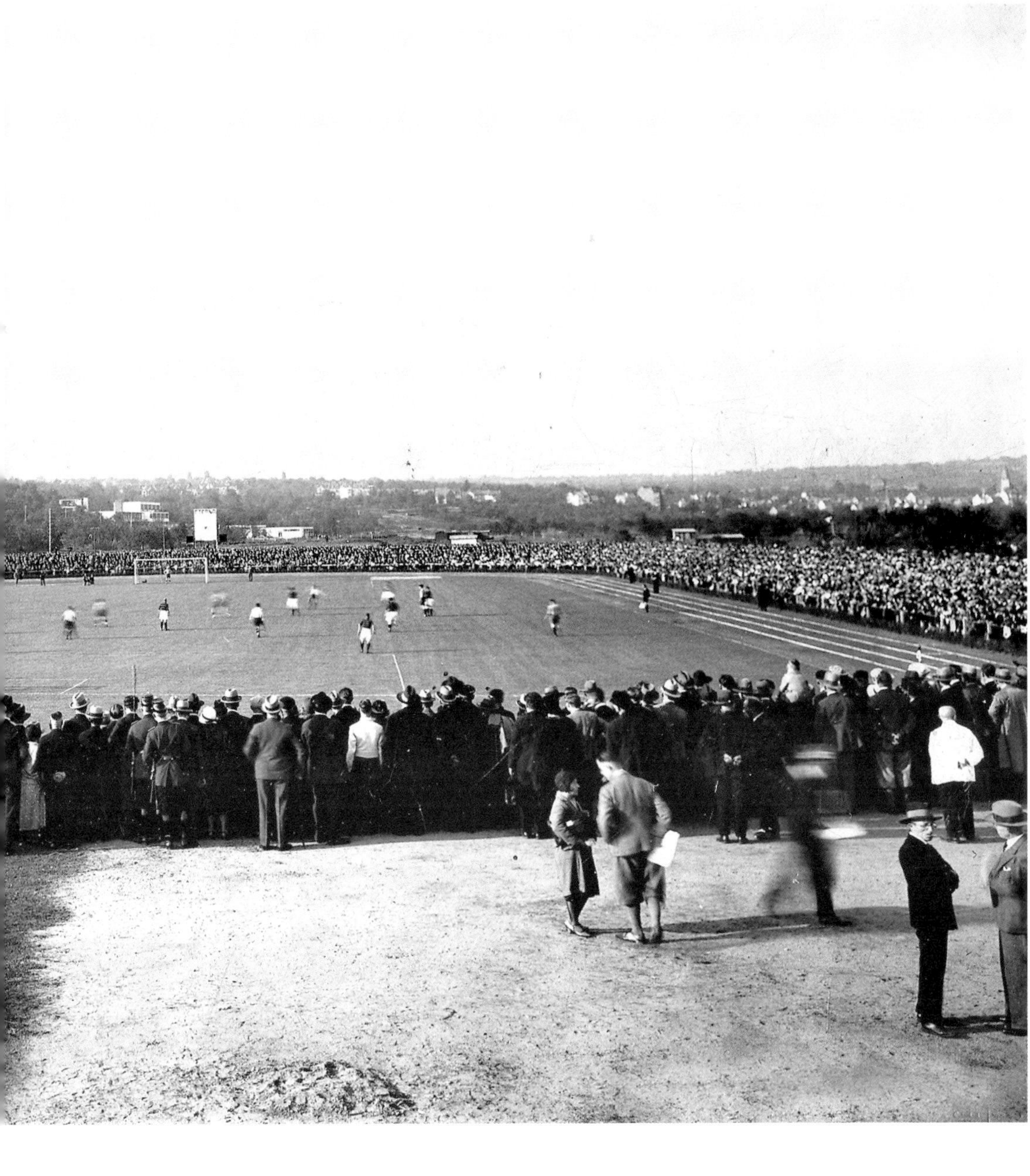

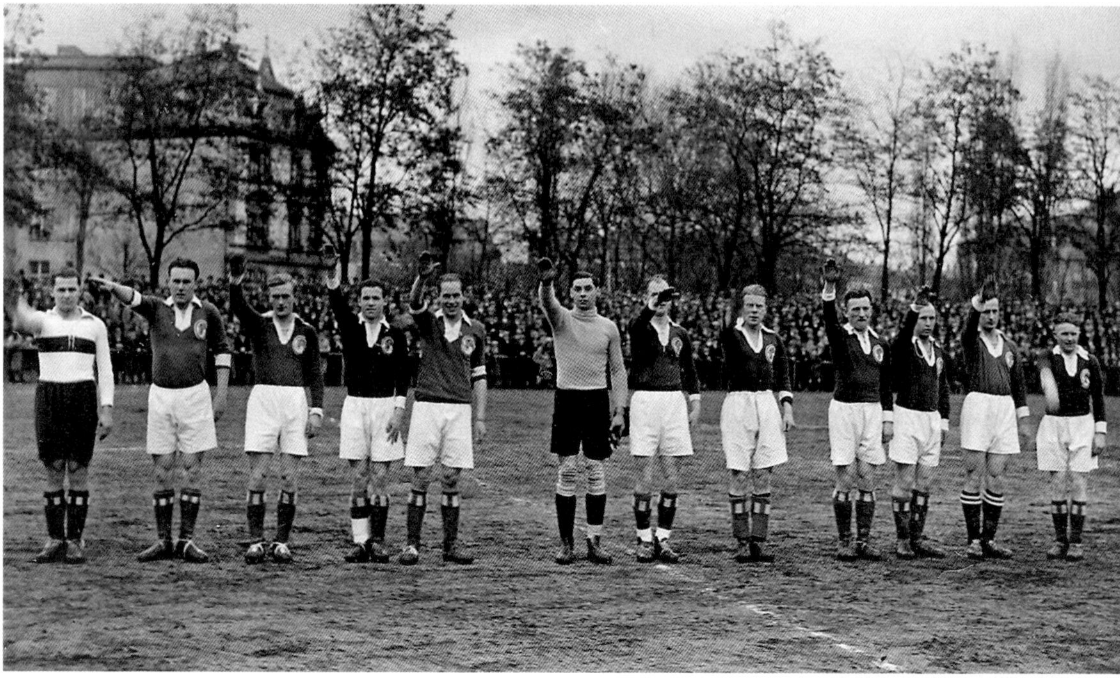

Die Fußballmannschaft der Sportgemeinschaft Reichsbahn Rot-Weiß Frankfurt spielte in der Saison 1940/41 in der höchsten Spielklasse, der Gauliga Südwest/Mainhessen. Dass die Mannschaft vor dem Spiel den Hitlergruß zeigt, war selbstverständlich. Das Stadion am Brentanobad, wo diese Aufnahme entstand, wurde erst 1940 eingeweiht.

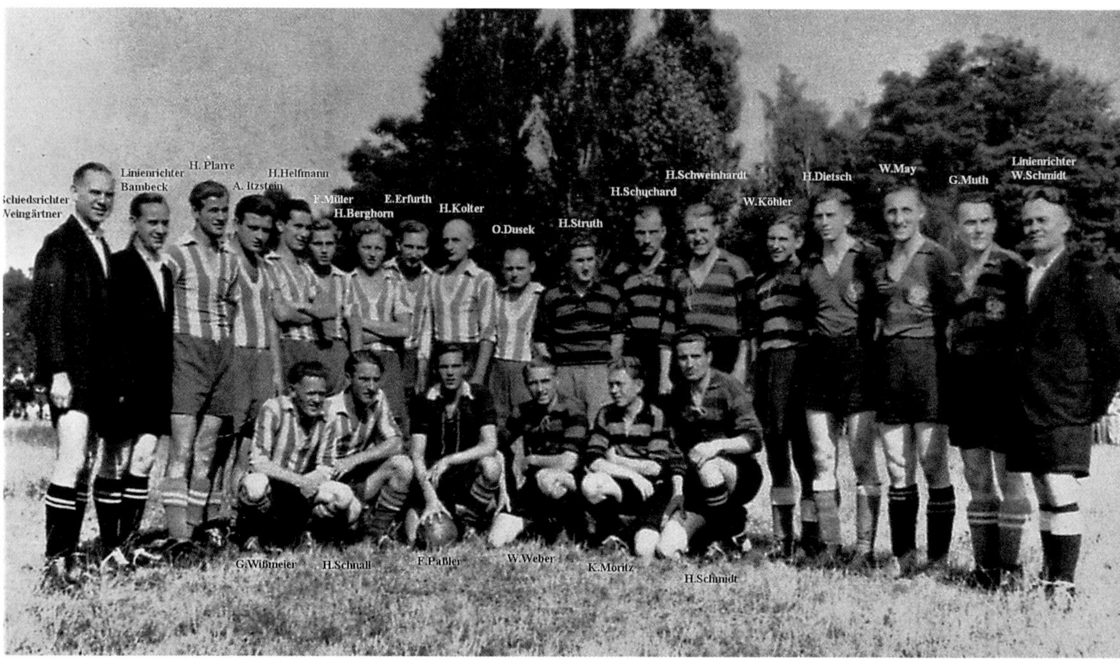

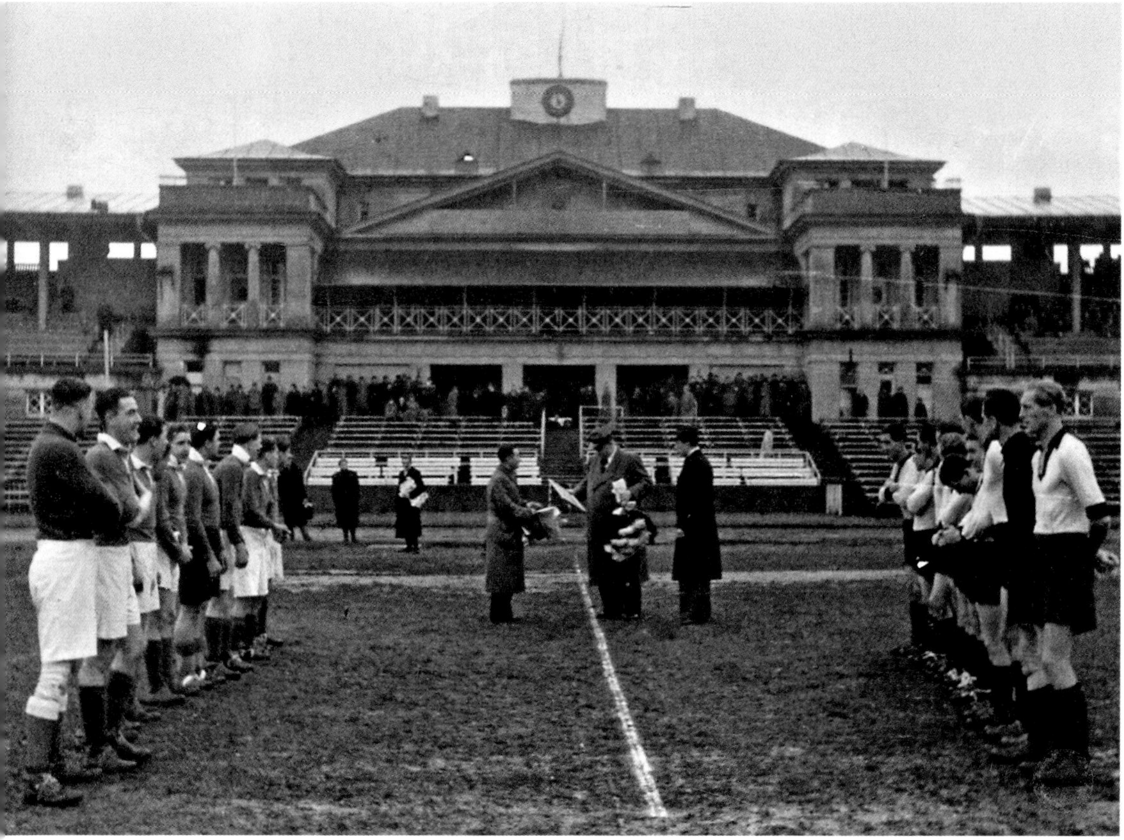

Am 1. Dezember 1946 bestritt der FC Germania 1894 ein Spiel gegen das FJAT British Team. Nicht der 7:2-Sieg der Germania ist bemerkenswert, sondern die Tatsache, dass es nach dem Krieg wieder Spiele deutscher Mannschaften im Waldstadion gab, das seit Kriegsende von den Amerikanern als „Victory Stadium" genutzt wurde. Bereits im Juli 1946 spielte dort beim „Tag der Eintracht" die Eintracht gegen den VfB Stuttgart. In der Bildmitte Oberbürgermeister Walter Kolb.

◂ Ein historischer Tag: Am 8. Juli 1945, drei Monate nach Kriegsende, fand auf den Sandhöfer Wiesen in Niederrad das erste Fußballspiel in der amerikanischen Besatzungszone statt. Der FSV Frankfurt schlug Union Niederrad (in längs gestreiften Trikots) deutlich mit 7:1.

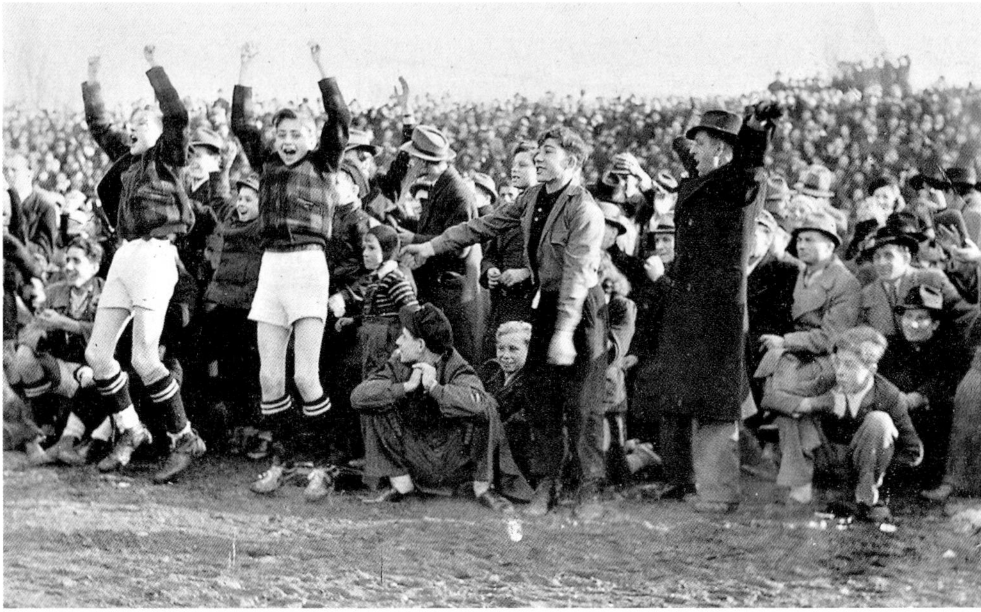

Beim Oberliga-Spiel des FSV Frankfurt gegen den deutschen Rekordmeister 1. FC Nürnberg am 13. Februar 1949 am Bornheimer Hang wurde wegen des großen Zuschauerandrangs die Laufbahn für Zuschauer freigegeben. Die brauchten ihr Kommen nicht zu bereuen. Der FSV siegte 1:0.

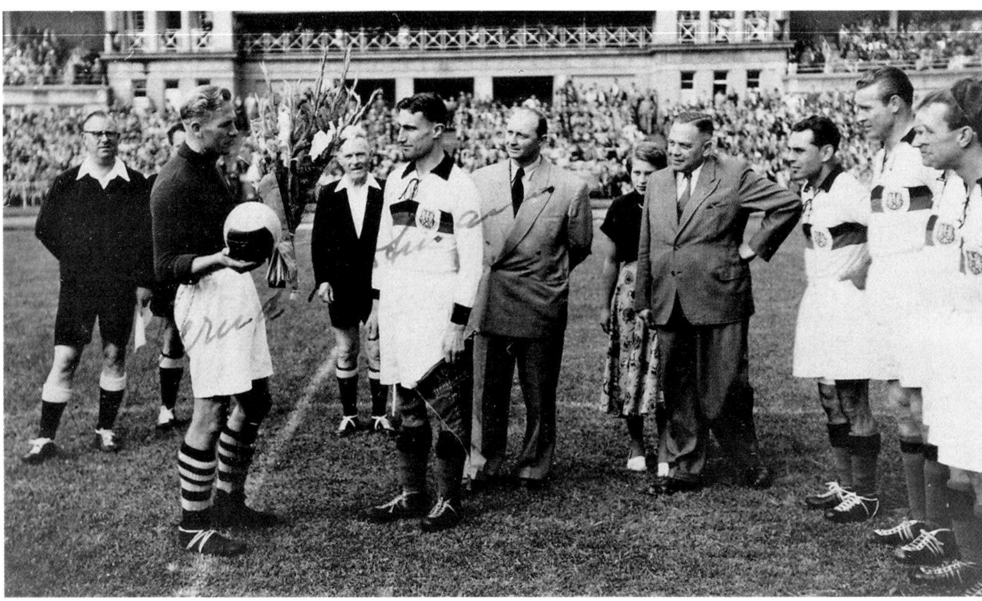

Am 15. Mai 1957 kam der amtierende englische Pokalsieger Manchester City zu einem Freundschaftsspiel ins Waldstadion und spielte gegen eine Auswahl des FSV Frankfurt und der Eintracht. Die Frankfurter gewannen 2:0 durch Tore von Hans Weilbächer (Eintracht) und Berthold Buchenau (FSV). Das Tor von Manchester hütete der legendäre Bernd Trautmann („Traut the Kraut"), der hier mit FSV-Spielführer Philipp Nold die Wimpel tauscht.

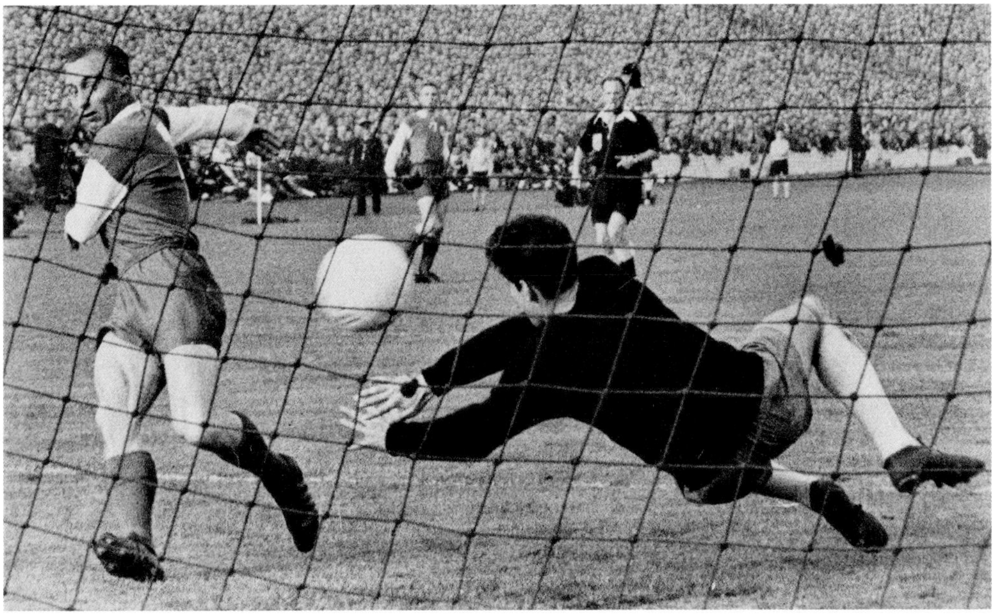

Endspiel um den Europapokal der Landesmeister am 18. Mai 1960 im Hampden Park in Glasgow. Eintracht Frankfurt unterlag 3:7 gegen Real Madrid. Das 1:0 schoss allerdings Richard Kress (l.) für die Eintracht. (Foto Mehrens, Frankfurt)

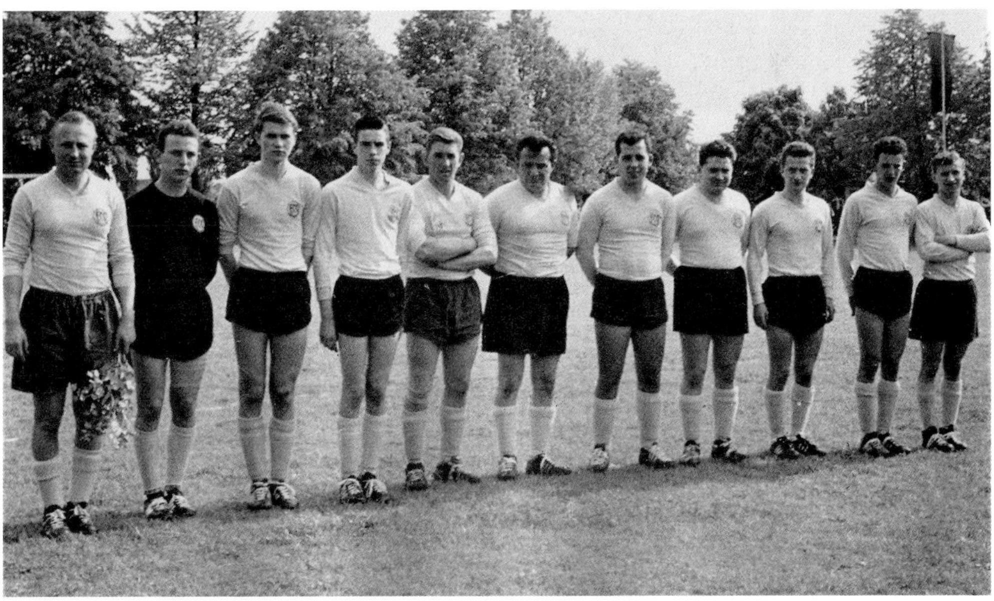

Am 21./22. Mai 1961 nahm die Mannschaft des FFC Olympia 07 an einem Fußball-Pfingstturnier im brandenburgischen Velten teil. Nicht einmal drei Monate später, am 13. August 1961, begann der Bau der Berliner Mauer, der solche sportlichen Begegnungen zwischen Ost und West erst einmal unmöglich machte.

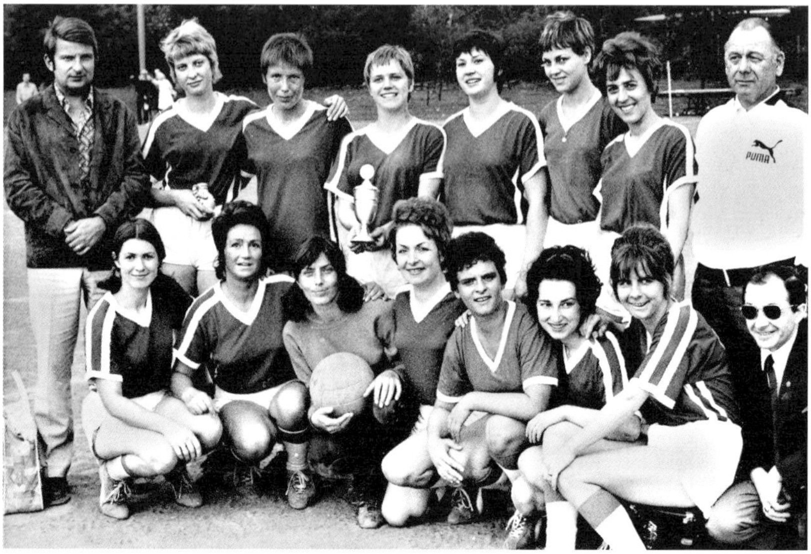

Die Vereine Franken 66 und NSG „Oberst Schiel" (ein Schützenverein) gehörten zu den ersten in Deutschland, die Frauenfußball betrieben. Das Foto zeigt die Mannschaft von „Oberst Schiel" 1970 mit ihrem Trainer Ferdi Stang (stehend links), der sie bis 1979 zu vier hessischen Meisterschaften und 1977 ins Finale um die deutsche Frauenfußball-Meisterschaft führte.

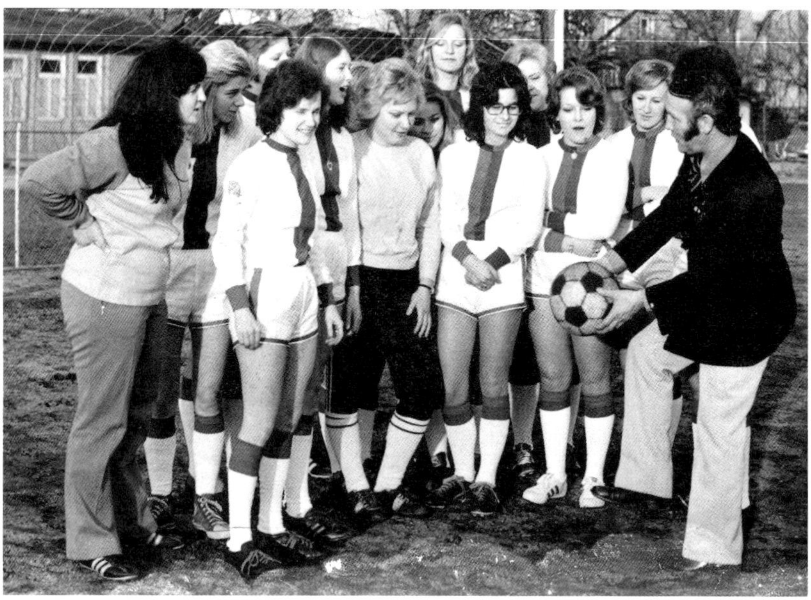

Bald nachdem der DFB am 31. Oktober 1970 das Verbot des Frauenfußballs aufgehoben hatte, gründete der FC Union Niederrad eine Frauenfußballabteilung. Das Foto zeigt die Mannschaft mit ihrem Trainer Freddi Wegner zu Beginn der 1970er-Jahre. Wegner, Boxlegende von Eintracht Frankfurt, machte sich um den Frauenfußball verdient. (Foto Renate Czenski, Kiel)

4

Schneller, höher, weiter

Wie so viele Sportarten hat auch die Leichtathletik ihren Ursprung in England, wo 1866 erstmals nationale Titelkämpfe im Laufen und Springen ausgetragen wurden. In Deutschland etablierten sich die leichtathletischen Disziplinen erst gegen Ende des 19. Jahrhunderts. Noch bis in die 1920er-Jahre wurden sie als „Volksturnen“ bezeichnet – wohl auch, weil sie ohne großen Aufwand an Geräten und Vorrichtungen betrieben werden konnten.

Die ersten Olympischen Spiele der Neuzeit 1896 in Athen brachten der Leichtathletik einen spürbaren Schub. Unter ihrem Eindruck wurden seit 1897 regelmäßig im Frankfurter Palmengarten die „Großen Internationalen Olympischen Spiele“ veranstaltet, an denen Sportler aus ganz Deutschland teilnahmen. Schon bei den ersten Wettkämpfen am 22. August 1897 lief der Frankfurter Ernst Ludwig als erster Deutscher die 100 Meter in 11 Sekunden.

Auch vom allgemeinen Sportboom nach dem Ersten Weltkrieg profitierte die Leichtathletik. Trotzdem und obwohl sie von Beginn an zum olympischen Kernprogramm gehörte, entstanden in Frankfurt keine reinen Leichtathletikvereine. Vielmehr nahmen Turn- und Sportvereine die Lauf-, Spring- und Wurfdisziplinen in ihr Angebot auf.

1925 fand im neu erbauten Frankfurter Waldstadion die 1. Arbeiterolympiade statt, die der Leichtathletik weiteren Auftrieb verlieh. Frankfurt entwickelte sich zu einer Hochburg der Leichtathletik. Zahlreiche Frankfurter Athleten und Athletinnen errangen internationale Erfolge.

Diese Entwicklung setzte sich nach dem Zweiten Weltkrieg fort. Das Frankfurter Waldstadion sowie die Stadien am Riederwald und am Bornheimer Hang wurden zu wichtigen Austragungsorten für nationale und internationale Leichtathletikwettkämpfe.

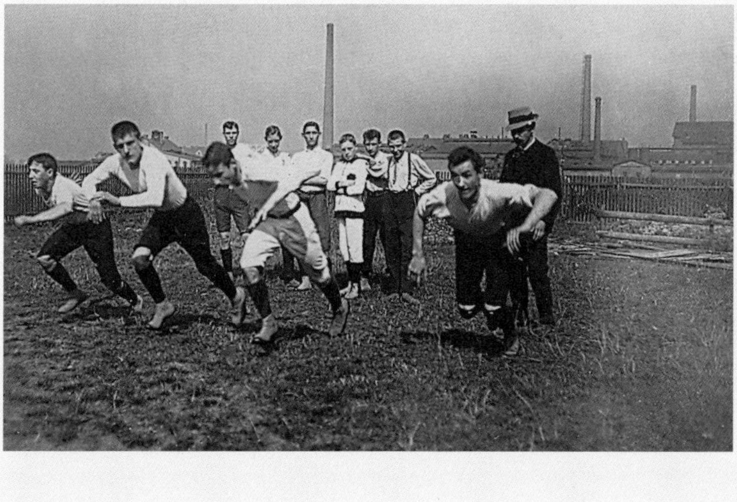

Leichtathletik kann auch unter einfachsten Bedingungen betrieben werden, wie einige Jugendliche vom TV 1860 Fechenheim beweisen. Den Turnplatz an der Turnhalle in der Götzstraße, kaum mehr als eine unebene Wiese, nutzten sie als Sprintstrecke. Das Foto entstand kurz vor dem Ersten Weltkrieg.

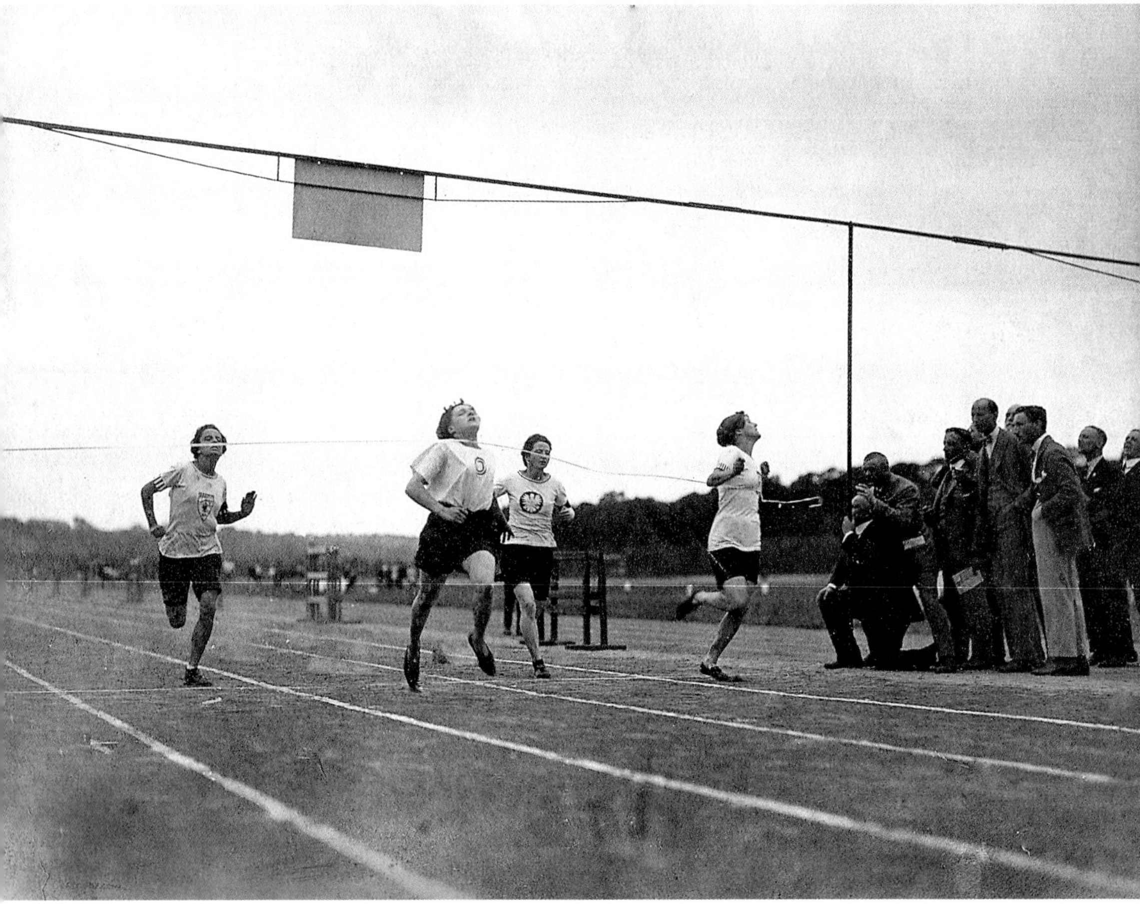

Am 11./12. Juni 1921 fanden im Riederwaldstadion, der bei ihrer Eröffnung im September 1920 größten vereinseigenen Sportanlage Deutschlands, die Nationalen Leichtathletik-Wettkämpfe statt. Beim 100-Meter-Lauf der Frauen kam Luise Bleich vom TSV Jahn München als Erste ins Ziel.

Die Frankfurter „Stadtstaffel", ausgetragen von 1911 bis 1980, gehörte mit bis zu 4.000 teilnehmenden Läufern und Läuferinnen zu den sportlichen Großereignissen in Frankfurt. Für die meisten Sport- und Turnvereine war es Ehrensache, an dem Lauf durch den Anlagenring teilzunehmen. 1923 siegte die Staffel des Frankfurter Polizeisportvereins Grünweiß und wurde vor dem Römer geehrt. ►

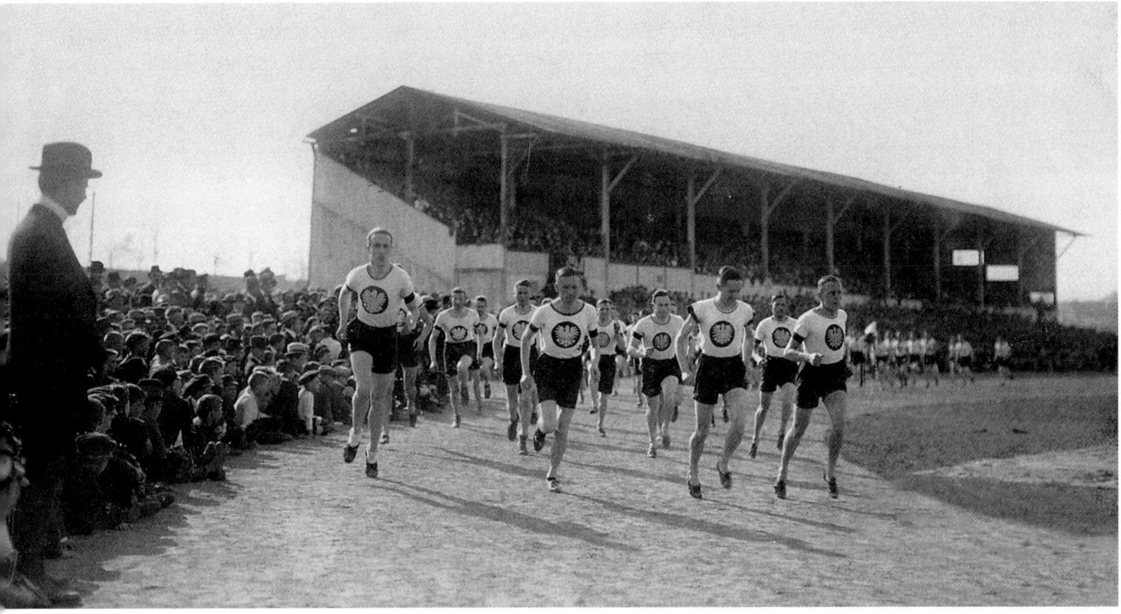

In der Pause des Fußballspiels Eintracht Frankfurt gegen den 1. FC Nürnberg am 10. April 1921 im Riederwaldstadion bekamen die Zuschauer einen „Stillauf" der Leichtathleten der Turn- und Sportgemeinde Eintracht zu sehen. Unterhaltung wurde hier mit Werbung für die Leichtathletik verbunden. (Foto Paul Beuttler, Frankfurt)

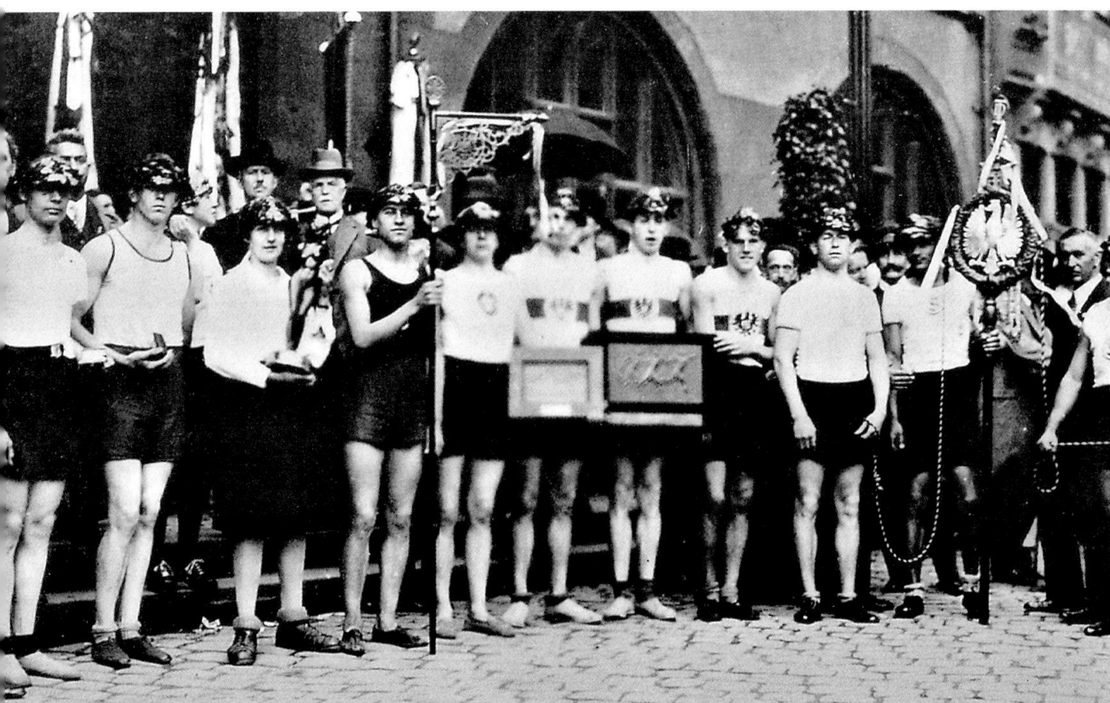

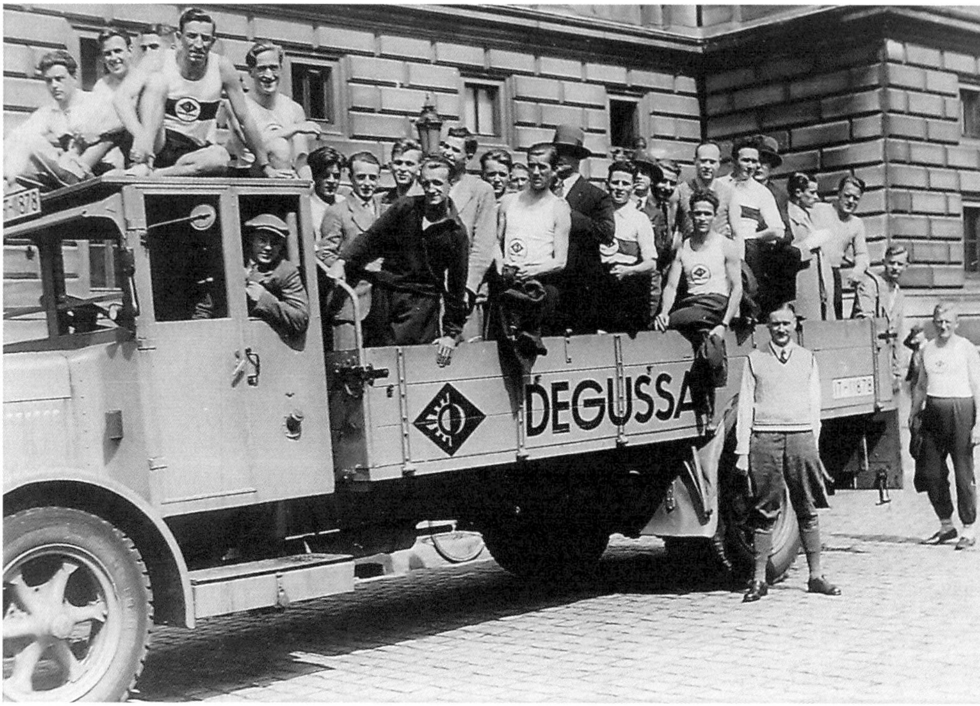

Auch Betriebssportgruppen beteiligten sich am Frankfurter Staffellauf. Ein Firmenlastwagen der Deutschen Gold- und Silber-Scheideanstalt (vormals Roessler, ab 1980 Degussa AG) brachte 1938 die Staffelläufer zum Startpunkt.

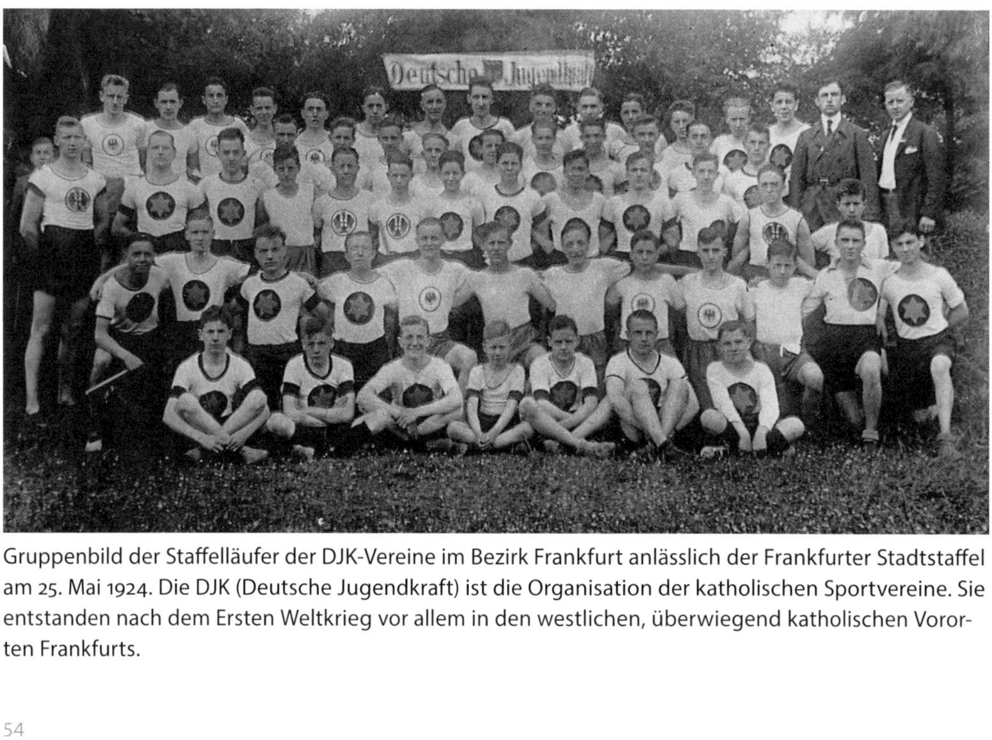

Gruppenbild der Staffelläufer der DJK-Vereine im Bezirk Frankfurt anlässlich der Frankfurter Stadtstaffel am 25. Mai 1924. Die DJK (Deutsche Jugendkraft) ist die Organisation der katholischen Sportvereine. Sie entstanden nach dem Ersten Weltkrieg vor allem in den westlichen, überwiegend katholischen Vororten Frankfurts.

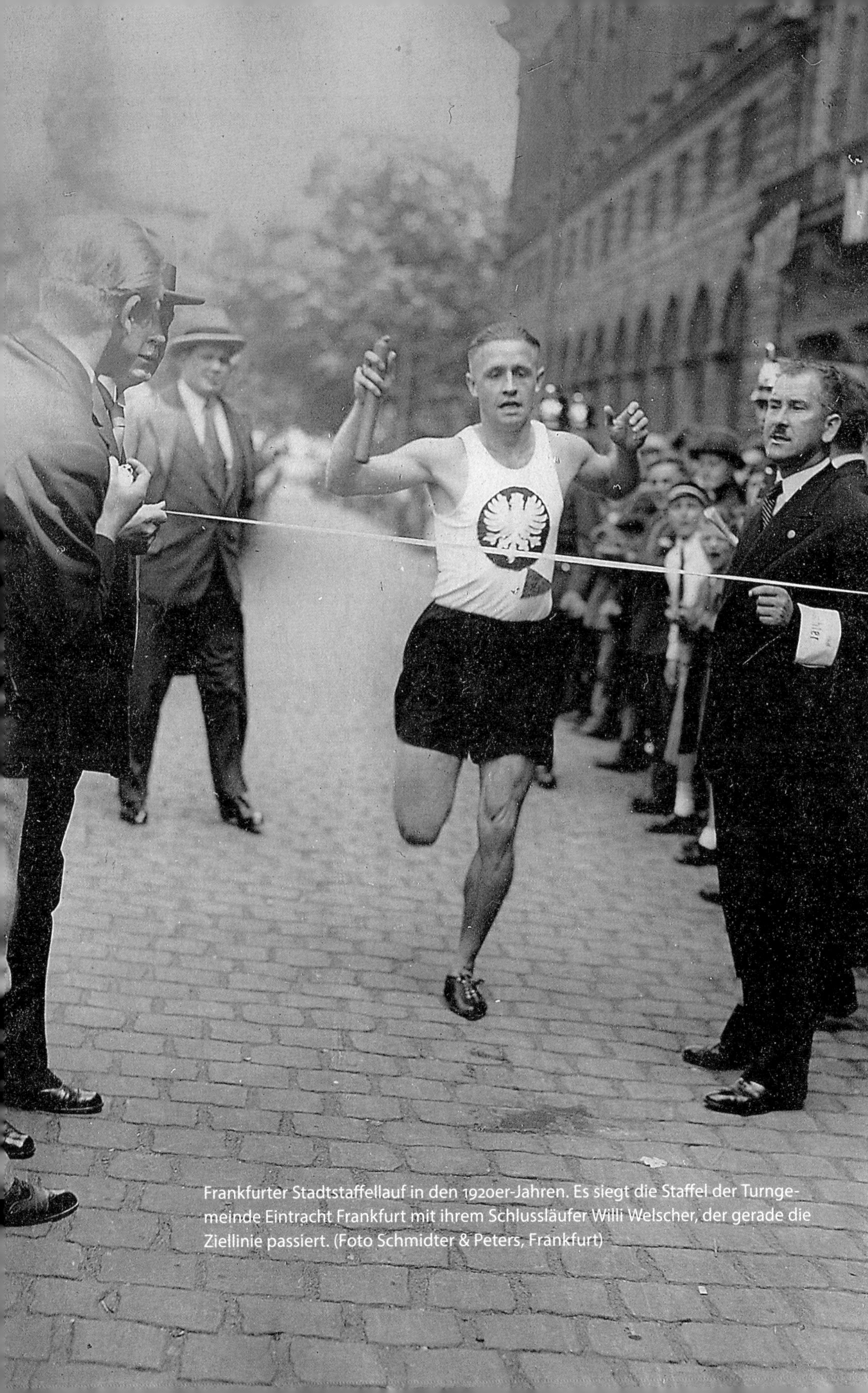

Frankfurter Stadtstaffellauf in den 1920er-Jahren. Es siegt die Staffel der Turngemeinde Eintracht Frankfurt mit ihrem Schlussläufer Willi Welscher, der gerade die Ziellinie passiert. (Foto Schmidter & Peters, Frankfurt)

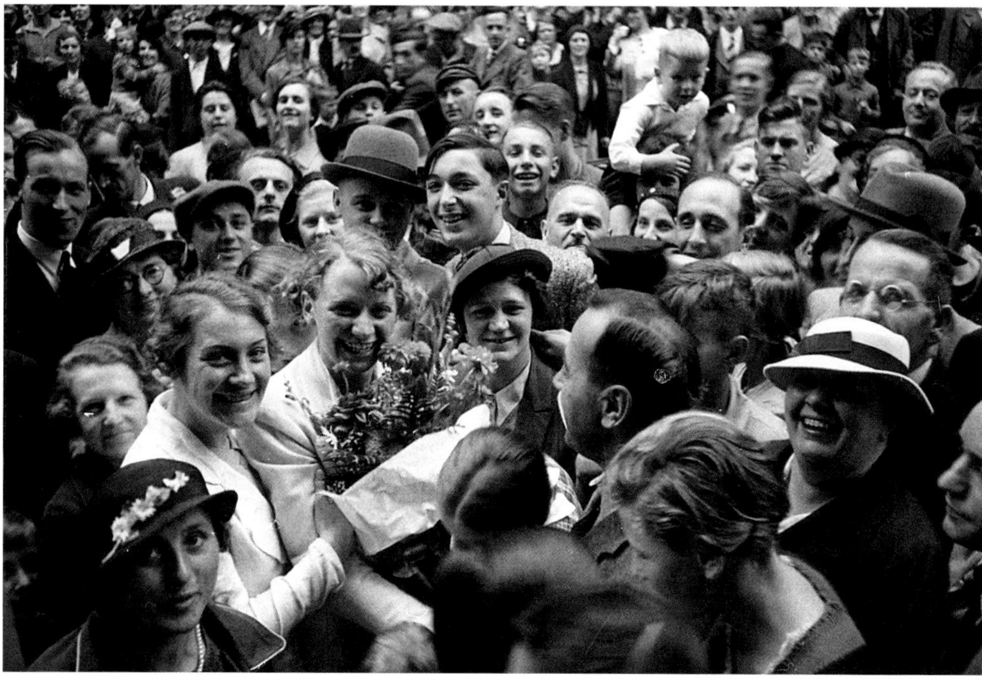

Bei den Olympischen Spielen 1936 errang die Speerwerferin Tilly Fleischer von Eintracht Frankfurt die erste Goldmedaille für Deutschland und wurde damit in Frankfurt zur Sportikone. Bei der Rückkehr in ihre Heimatstadt wurde sie vor der elterlichen Metzgerei in der Schäfergasse 26 begeistert gefeiert. (Foto Sepp Jäger, Frankfurt)

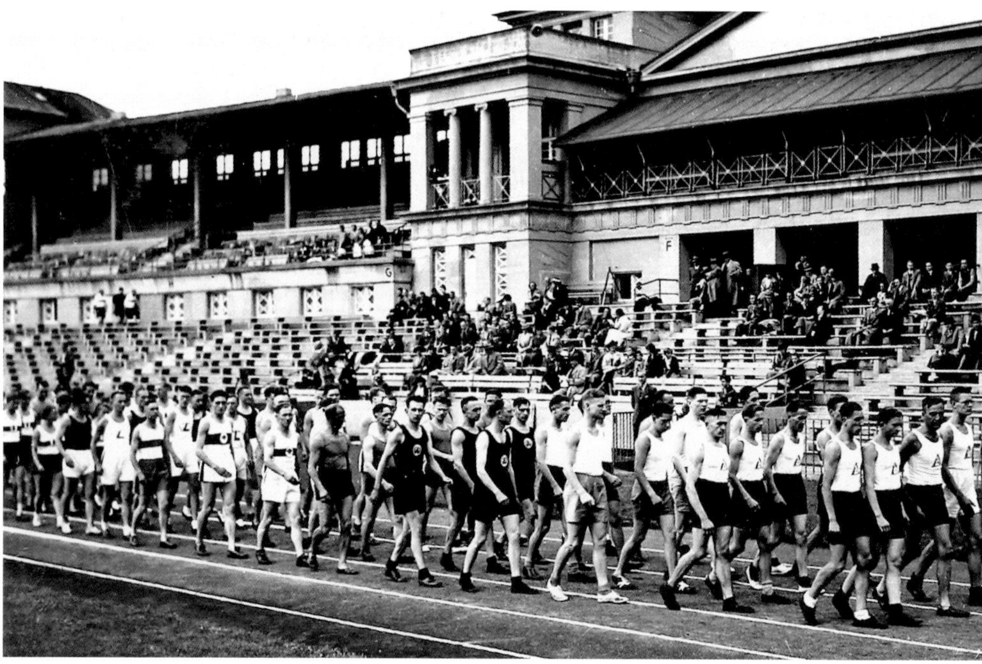

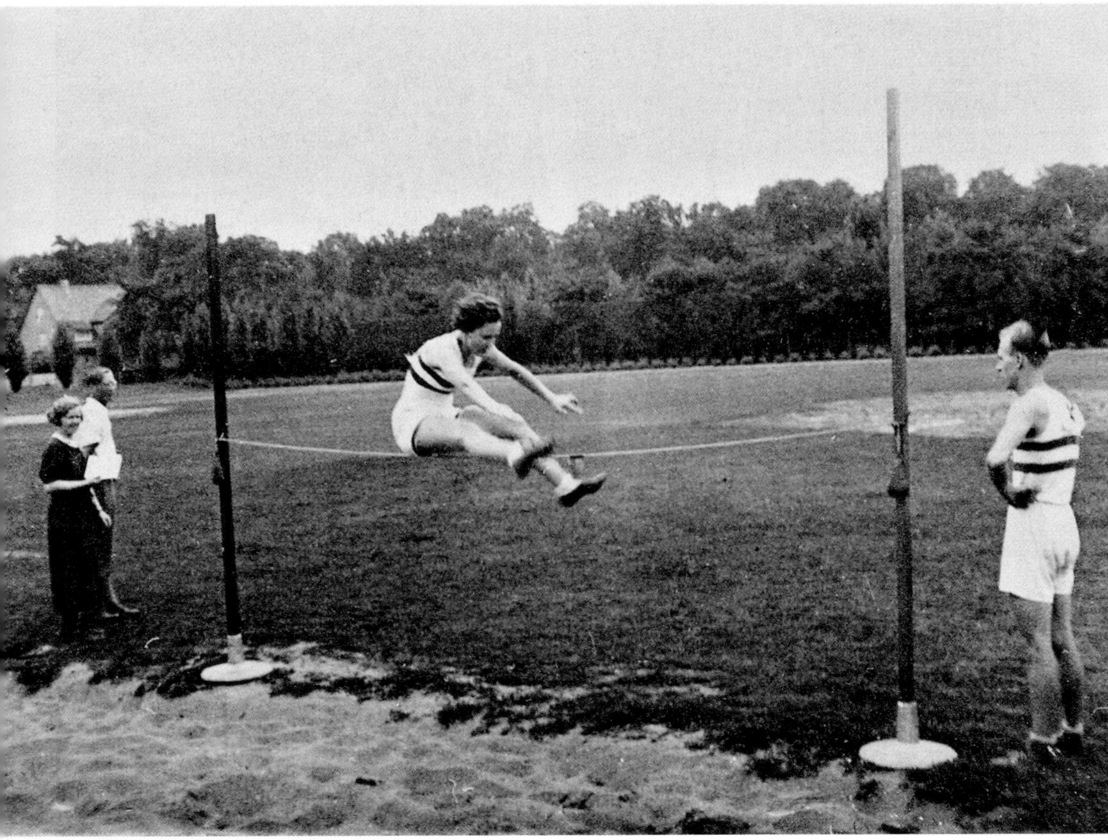

Hochspringerin bei den Vereinsmeisterschaften des Sportvereins Frankfurt 1934 auf den Sandhöfer Wiesen in Niederrad. Der SV Frankfurt wurde 1933 nach der Machtergreifung der Nationalsozialisten als Betriebssportverein für alle Beschäftigten der Stadt Frankfurt geschaffen.

◂ Die Deutsche Gold- und Silber-Scheideanstalt veranstaltete in den 1930er-Jahren in Frankfurt regelmäßig Sportfeste für die Beschäftigten der verschiedenen Standorte. Hier ziehen die Betriebssportler und -sportlerinnen am 11. September 1937 ins Frankfurter Waldstadion ein.

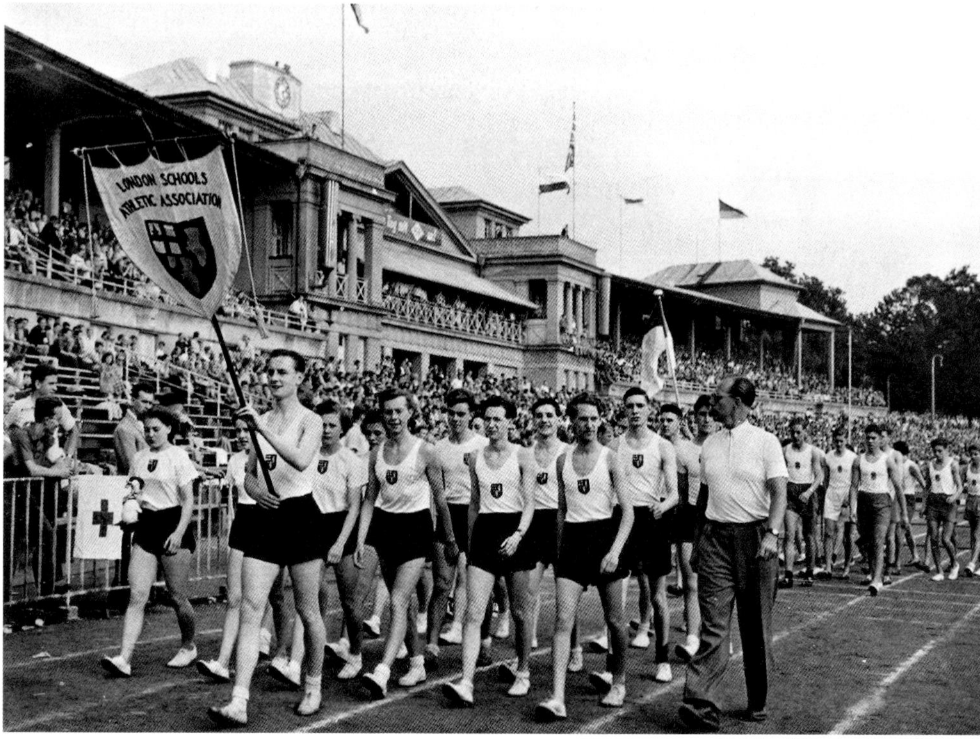

Einzug der jugendlichen Sportler und Sportlerinnen ins Frankfurter Waldstadion beim Internationalen Schulfest am 8. September 1951. Die Frankfurter Schulen gaben an diesem Tag allen Schülern und Schülerinnen der höheren Jahrgangsstufen frei, damit sie teilnehmen oder zuschauen konnten.

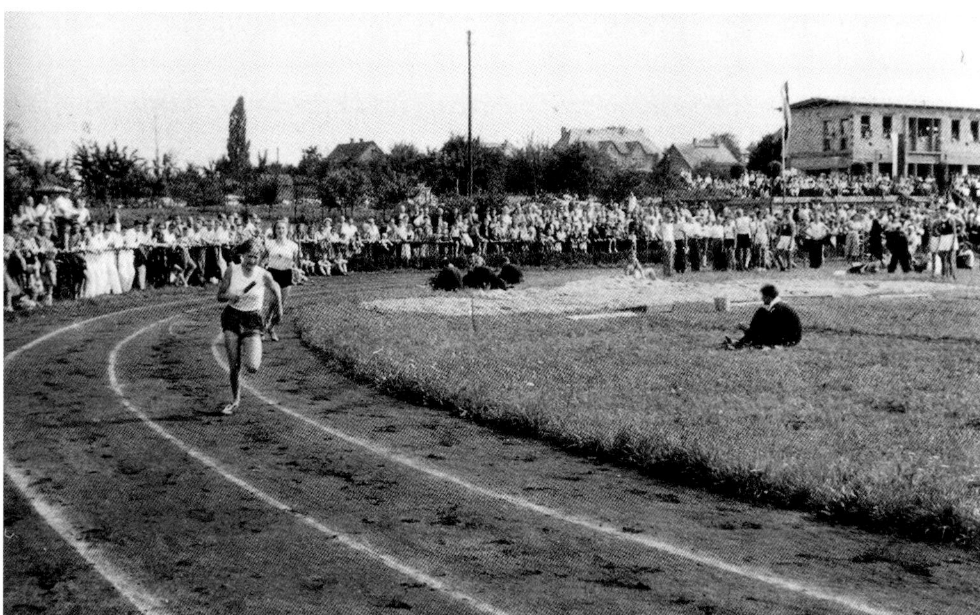

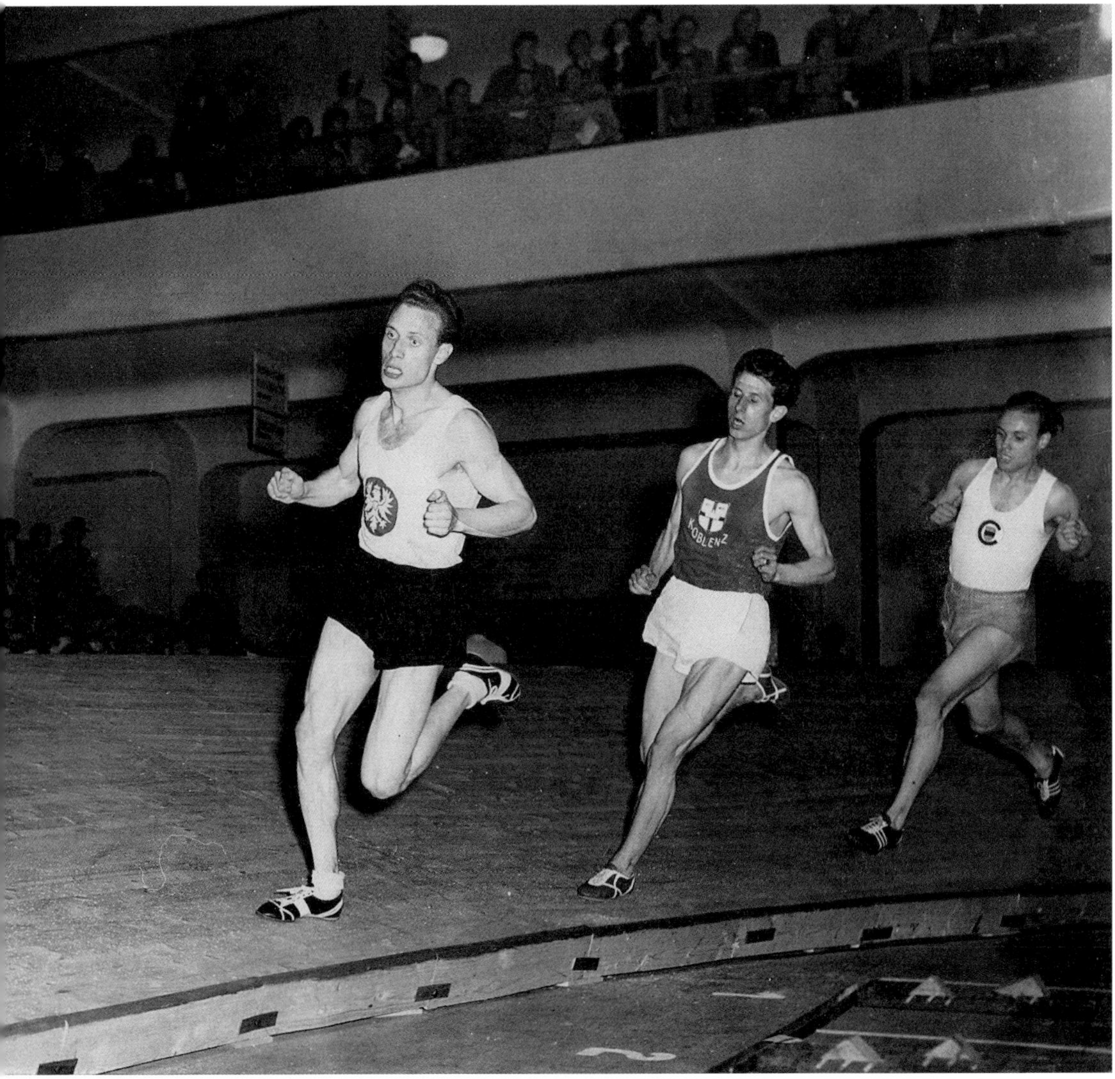

Die erste deutsche Hallen-Leichtathletikmeisterschaft fand am 20. März 1954 in der Frankfurter Festhalle statt. Den 1.500-Meter-Lauf gewann der Koblenzer Karlheinz Schmalz (Mitte) vor Klaus Retienne (links) von der Frankfurter Sportgemeinde Eintracht. Rechts der Drittplatzierte Dieter Schlege aus Krefeld.

◄ Staffellauf beim Gauturnfest auf der Niddakampfbahn in Nied 1953, ausgerichtet von der SG 1877 Nied. Der Zuschauerandrang ist beträchtlich. Das zweistöckige Vereinshaus (hinten rechts) ist im Jahr zuvor rechtzeitig zum 75. Vereinsjubiläum eingeweiht worden. Der Verputz fehlt noch. (Foto E. Dehler)

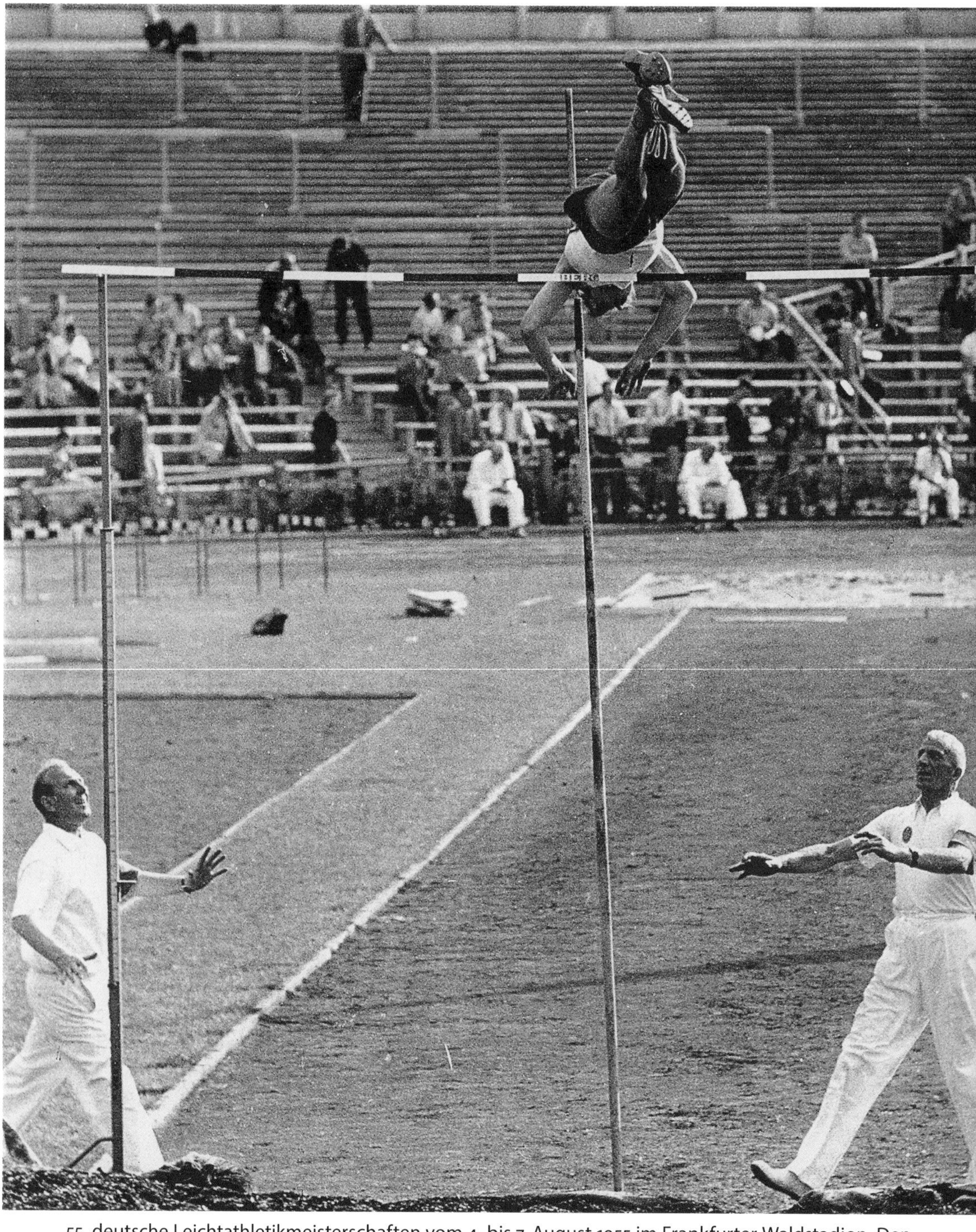

55. deutsche Leichtathletikmeisterschaften vom 4. bis 7. August 1955 im Frankfurter Waldstadion. Den Stabhochsprung gewann Julius Schneider vom SC Pforzheim mit einer Höhe von 4,20 Metern. (Foto Helmut Wildenhain, Frankfurt)

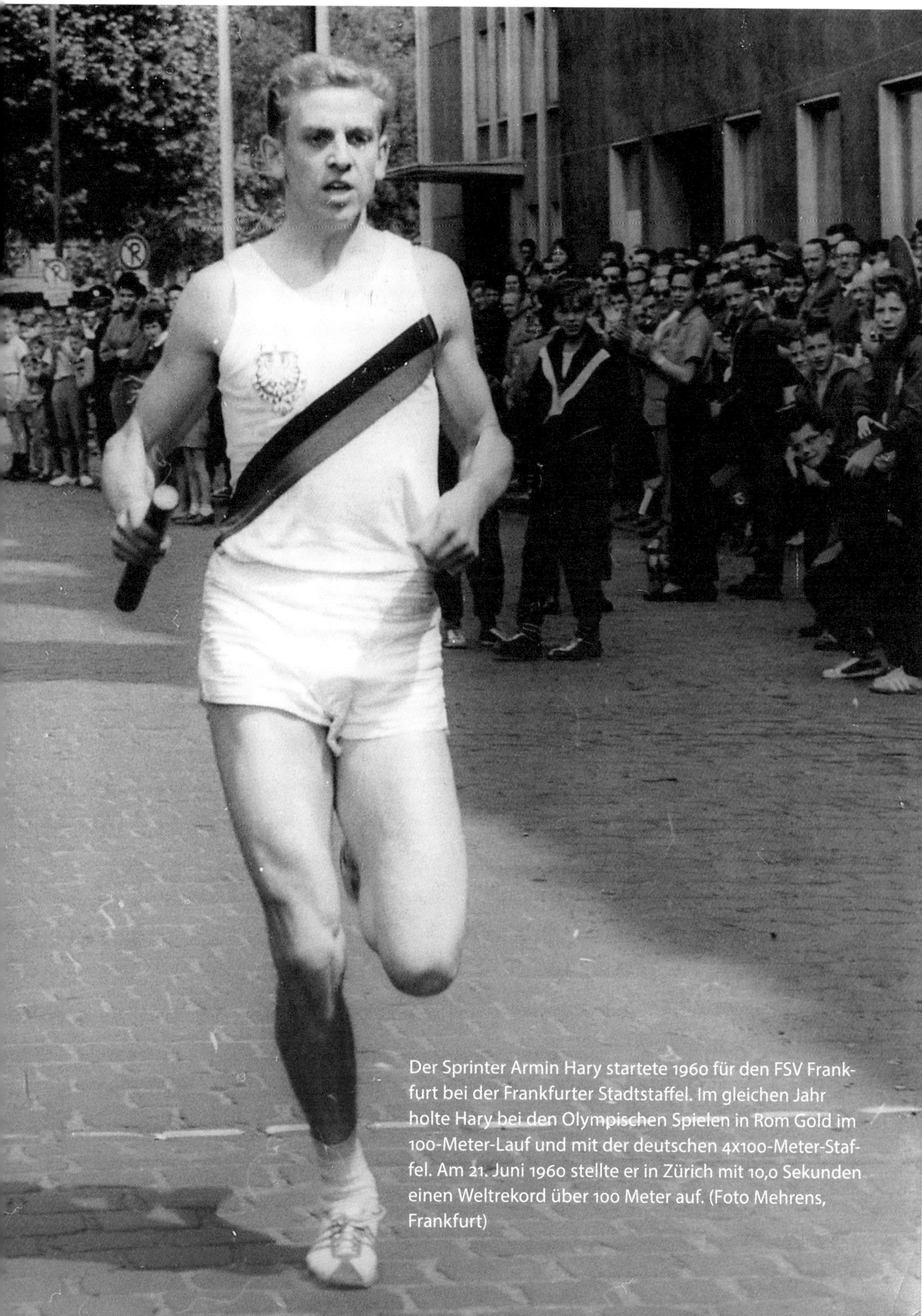

Der Sprinter Armin Hary startete 1960 für den FSV Frankfurt bei der Frankfurter Stadtstaffel. Im gleichen Jahr holte Hary bei den Olympischen Spielen in Rom Gold im 100-Meter-Lauf und mit der deutschen 4x100-Meter-Staffel. Am 21. Juni 1960 stellte er in Zürich mit 10,0 Sekunden einen Weltrekord über 100 Meter auf. (Foto Mehrens, Frankfurt)

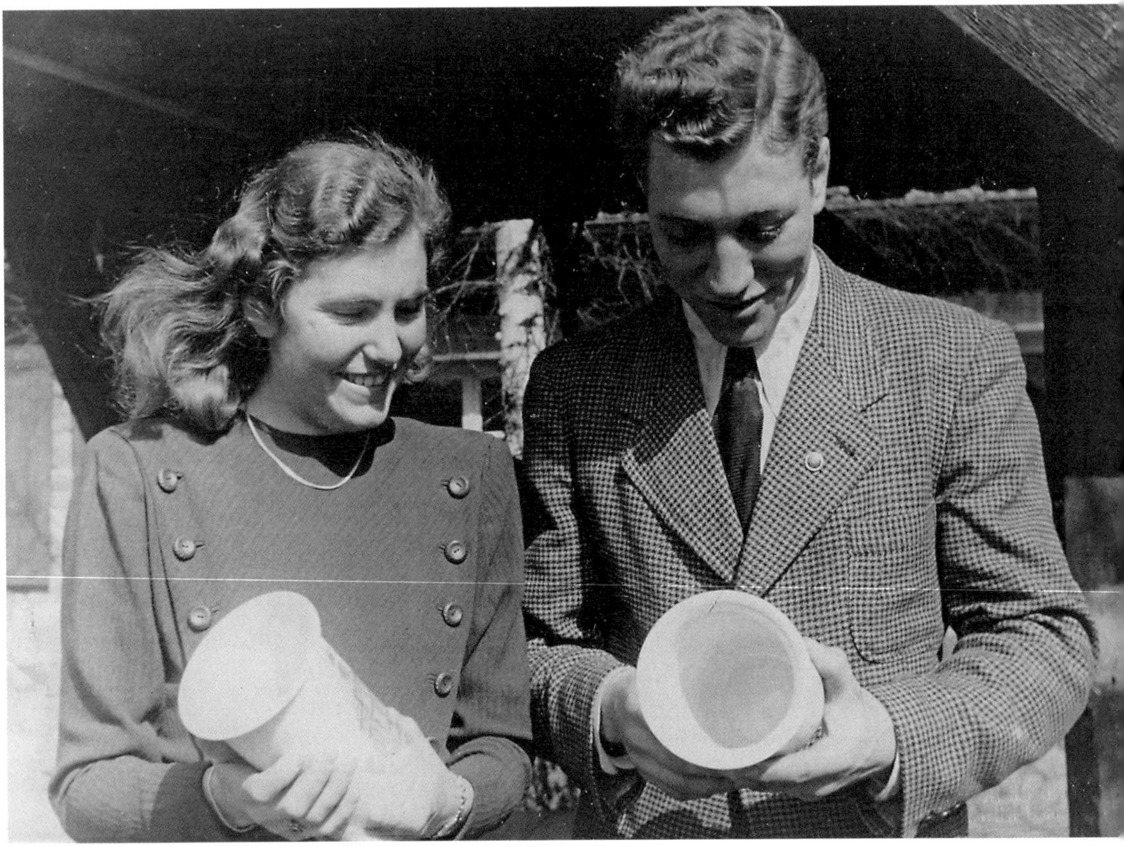

Heinz Ulzheimer von Eintracht Frankfurt, zwischen 1947 und 1954 mehrfacher deutscher Meister im 400-Meter-Lauf, mit seiner Frau Margot, geborene Glöckner, ebenfalls von der Eintracht, 1950 deutsche Meisterin im 100-Meter-Lauf. Beide besuchen hier die Porzellanmanufaktur in ihrem Geburtsstadtteil Höchst. (Foto Philip Burckhardt, Frankfurt)

5 Im Wasser

Der moderne Schwimmsport und das Wettkampfschwimmen haben ihren Ursprung in den 1830er-Jahren in London. 1855 wurden in England die ersten Schwimmmeisterschaften ausgetragen. In Deutschland entstanden die ersten Schwimmvereine im letzten Viertel des 19. Jahrhunderts. 1886 gründeten neun Vereine überwiegend aus Berlin und Norddeutschland den Deutschen Schwimmverband. 1893 wurden erstmals deutsche Meisterschaften ausgetragen und gleichzeitig der erste Damen-Schwimmverein ins Leben gerufen.

Obwohl in Frankfurt der Schwimmsport erst seit 1891 vereinsmäßig betrieben wurde, gehörte die Stadt dennoch zu seinen Vorreitern. 1809 hatte Friedrich Kleeblatt hier am Main die erste deutsche Schwimmanstalt eröffnet. Schwimmunterricht nahmen hauptsächlich Soldaten, zunehmend aber auch Frankfurter Bürger. 1844 setzte Friedrich August Ravenstein, ein Freund von Turnvater Jahn, bei der Stadtverwaltung den kostenlosen Schwimmunterricht für die Knaben der Frankfurter Schulen durch. Damit machte er Frankfurt in Deutschland zur Stadt mit der ältesten Tradition im Schulschwimmen. Geschwommen wurde bis in die 1950er-Jahre in Flussbadeanstalten oder an geeigneten Stellen im Main und in der Nidda. Seit 1896 gab es in Frankfurt ein Hallenbad, und seit 1925 besaß die Stadt mit dem Stadionbad ein wettkampftaugliches Schwimmbecken.

Wassersport gehört seit den ersten Olympischen Spielen der Neuzeit 1896 in Athen zum olympischen Programm. Seine wachsende Beliebtheit vor und nach dem Ersten Weltkrieg lässt sich nicht nur an der Gründung vieler neuer Schwimmvereine, sondern auch an der Einrichtung von Schwimmabteilungen in Turn- und Sportvereinen ablesen.

Die Vielfalt der Wassersportarten ist groß. Neben den traditionellen Schwimmwettbewerben über unterschiedliche Distanzen und in verschiedenen Schwimmstilen erlangte das Turm- und Kunstspringen große Popularität, ebenso das Wasserballspiel. Frauen betrieben häufig das sogenannte Synchronschwimmen. Darüber hinaus gab es noch eine Reihe weiterer, oft skurril anmutender Wassersportarten, die heute kaum noch bekannt sind.

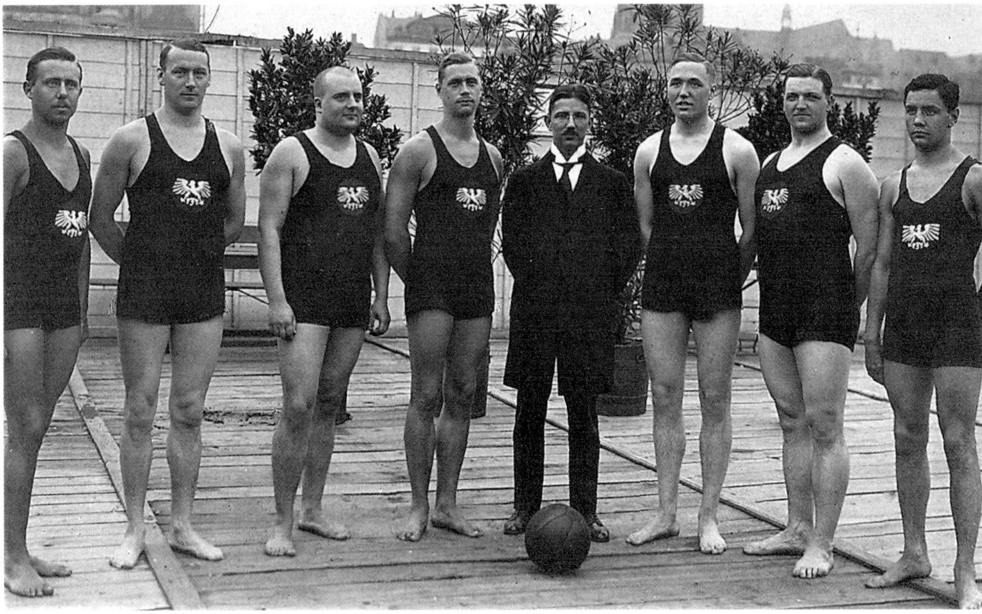

Die Schwimmriege des 1. Frankfurter Schwimmclubs von 1891 in der Badeanstalt von Hermann Ochsen am Eisernen Steg (auf der Sachsenhäuser Seite) im Jahr 1914.

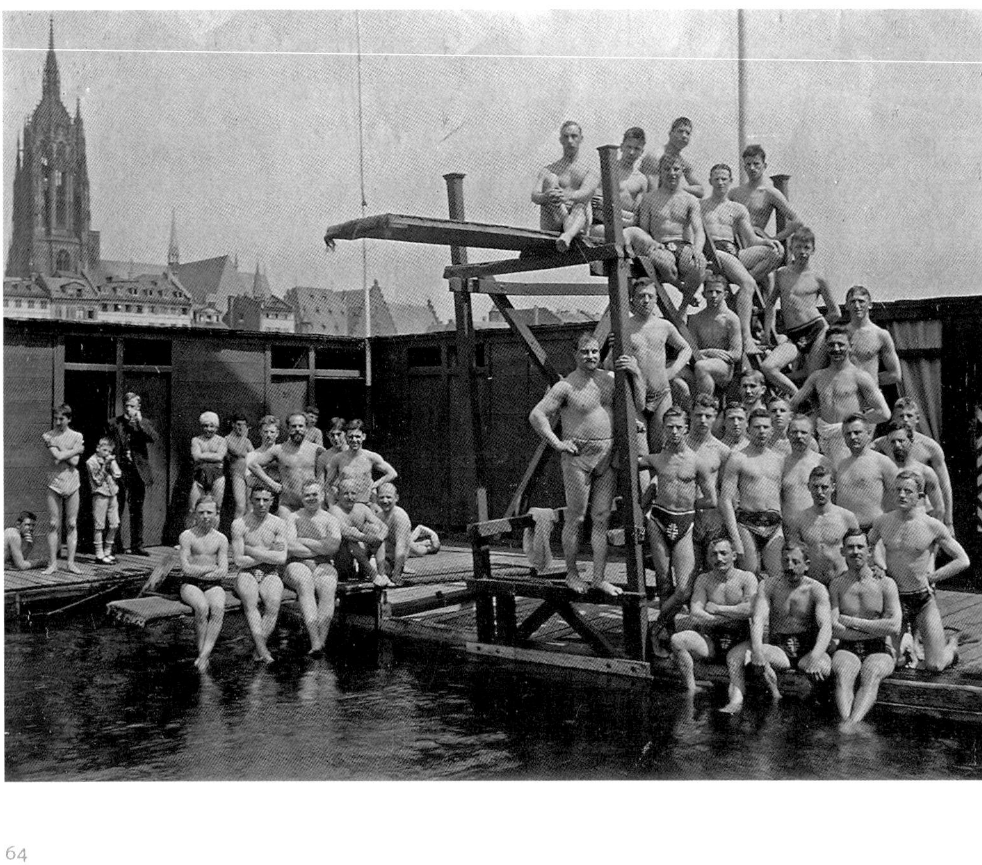

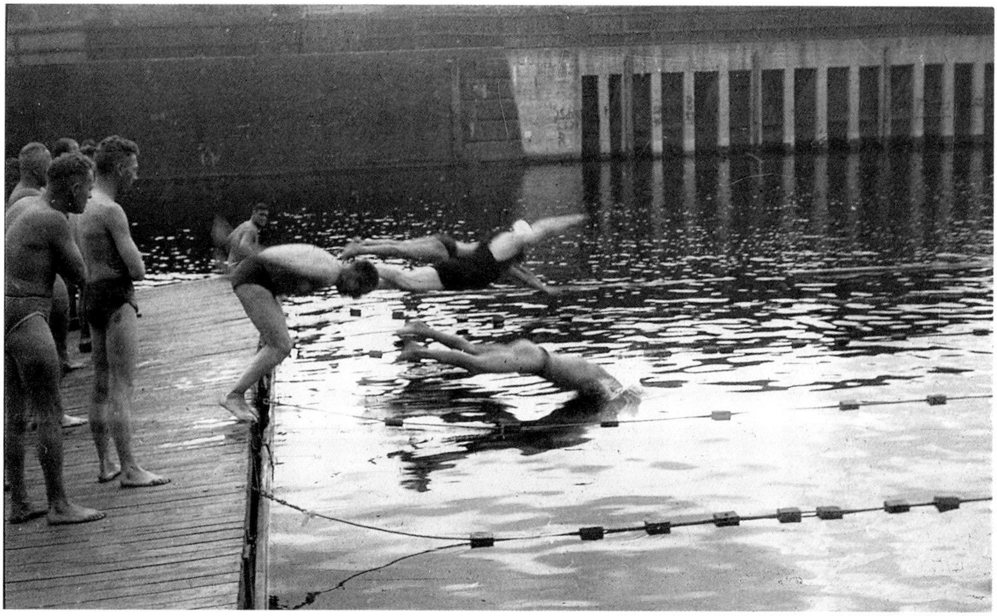

1898 verließen einige Mitglieder den Höchster Schwimmverein 1893 und gründeten den Schwimmclub Neptun, der seine Übungsstunden im Schleusenkanal auf der Schwanheimer Seite des Mains abhielt.

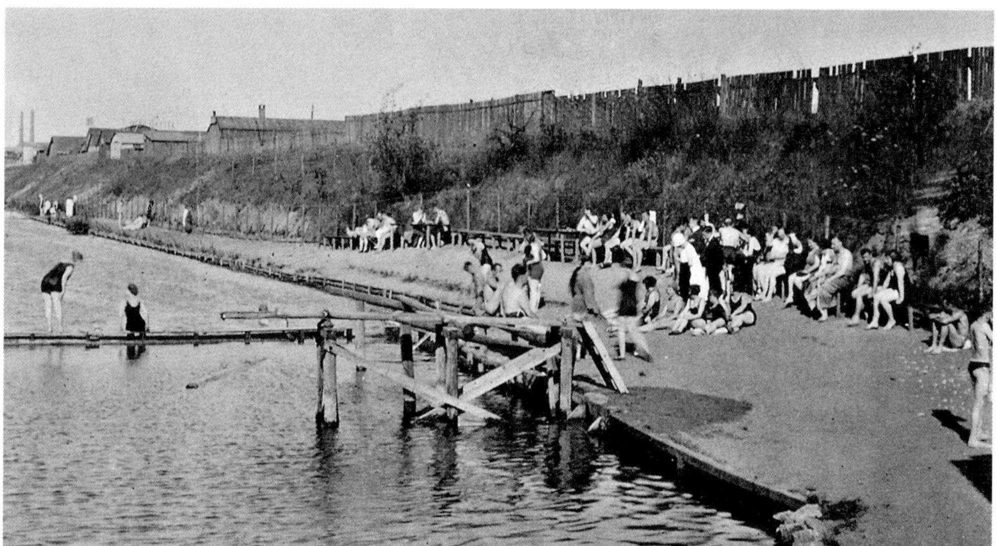

Seit Mai 1920 diente der Schwedlersee nahe dem Osthafen dem 1. Frankfurter Schwimmclub von 1891 als Vereinsdomizil. Bis in die 1960er-Jahre wurde er als Trainingsbad genutzt. Das Foto zeigt das sonntägliche Vereinsleben im Jahr 1922.

◂ Mitglieder des Frankfurter Turnvereins 1860 beim Anschwimmen 1910 in der Schwimmbadeanstalt von Hermann Ochsen am Eisernen Steg. Der Verein war kurz nach der Jahrhundertwende der erste Frankfurter Turnverein, der eine Schwimmabteilung gründete.

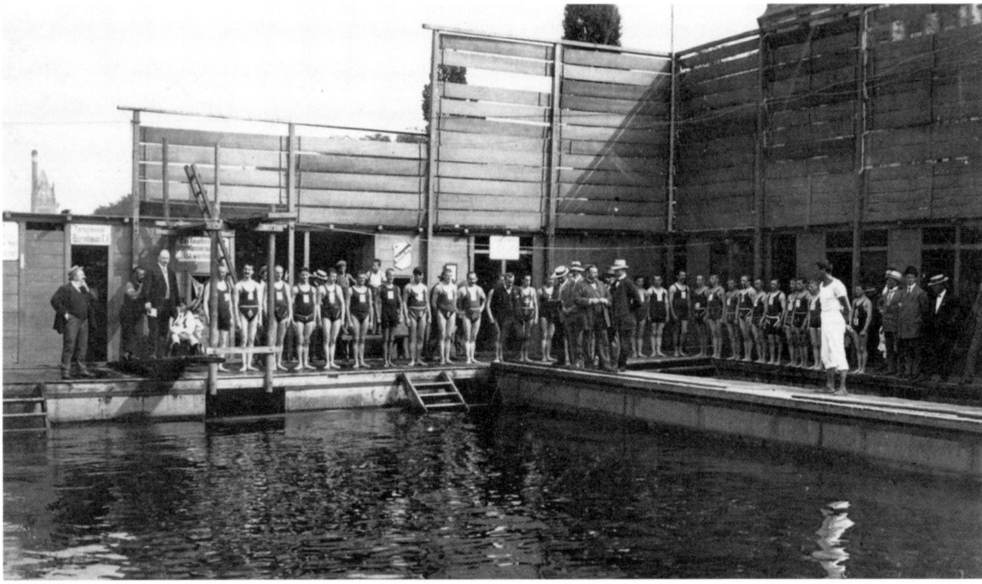

Mitglieder der Turngemeinde Bornheim, die um 1907/08 eine Schwimmabteilung eingerichtet haben, beim Schwimmtraining 1911 in der Schwimmanstalt der Familie Mosler am „Nizza", etwas unterhalb der Untermainbrücke.

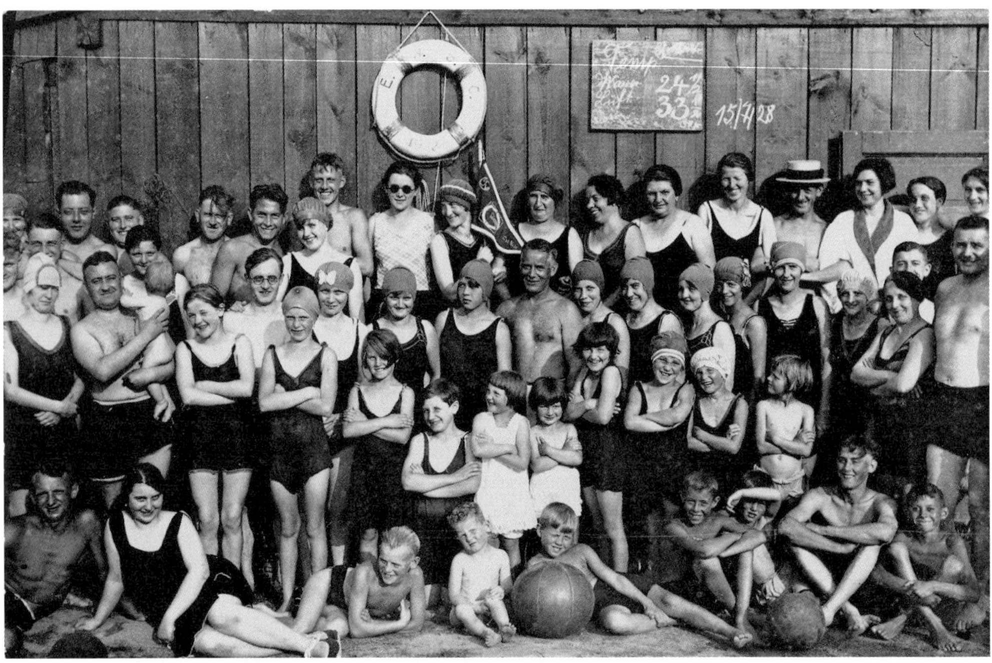

Mitglieder des 1920 gegründeten 1. Nieder Schwimmclubs am 15. Juli 1928 vor den Umkleidekabinen. In einem Altarm der Nidda oberhalb des Streichwehrs Höchst, an der Mündung des Sulzbachs, hat der Verein 1925 ein Naturbad geschaffen. Ausweislich der Tafel am Vereinshaus herrschte an diesem Tag eine Lufttemperatur von 33 Grad Celsius. Das Wasser war 24,5 Grad warm.

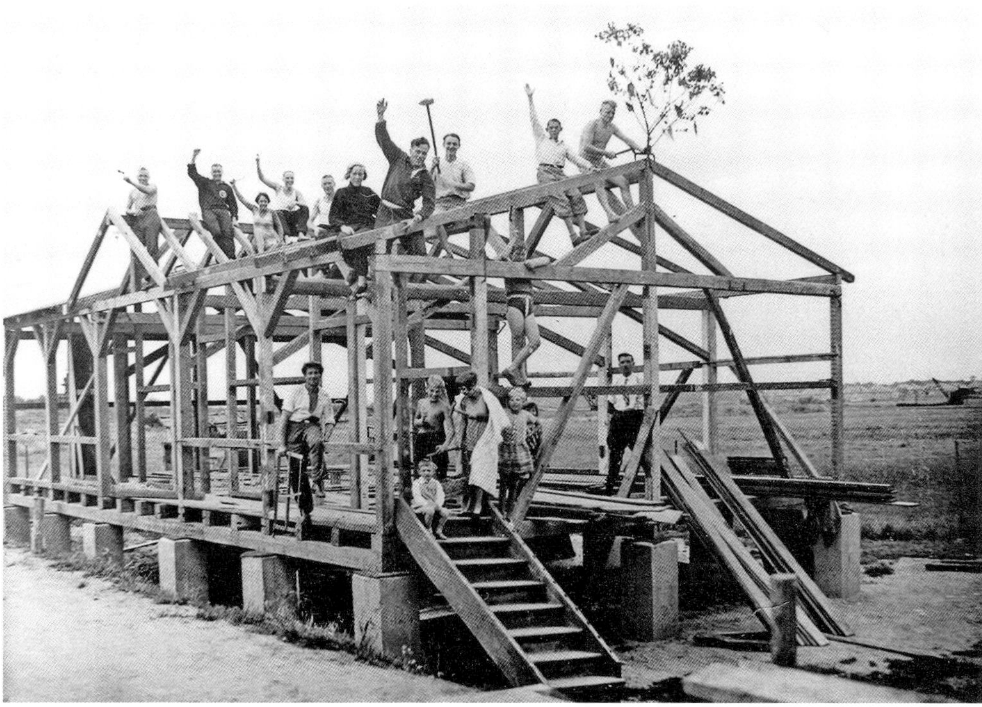

Am 29. Juli 1931, elf Jahre nach seiner Gründung, feierte der 1. Nieder Schwimmclub Richtfest für sein neues Klubhaus. Es war an der Stelle des Vorgängerbaus errichtet worden, der allerdings nur über Umkleidekabinen verfügt hatte.

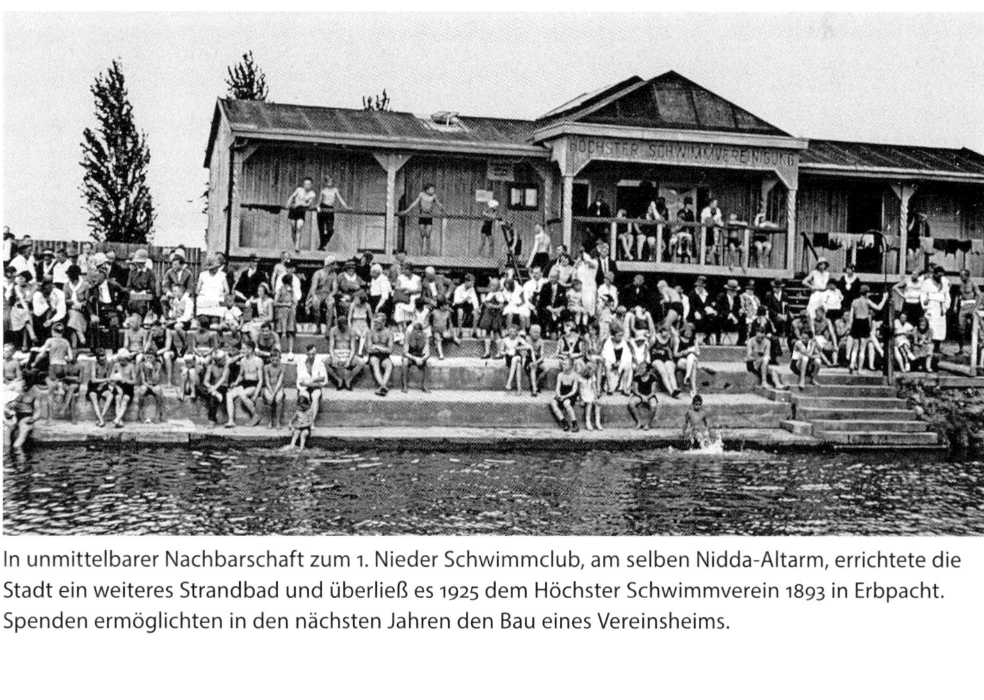

In unmittelbarer Nachbarschaft zum 1. Nieder Schwimmclub, am selben Nidda-Altarm, errichtete die Stadt ein weiteres Strandbad und überließ es 1925 dem Höchster Schwimmverein 1893 in Erbpacht. Spenden ermöglichten in den nächsten Jahren den Bau eines Vereinsheims.

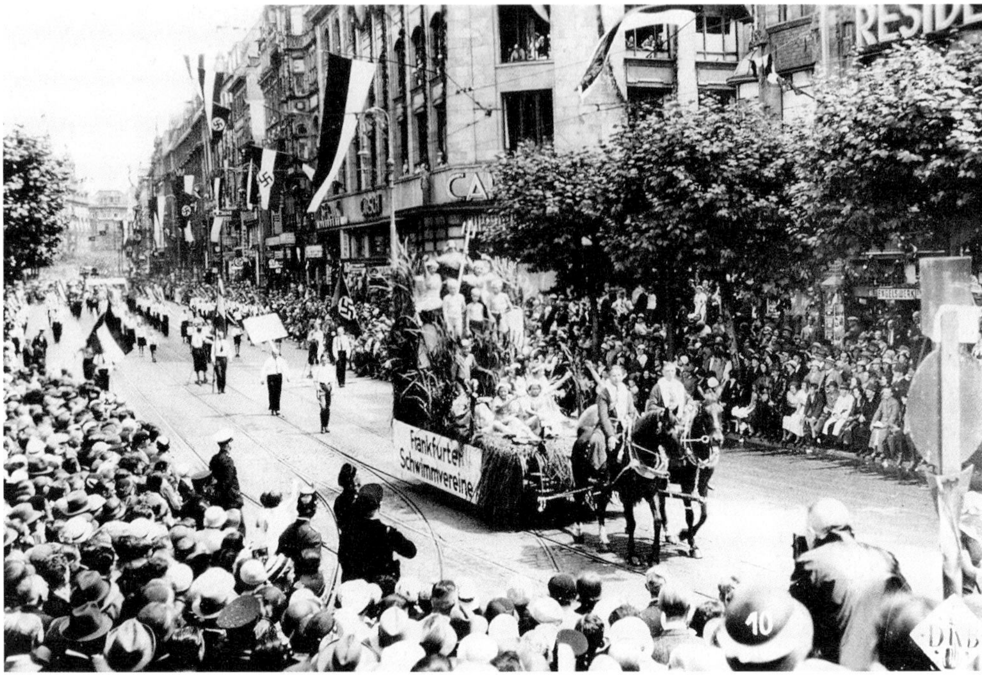

Festzug der Frankfurter Sportvereine auf der mit Hakenkreuzfahnen versehenen Zeil, um 1935. Vorne der gemeinsame Festwagen der Frankfurter Schwimmvereine. (Foto Fritz Brieke, Frankfurt)

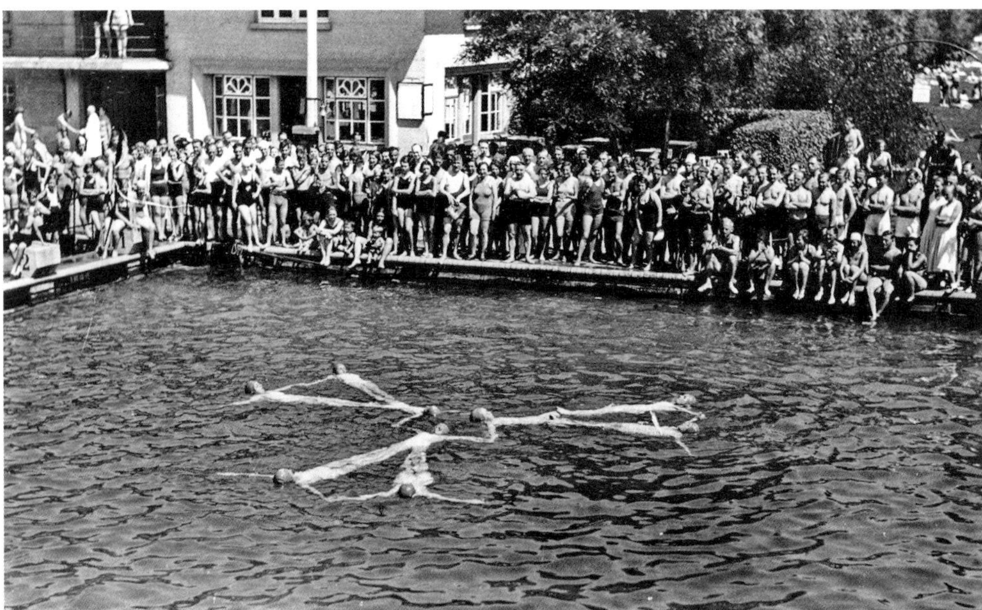

Formationsschwimmen der Mädchen des 1931 gegründeten Damen-Schwimm-Vereins Frankfurt im Stadionbad, um 1935. (Foto Adolf Herold, Frankfurt)

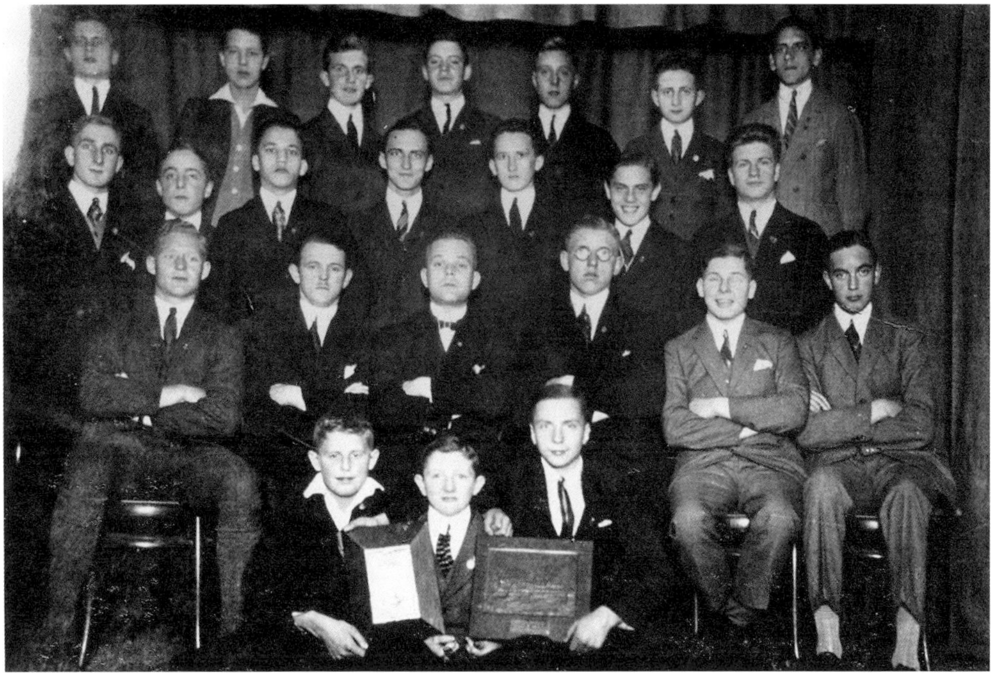

Die Schwimmer des DJK-Schwimmvereins Frankonia aus dem Frankfurter Gallus-Viertel, um 1930.

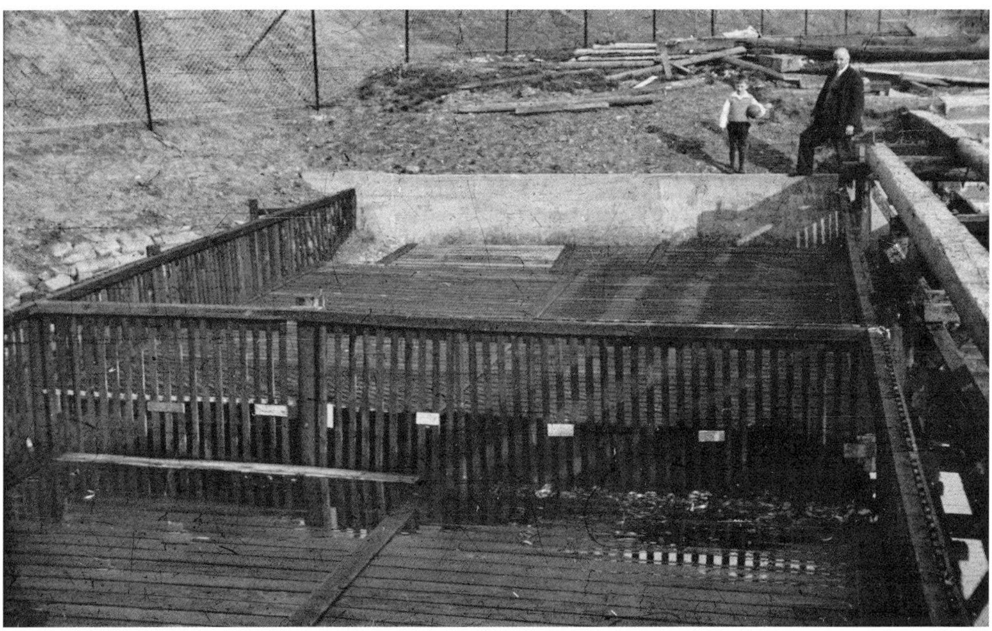

Nachdem der Höchster Schwimmverein 1947 sein Vereinsbad an der Nidda zurückerhalten und die notwendigsten Reparaturen durchgeführt hatte, bauten die Mitglieder 1949 in Eigenleistung eine Startbrücke aus Holz und zwei Nichtschwimmerbecken.

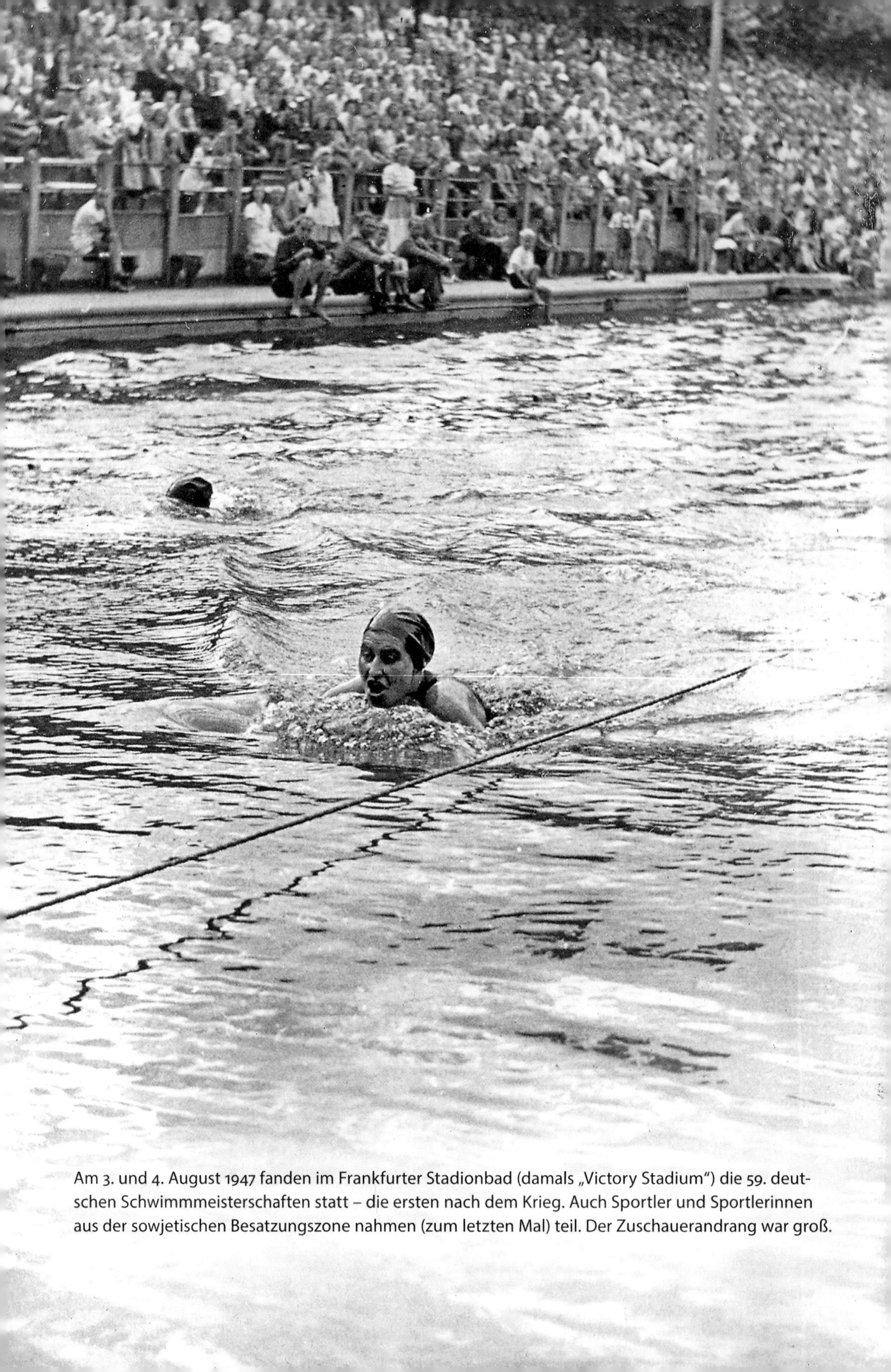

Am 3. und 4. August 1947 fanden im Frankfurter Stadionbad (damals „Victory Stadium“) die 59. deutschen Schwimmmeisterschaften statt – die ersten nach dem Krieg. Auch Sportler und Sportlerinnen aus der sowjetischen Besatzungszone nahmen (zum letzten Mal) teil. Der Zuschauerandrang war groß.

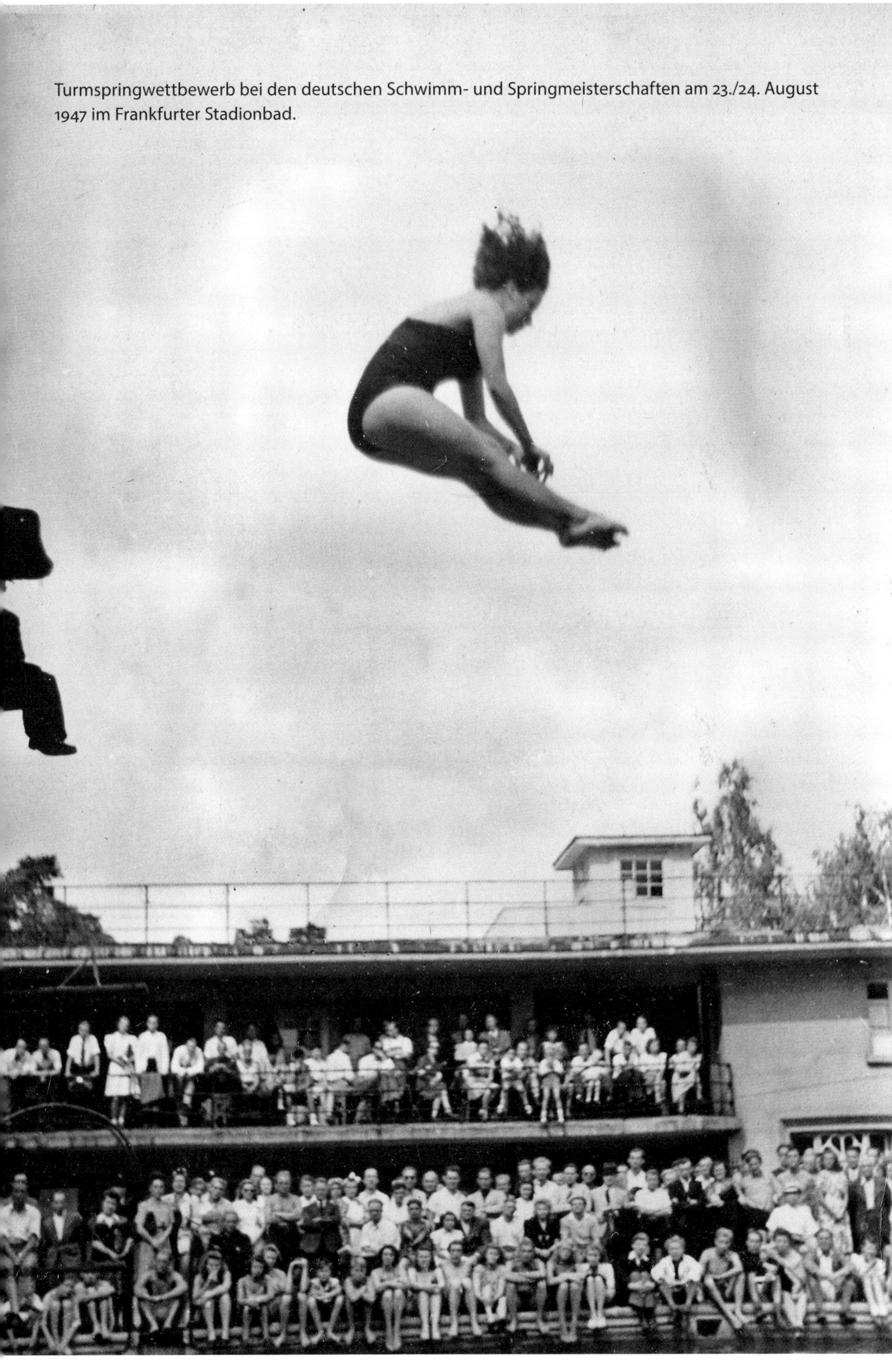

Turmspringwettbewerb bei den deutschen Schwimm- und Springmeisterschaften am 23./24. August 1947 im Frankfurter Stadionbad.

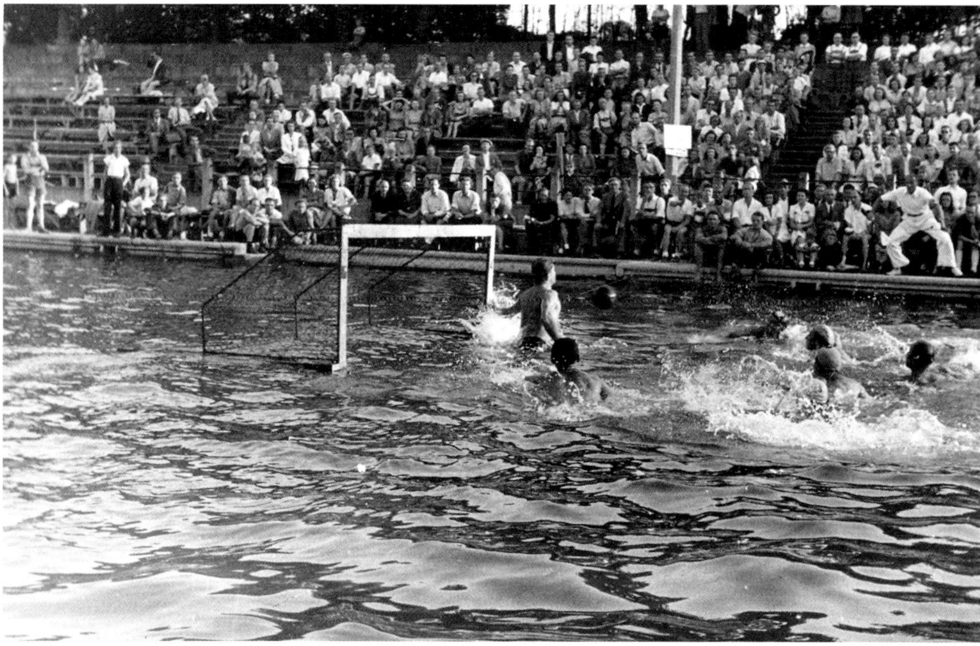

Wasserballspiel bei den deutschen Schwimm- und Springmeisterschaften am 23. und 24. August 1947 im Frankfurter Stadionbad.

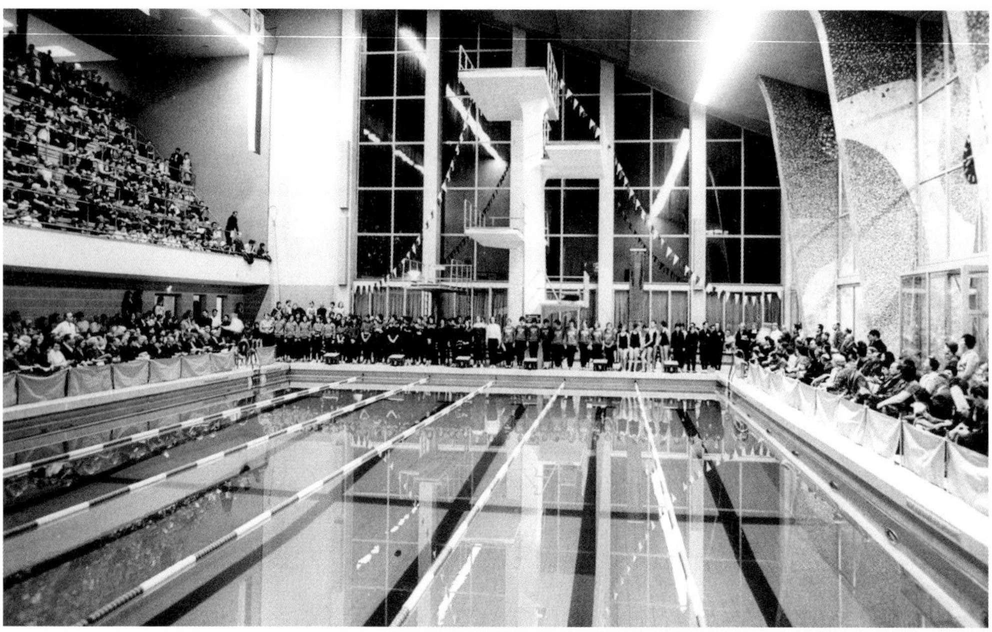

Am 7. Januar 1961 veranstaltete der Frauen-Schwimm-Verein Frankfurt anlässlich seines 30-jährigen Bestehens ein internationales Schwimmfest im Stadtbad Mitte in der Hochstraße. Das Hallenbad war am 21. Mai 1960 eröffnet worden und verfügte über zwei 15x25-Meter-Becken sowie einen 10-Meter-Sprungturm.

6

Very British

Viele Sportarten haben ihren Ursprung in Großbritannien, wo es im 19. Jahrhundert neben dem Adel eine breite großbürgerliche Schicht mit arbeitsfreien Einkommen und ausreichend Muße für sportliche Betätigung gab. Sport war dort seit der zweiten Hälfte des 19. Jahrhunderts für die besseren Stände Bestandteil der Erziehung und nahm im Lehrplan der Privatschulen und Universitäten breiten Raum ein. Während einige Sportarten ihren anfangs elitären Charakter verloren und vom Kleinbürgertum und der Arbeiterschaft aufgegriffen wurden, blieben andere weiterhin den Gentlemen vorbehalten und standen für britischen „Way of life". Oft waren es Engländer, die sie nach Deutschland brachten.

Rugby ist eine dieser Sportarten. In England als „Football" bezeichnet, gelangte es in den 1870er-Jahren nach Deutschland, wo die Bezeichnung übernommen wurde. Ist in dieser Zeit vom „Football" die Rede, dann war damit Rugby gemeint. Auch in Frankfurt wurde bereits Ende der 1870er-Jahre „Football" gespielt. Germania, Arminia, Franconia und Fortuna waren die ersten kleinen Vereine. 1880 schlossen sich Germania und Franconia zum Fußballclub Frankfurt zusammen, dem heutigen SC Frankfurt 1880.

Pferderennen gab es schon in der Antike. Zu neuer Popularität gelangten sie im England des ausgehenden 18. Jahrhunderts. Seit 1780 wird das nach dem Earl of Derby benannte Derby ausgetragen – bis heute ein gesellschaftliches Ereignis ersten Ranges. Ähnlich noblen Ursprungs war auch die Frankfurter Galopprennbahn, die am 20. August 1865 im Beisein des Prince of Wales eröffnet wurde. Frankfurt gehörte auch zu den ersten deutschen Städten, in denen Polo gespielt wurde. 1902 wurde in Niederrad auf Initiative von Carl von Weinberg, der mit einer Engländerin verheiratet war, der Frankfurter Polo Club gegründet.

Typisch englische Sportarten sind auch Hockey, Tennis und Golf, wenngleich sie inzwischen international sehr verbreitet sind. Das Hockey-Regelwerk wurde 1852 in England verfasst. Ende des 19. Jahrhunderts wurden in Deutschland die ersten Hockeyspiele ausgetragen. Das „Lawn"-Tennis führten englische Kurgäste 1876 in Bad Homburg ein. Von dort verbreitete es sich zunächst in den vornehmen Badeorten. Das Golfspiel gehört wohl zu den ältesten Sportarten der Welt und lässt sich in England schon für das 16. Jahrhundert belegen. Englische Kurgäste brachten es nach Deutschland. Seit 1884 wird es in Frankfurt gespielt. 1892 konstituierte sich mit dem Darmstadt Golf Club der erste Golfverein in Deutschland.

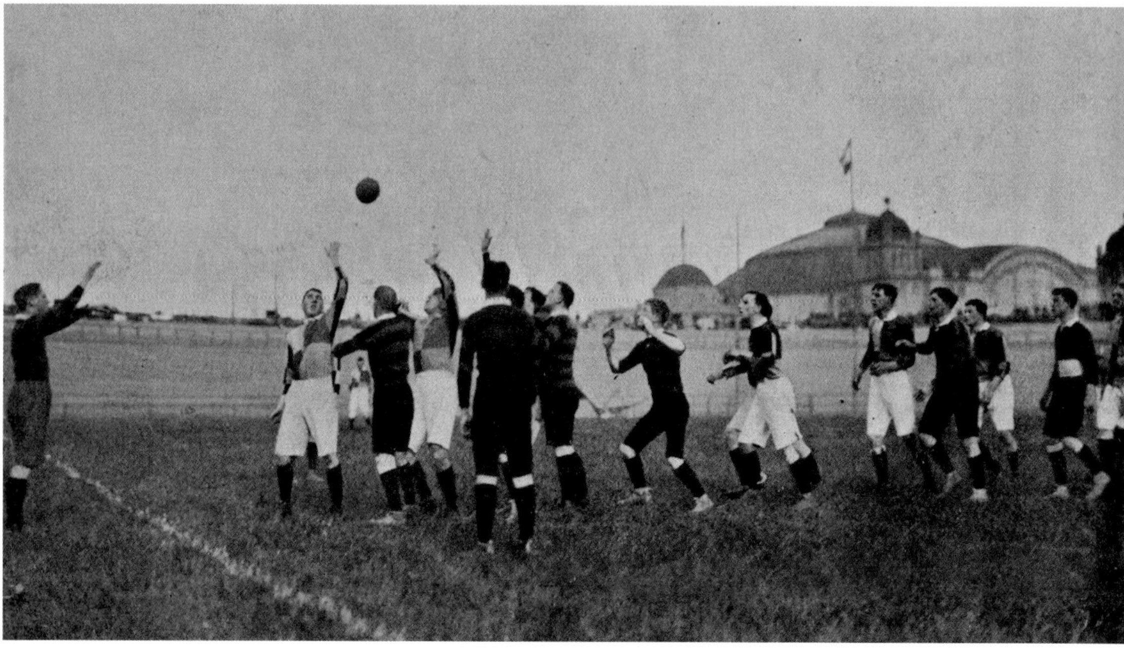

Vom 15. Mai bis 15. Juli 1910 fand in Frankfurt die Ausstellung „Sport und Spiel" statt. Die Messe für Sportbekleidung und Sportartikel warb auch für die Ausübung verschiedener Sportarten. So fand am 30. Mai auf dem Sportplatz an der Messe ein Rugbyspiel zwischen dem Fußballclub Frankfurt und den Harlequins London statt.

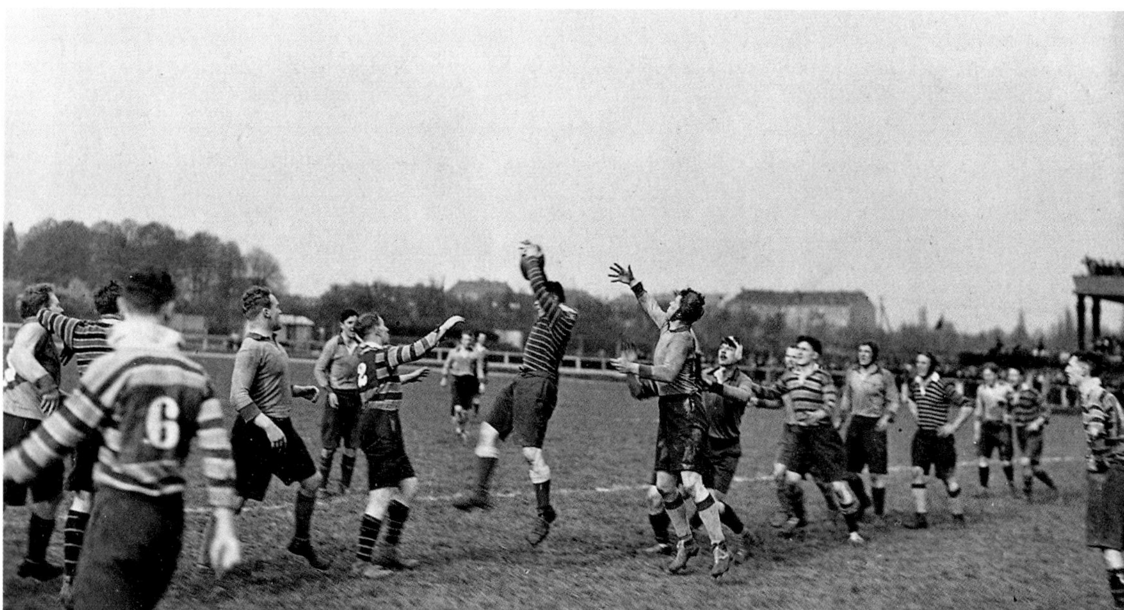

Szene aus einem Rugbyspiel auf dem Platz des SC 1880 Frankfurt an der Adickesallee, Ende der 1920er-Jahre. Im Hintergrund rechts ist die Südseite des Klubhauses zu erkennen.

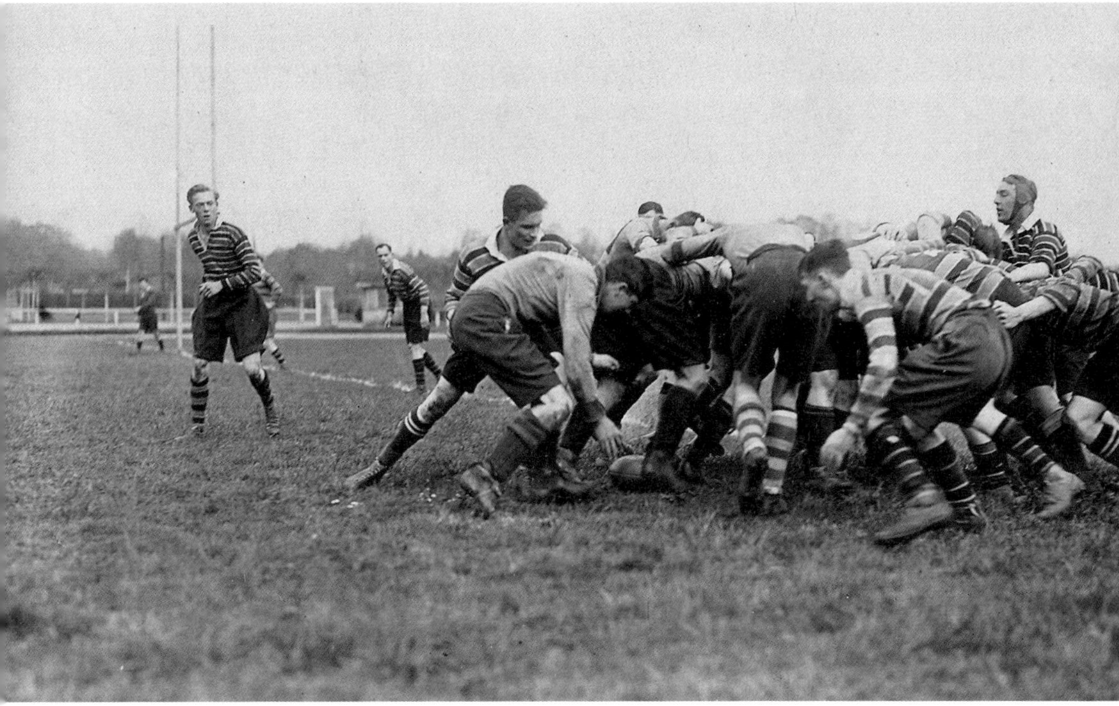

Szene aus einem Rugbyspiel des SC Frankfurt 1880 auf dem Platz an der Adickesallee, Ende der 1920er-Jahre.

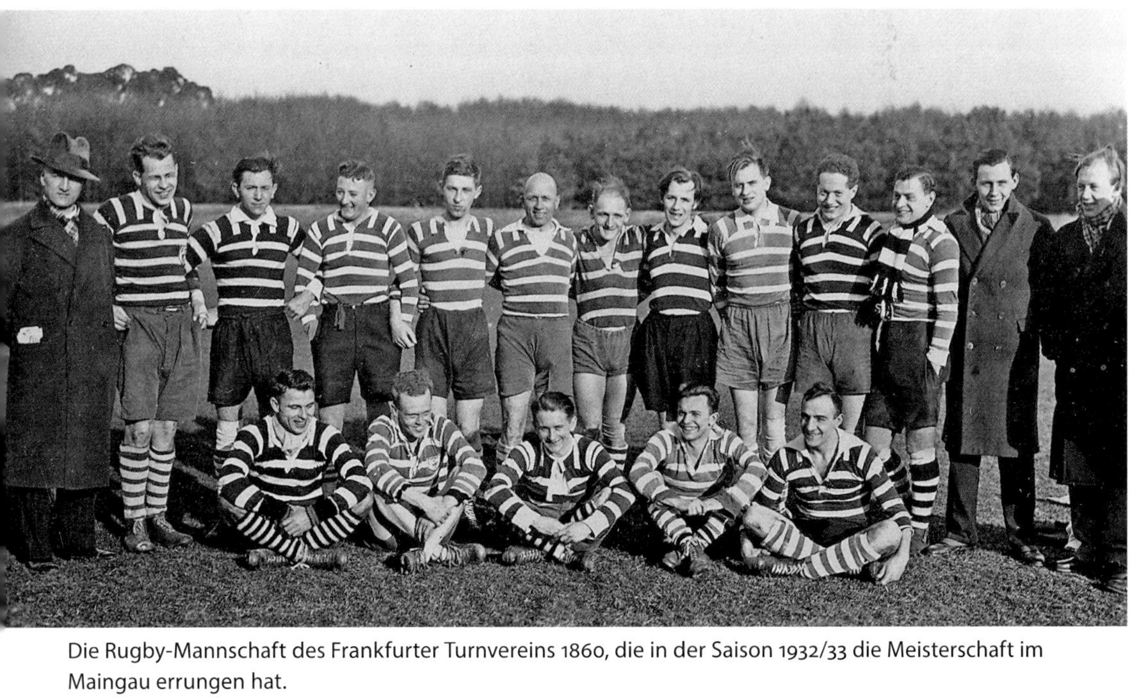

Die Rugby-Mannschaft des Frankfurter Turnvereins 1860, die in der Saison 1932/33 die Meisterschaft im Maingau errungen hat.

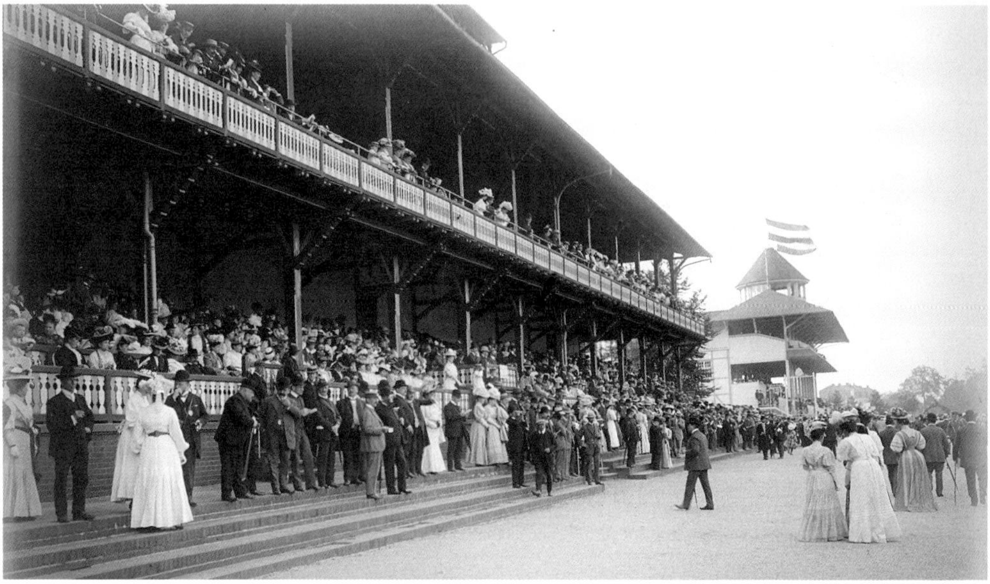

Am 20. August 1865 wurde die Galopprennbahn eröffnet. An Renntagen strömte die bessere Frankfurter Gesellschaft zu der Anlage, die zwar Niederräder Rennbahn hieß, aber auf Sachsenhäuser Gemarkung lag. Das Foto zeigt die prächtige hölzerne Tribüne, die an Stelle eines Vorgängerbaues in den 1890er-Jahren errichtet worden war.

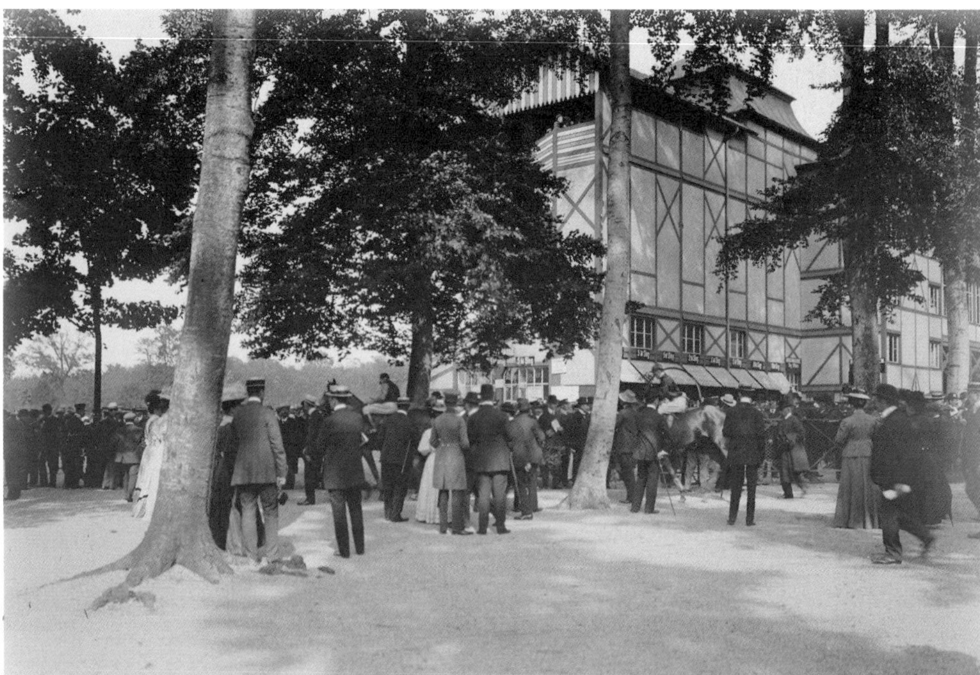

Vor dem Rennen: Die Pferde werden vom Sattelplatz an der Tribüne vorbei zur Rennbahn geführt – die letzte Gelegenheit für Wettbegeisterte, die Pferde noch einmal in Augenschein zu nehmen.

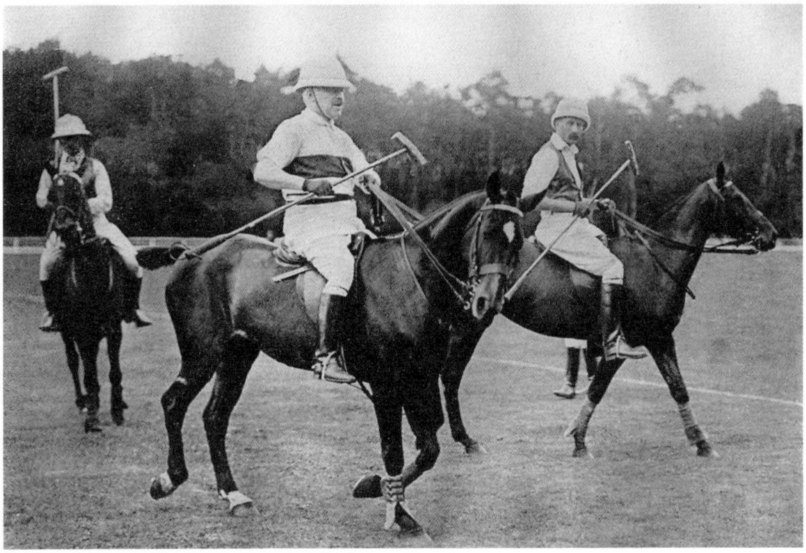

Frankfurter Polo-Woche 1909. Von links Edgar Flinsch, Carl von Weinberg und Captain Hogg. Carl von Weinberg, Miteigentümer der Cassella Farbwerke Mainkur, war maßgeblich an der Gründung des Frankfurter Poloclubs im Jahr 1902 beteiligt. Ihm gehörte das bekannte Gestüt Waldfried in Niederrad. Wegen seiner jüdischen Vorfahren ging er zu seiner Tochter in Italien ins Exil, wo er 1943 starb.

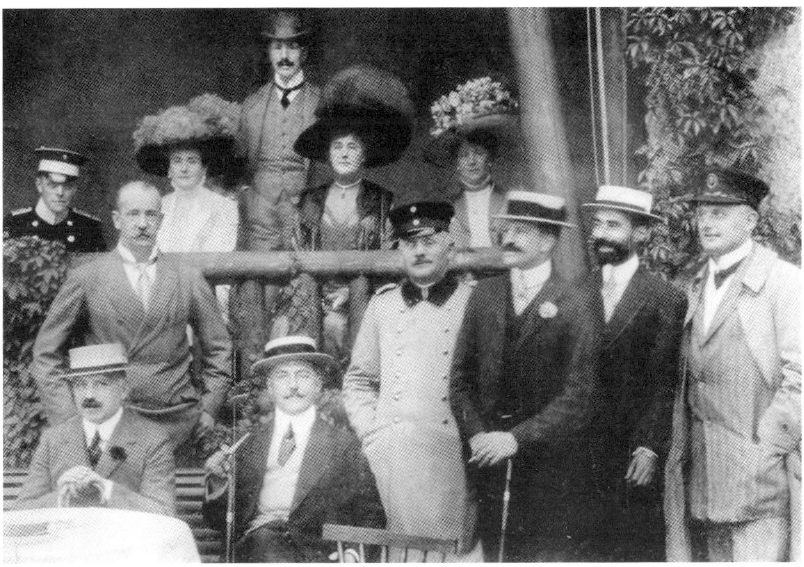

Zuschauer bei einem Turnier des Frankfurter Poloclubs vor dem Ersten Weltkrieg. Sie belegen, dass der Polosport ein exklusives Vergnügen für Adel und Großbürgertum gewesen ist: Vorne von links Carl von Weinberg (sitzend), Baron von Venningen (dahinterstehend), Graf Grote Major Rosenthal, unbekannt, D. de Carvalho und Baron von Oheim. Hinten Oberleutnant von Studtnitz (l.) und Frau von Weinberg (2.v.r.).

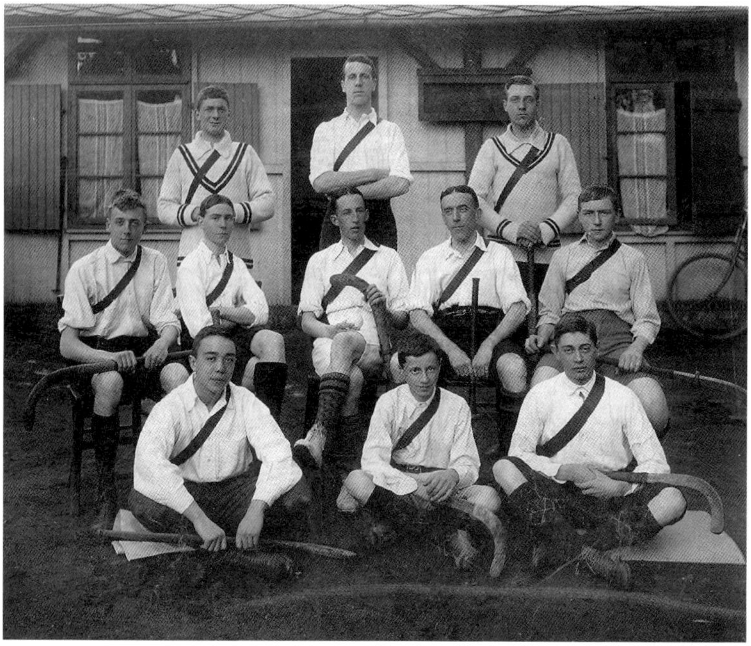

Mit dem Umzug 1902 vom Palmengarten auf das Sportgelände an der Louisa in Sachsenhausen nahm der Fußballclub Frankfurt 1880, wie der SC 1880 damals noch hieß, das Hockeyspiel in sein Angebot auf. Das Foto zeigt die Jugendmannschaft vor dem Klubhaus an der Louisa 1908, darunter viele englische Spieler: von links nach rechts hintere Reihe Haywood, Spencer Smith und Lord Chomondelay; mittlere Reihe Moritz Freiherr von Bissing (der spätere Vereinspräsident), Mulliner, Dunlop, Garner und de Tessier; vordere Reihe Brinkmann, Ehrenbach und Grosser.

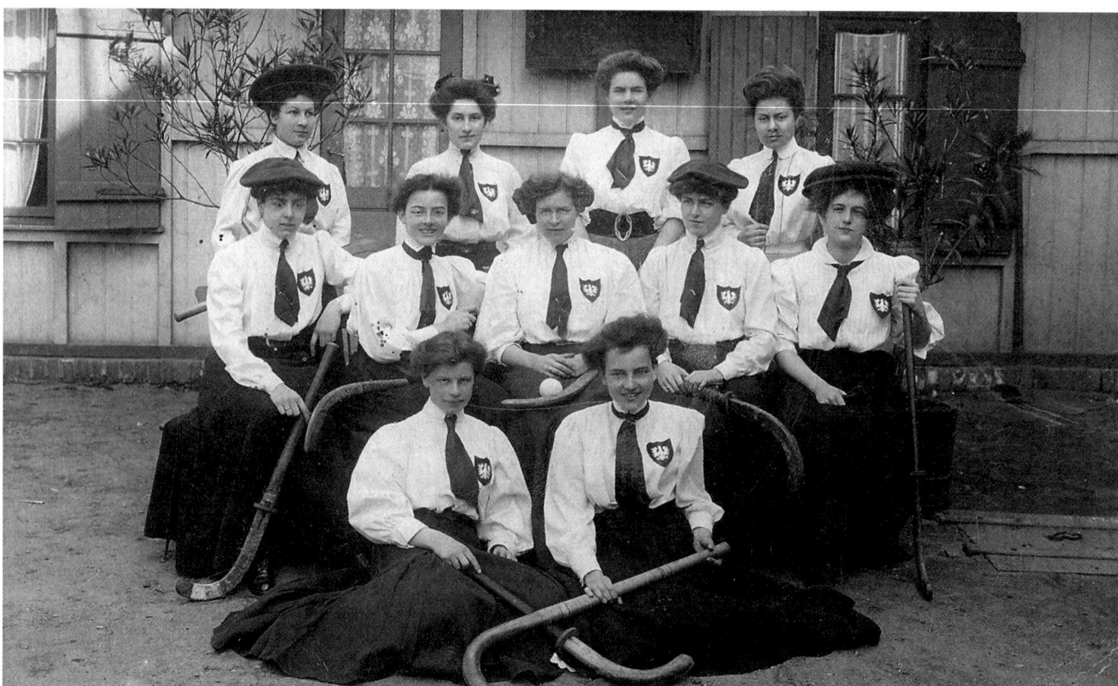

Hockey gehörte zu den ersten Sportarten, die für Frauen zugänglich waren. Das Foto zeigt die Hockeyfrauen des Fußballclubs Frankfurt 1880 (heute SC Frankfurt 1880) in der Saison 1907/08 beim Vereinsheim am Sportgelände an der Louisa in Sachsenhausen.

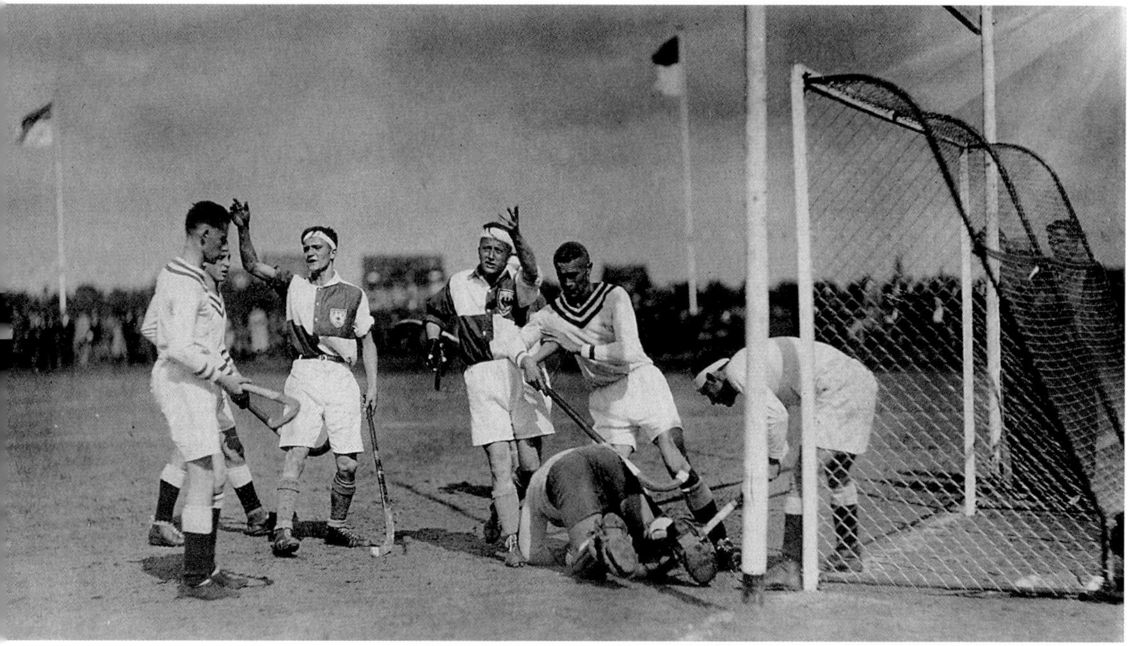

Auch viele Turnvereine gründeten Hockeyabteilungen. Im September 1931 spielte das Männerhockey-Team des Frankfurter Turnvereins 1860 (in den Trikots mit Schachbrettmuster) auf den Sandhöfer Wiesen in Niederrad gegen die Mannschaft des Offenbacher Rudervereins. (Foto H.V. Müller, Enkheim)

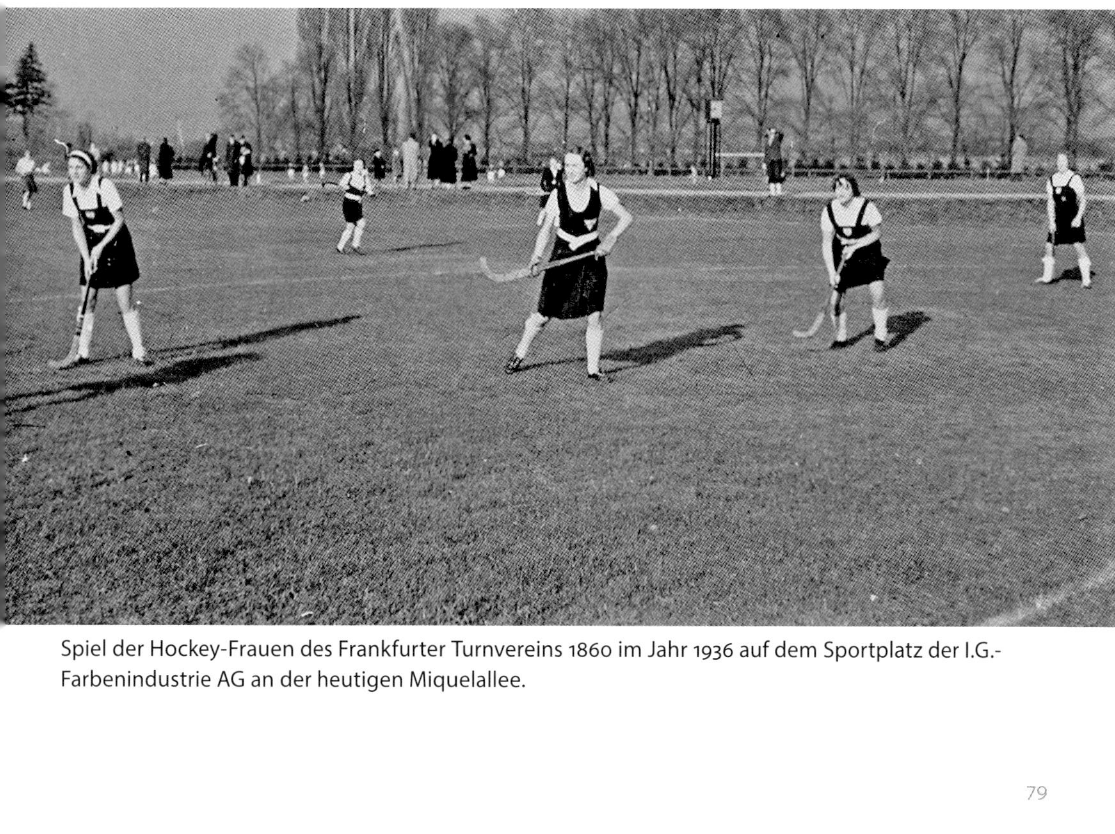

Spiel der Hockey-Frauen des Frankfurter Turnvereins 1860 im Jahr 1936 auf dem Sportplatz der I.G.-Farbenindustrie AG an der heutigen Miquelallee.

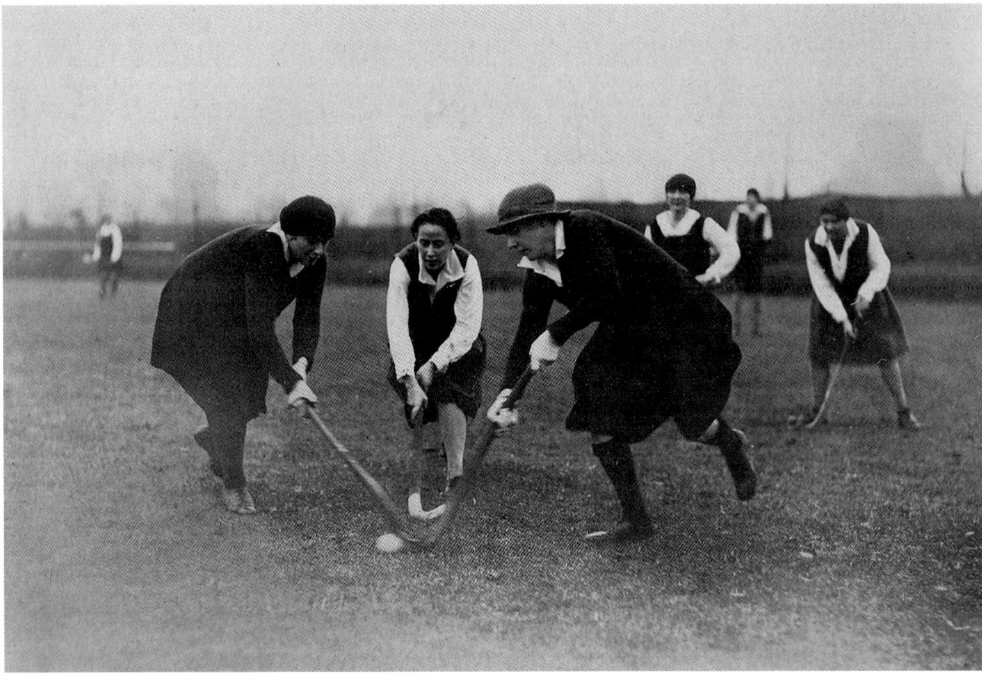

Szene aus einem Frauenhockeyspiel zwischen dem SC Frankfurt 1880 und Leipzig im Jahr 1924.

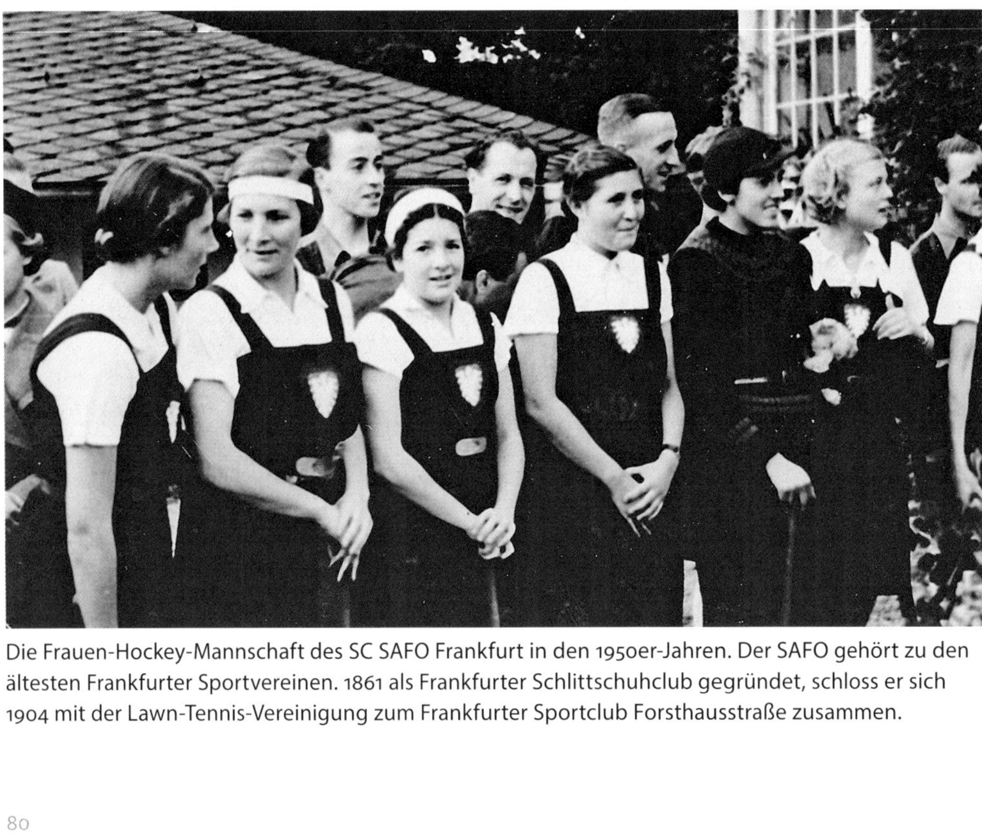

Die Frauen-Hockey-Mannschaft des SC SAFO Frankfurt in den 1950er-Jahren. Der SAFO gehört zu den ältesten Frankfurter Sportvereinen. 1861 als Frankfurter Schlittschuhclub gegründet, schloss er sich 1904 mit der Lawn-Tennis-Vereinigung zum Frankfurter Sportclub Forsthausstraße zusammen.

Beim Spiel des Höchster Tennis- und Hockey-Clubs gegen den Limburger Hockey-Club Anfang der 1960er-Jahre auf dem alten Hartplatz am Grasmückenweg in Frankfurt-Höchst führt der Höchster Günter Pompe (weißes Trikot) eine Strafecke aus.

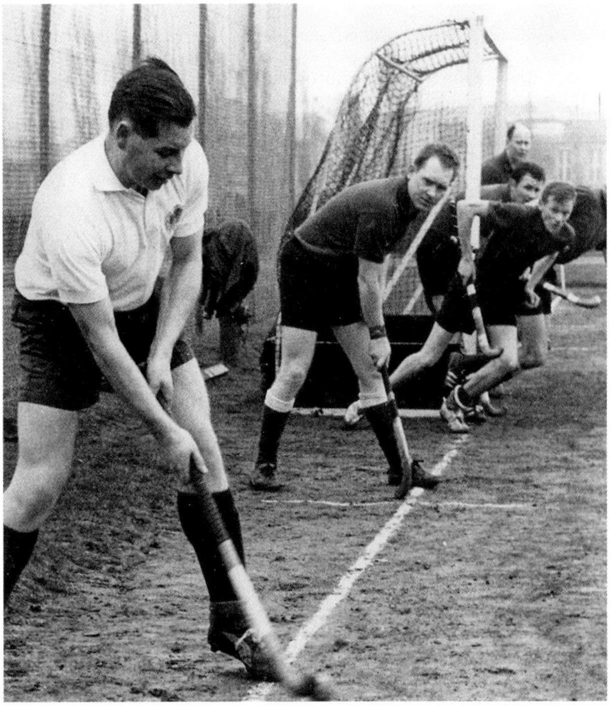

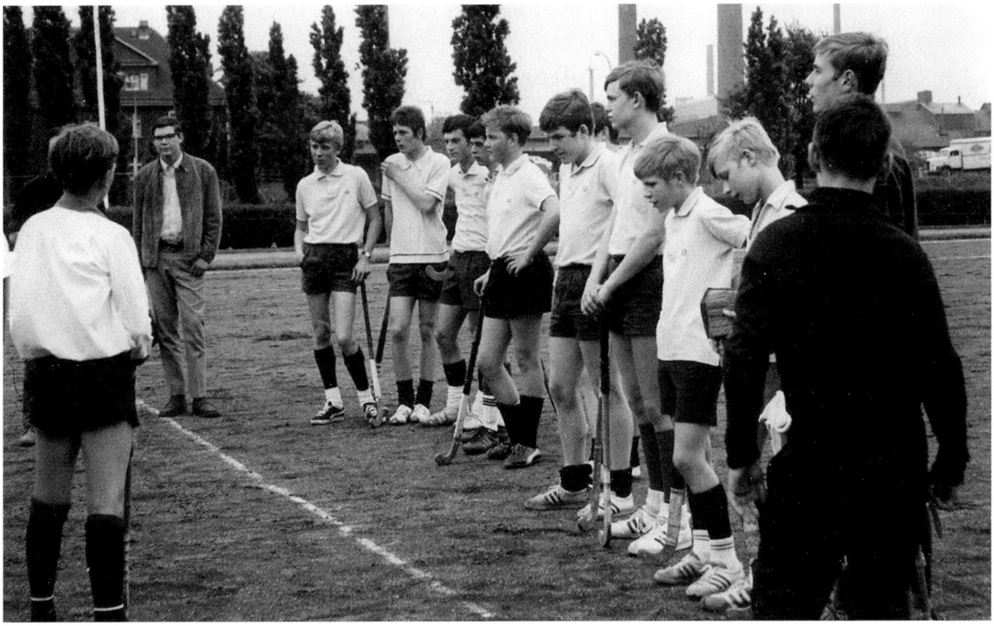

Jugend-Hockeymannschaft des Höchster Tennis- und Hockey-Clubs. Viele der Spieler gehörten zu der Mannschaft, die 1977 den Aufstieg in die Hockey-Bundesliga schaffte. Das Foto entstand Ende der 1960er-Jahre auf dem Platz am Grasmückenweg. Im Hintergrund sind Schlote der Farbwerke Hoechst AG zu erkennen.

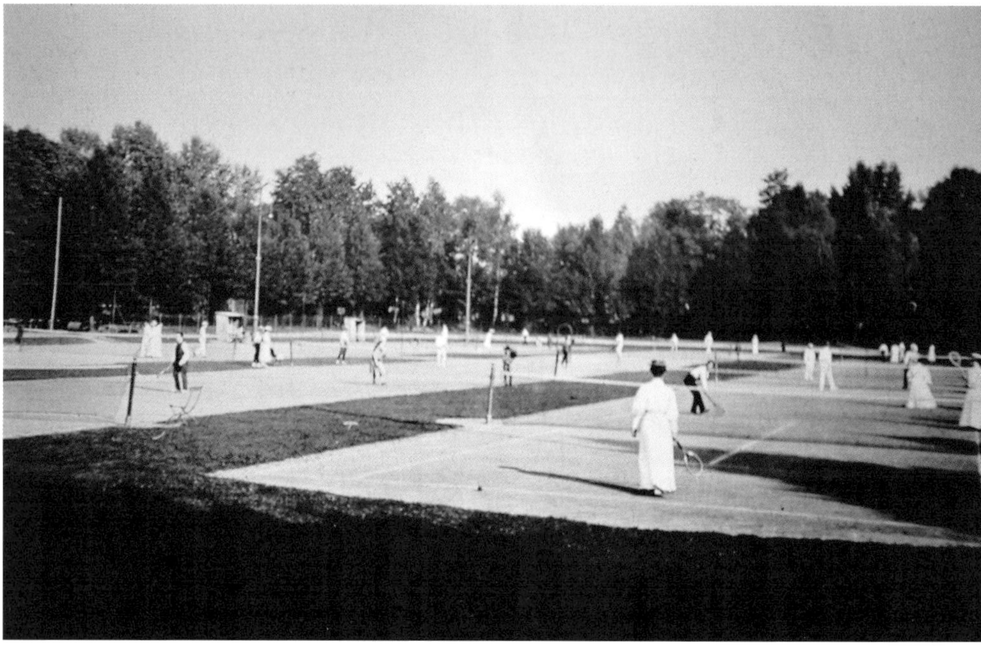

1884 ließ die Stadt Frankfurt mitten im Palmengarten Tennisplätze anlegen, die von Liebhabern des Tennissports gemietet werden konnten. Nach einer Erweiterung auf 14 Plätze und zwei Centre-Courts nach der Jahrhundertwende gehörte die Anlage zu den schönsten in Deutschland – und war gut besucht.

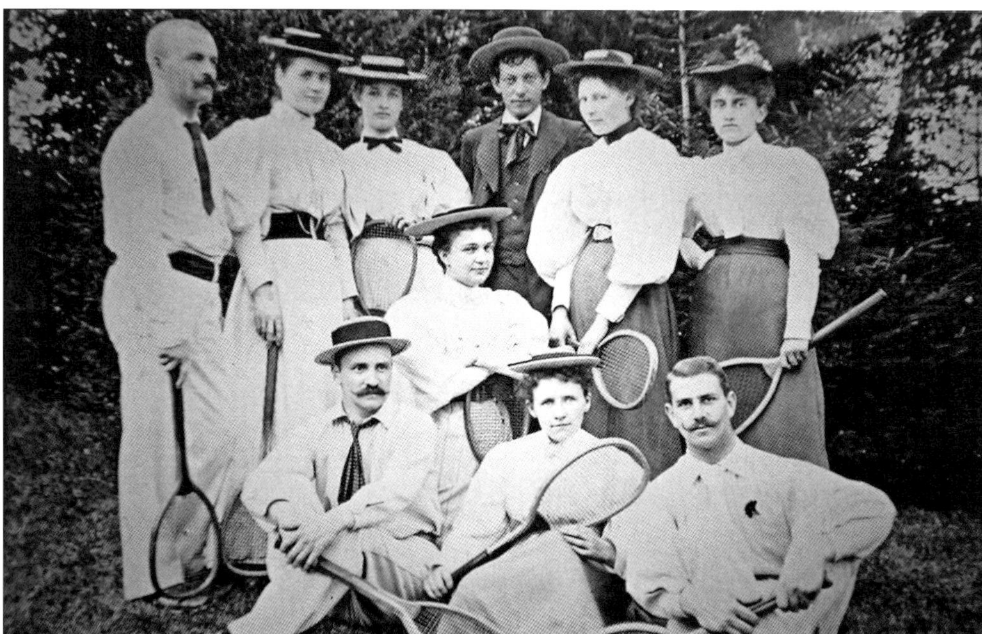

Tennisspieler und -spielerinnen vor dem Ersten Weltkrieg im Frankfurter Palmengarten.

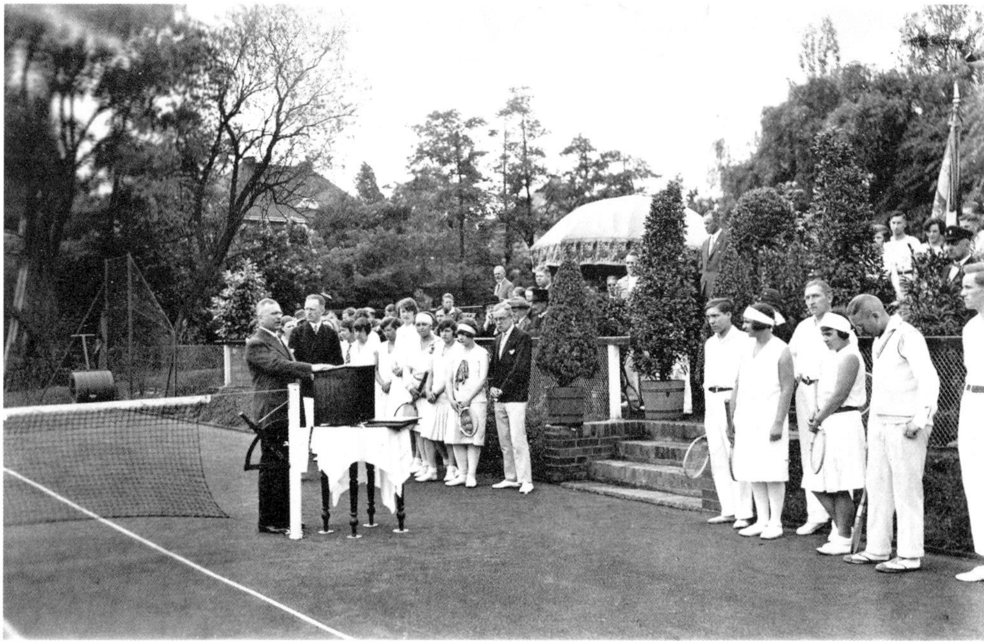

1929 weihte der Frankfurter Turnverein 1860 seine Tennisanlage auf dem Sportgelände „Sandhöfer Wiesen" in Niederrad ein.

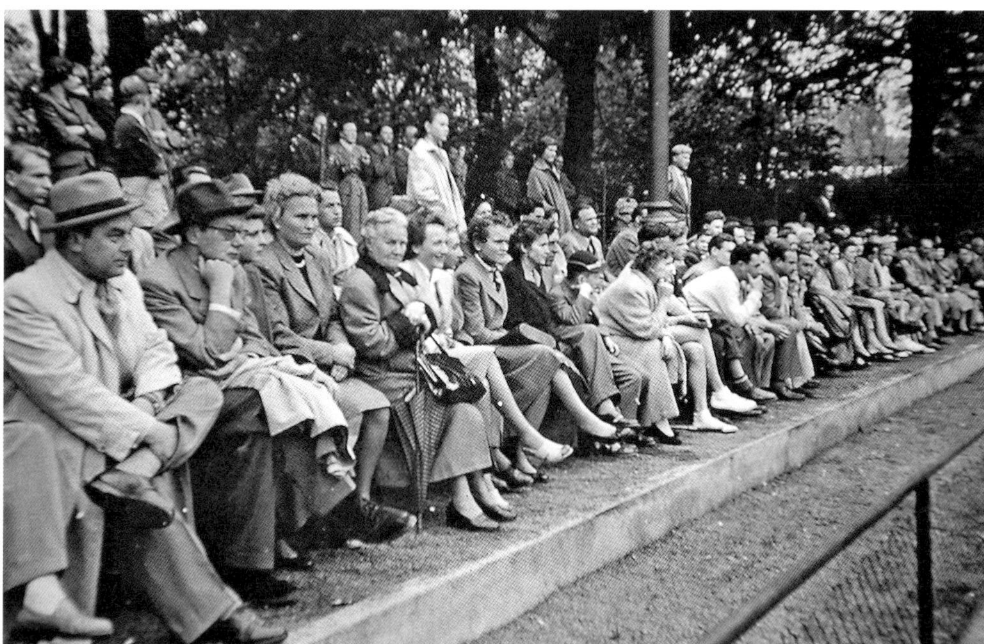

Zuschauer bei einem Tennisturnier des Frankfurter Tennisclubs 1914 Palmengarten auf den Plätzen im Palmengarten. Zweiter von links Vereinsvorsitzender Dr. Helmut Kalies.

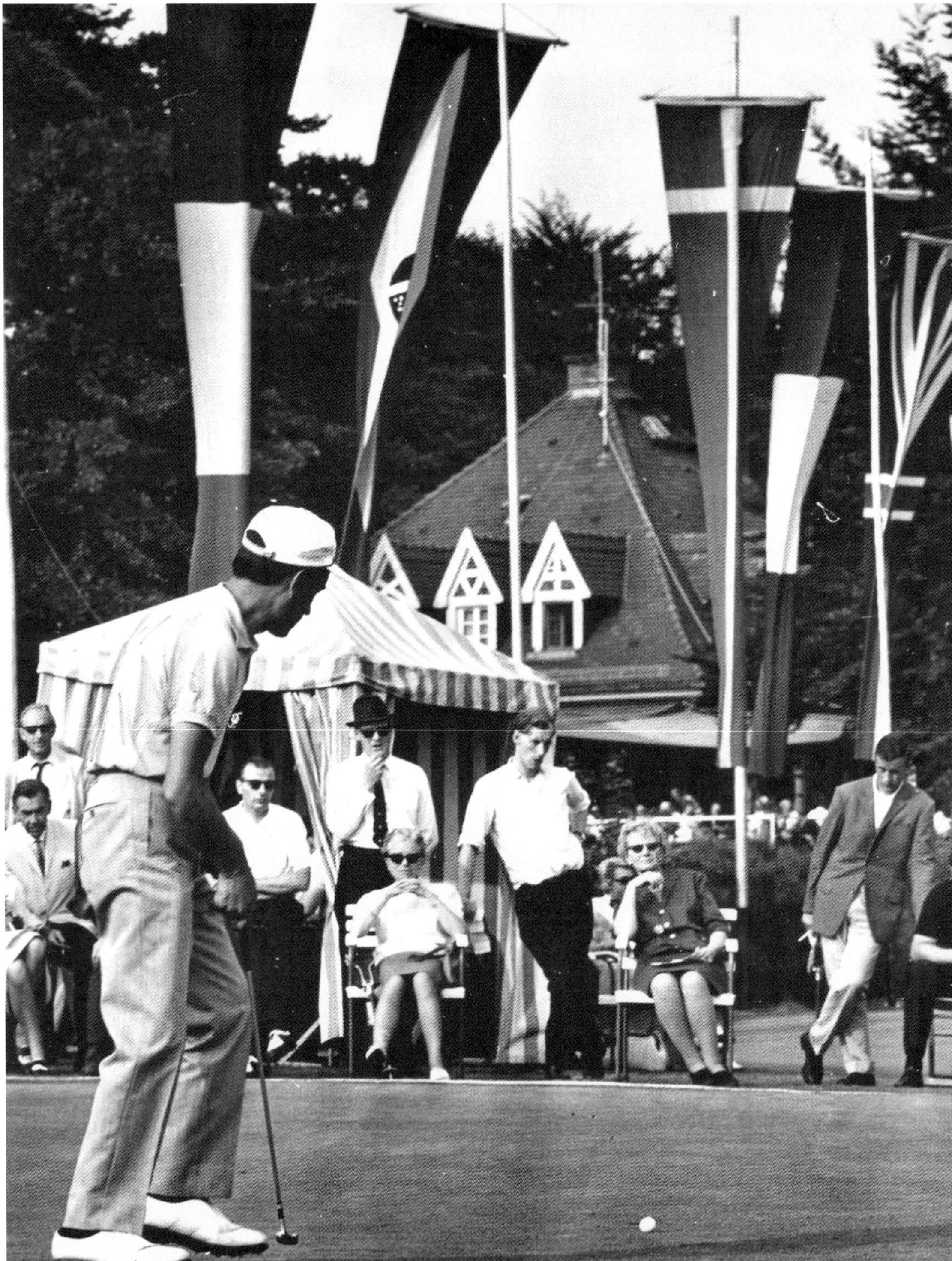

Die 32. offenen Golfmeisterschaften von Deutschland am 23. und 24. Juli 1966 auf dem Platz des Frankfurter Golf Clubs in Niederrad. (Foto Mehrens, Frankfurt)

7

Auf zwei Rädern

Frankfurt am Main darf sich zweifellos als eine Keimzelle des Radsports betrachten – und das gleich aus mehreren Gründen. 1881 wurde hier mit dem 1. Frankfurter Bicycle Club der zweite Radsportverein Deutschlands gegründet. Heinrich Kleyer, einer der Initiatoren und beteiligt an der Gründung der Deutschen Bicycle-Union, dem Vorläufer des Bundes Deutscher Radfahrer, eröffnete 1886 im Gallus die erste deutsche Fahrradfabrik. Im Jahr 1884 war am Oberforsthaus Frankfurts erste Radrennbahn gebaut worden. 1887 folgte eine Radrennbahn im Palmengarten, die zu einem wahren Zuschauermagneten wurde.

Auch der erste deutsche Radrennweltmeister kam aus Frankfurt. August Lehr hatte seine Radsportkarriere noch auf dem Hochrad begonnen. Zwischen 1888 und 1894 heimste er sieben deutsche Meistertitel ein. 1894 feierte er in Antwerpen mit dem Gewinn der Weltmeisterschaft seinen größten Triumph.

Neben Lehr machte auch Hans Ludwig von sich reden. Er wurde Berufsfahrer und startete für die Opel-Fabrikmannschaft. Seinen Verein, den Radfahrerverein Sossenheim, machte er zu einer festen Größe im deutschen Radrennsport. Sein größter Erfolg war der Gewinn der Radfernfahrt Wien–Berlin im Jahr 1908.

Um 1925 gab es in Frankfurt und seinen Vororten zeitweise bis zu 28 Radfahrklubs sowie zahlreiche Turn- und Sportvereine, die Radsportabteilungen gegründet hatten. Das Angebot reichte von Bahn- und Straßenrennen über Steherrennen und Kunstradfahren bis zum gemächlicheren Radwandern. 1925 war auch das Jahr, in dem die Radfahrer im Sportpark beim Waldstadion mit der Radrennbahn eine dauerhafte Heimstätte erhielten.

Am 12. Dezember 1911 wurde in der drei Jahre zuvor eröffneten Festhalle das erste Frankfurter Sechstagerennen ausgetragen. Nach dem Zweiten Weltkrieg und dem Wiederaufbau der zerstörten Festhalle wurde diese Traditionsveranstaltung wieder aufgenommen. Von 1951 bis 1983 fand sie fast jedes Jahr statt. Zum größten Frankfurter und bald auch deutschen Radsportereignis entwickelte sich das Straßenradrennen „Rund um den Henninger-Turm“, das 1962 erstmals ausgetragen wurde und seit 1969 jeweils am 1. Mai stattfindet.

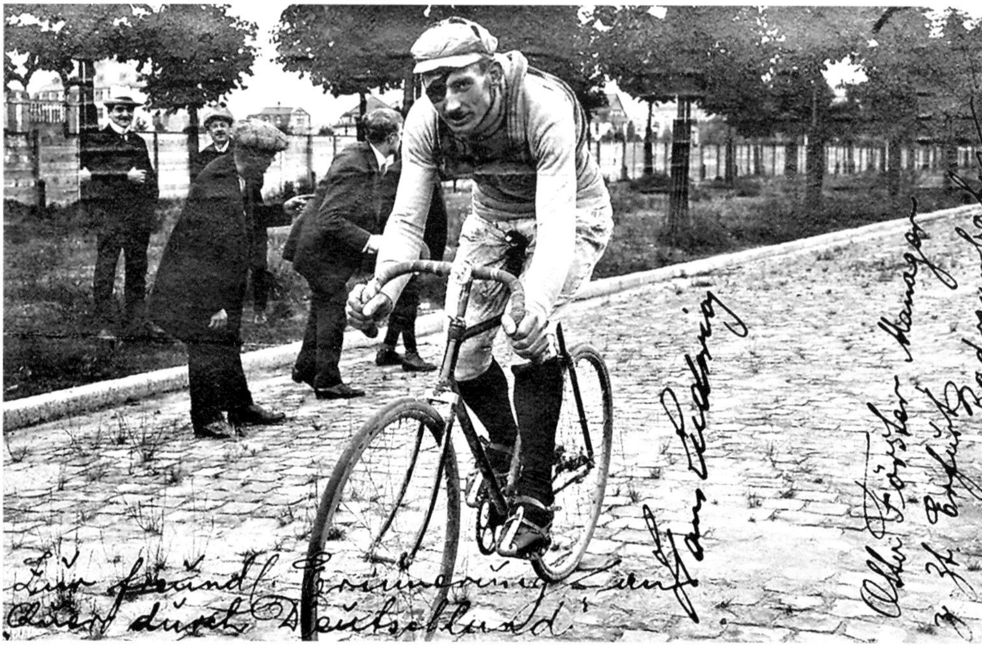

Hans Ludwig vom Radfahrverein Sossenheim gehörte vor dem Ersten Weltkrieg zu den erfolgreichsten deutschen Straßenradfahrern. Seit er bei einem Unfall ein Auge verloren hatte, fuhr er mit Augenklappe. Nach seinem Karriereende 1914 betrieb er in Frankfurt eine Fahrradmanufaktur und entwickelte die Freilaufnabe.

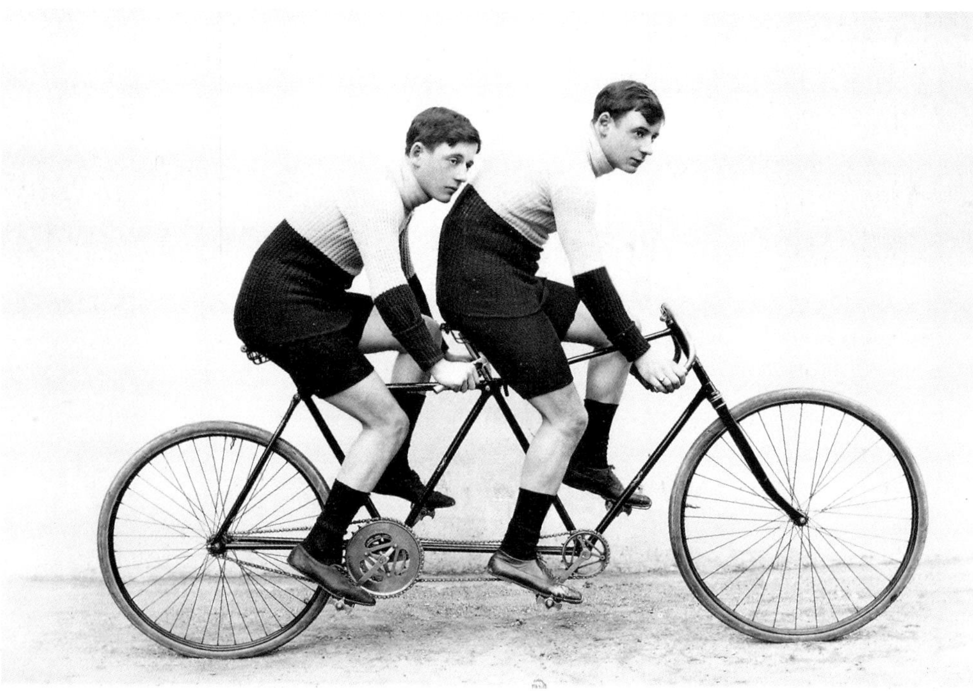

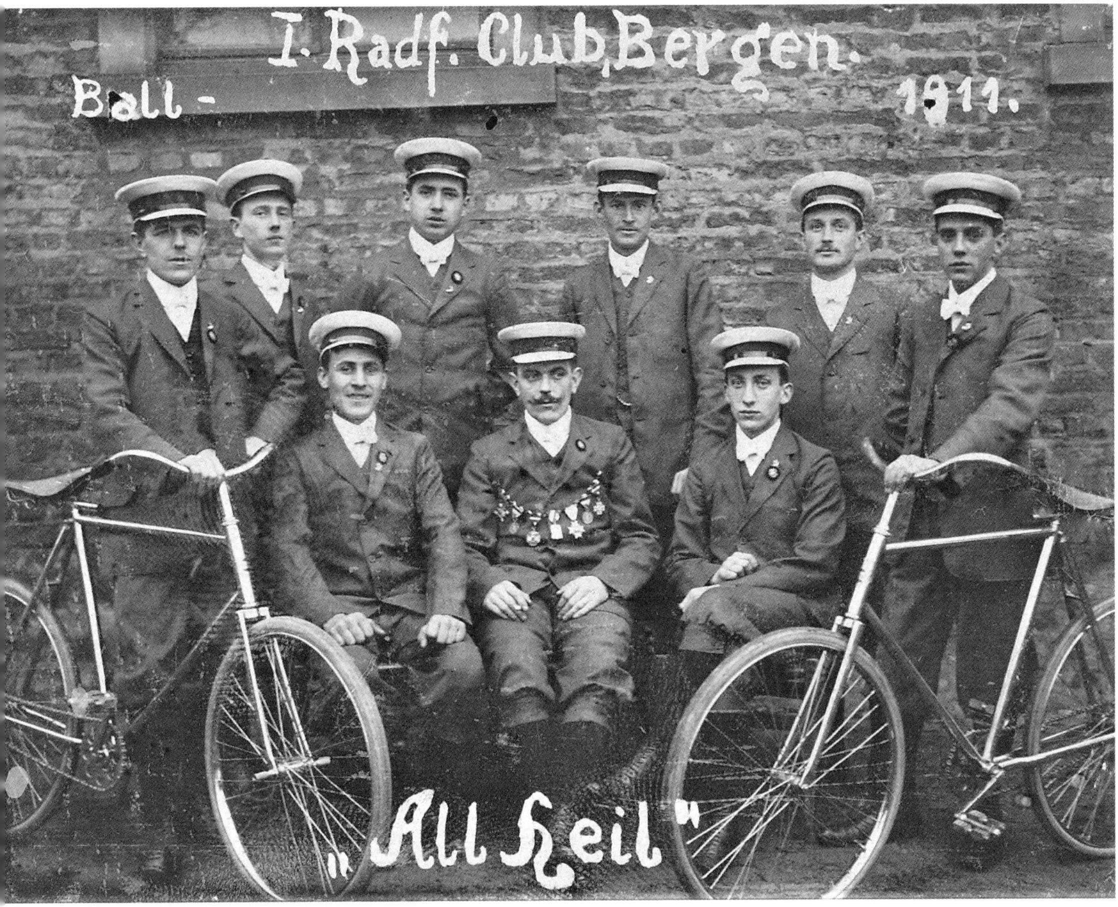

Die Kunst- und Reigenfahrerriege des 1. Radfahrer-Clubs 1903 Bergen im Jahr 1911, die erst in diesem Jahr gegründet worden ist. Bis dahin sind nur Straßenrennen gefahren worden. „All Heil" war der Gruß der bürgerlichen Radfahrer. Der Slogan der Arbeiter-Vereine lautete „Frisch auf".

◂ Franz Verheyen (hinten) mit seinem älteren Bruder Alex auf einem Tandem. Der 1877 in Frankfurt geborene Franz Verheyen gehörte zu den ersten Radrennstars. In seiner kurzen Profikarriere wurde er deutscher Meister und Europameister sowie Zweiter bei den Bahn-Radweltmeisterschaften 1898 in Wien. 1900 beendete er seine Karriere und betrieb in Frankfurt ein Fahrradgeschäft.

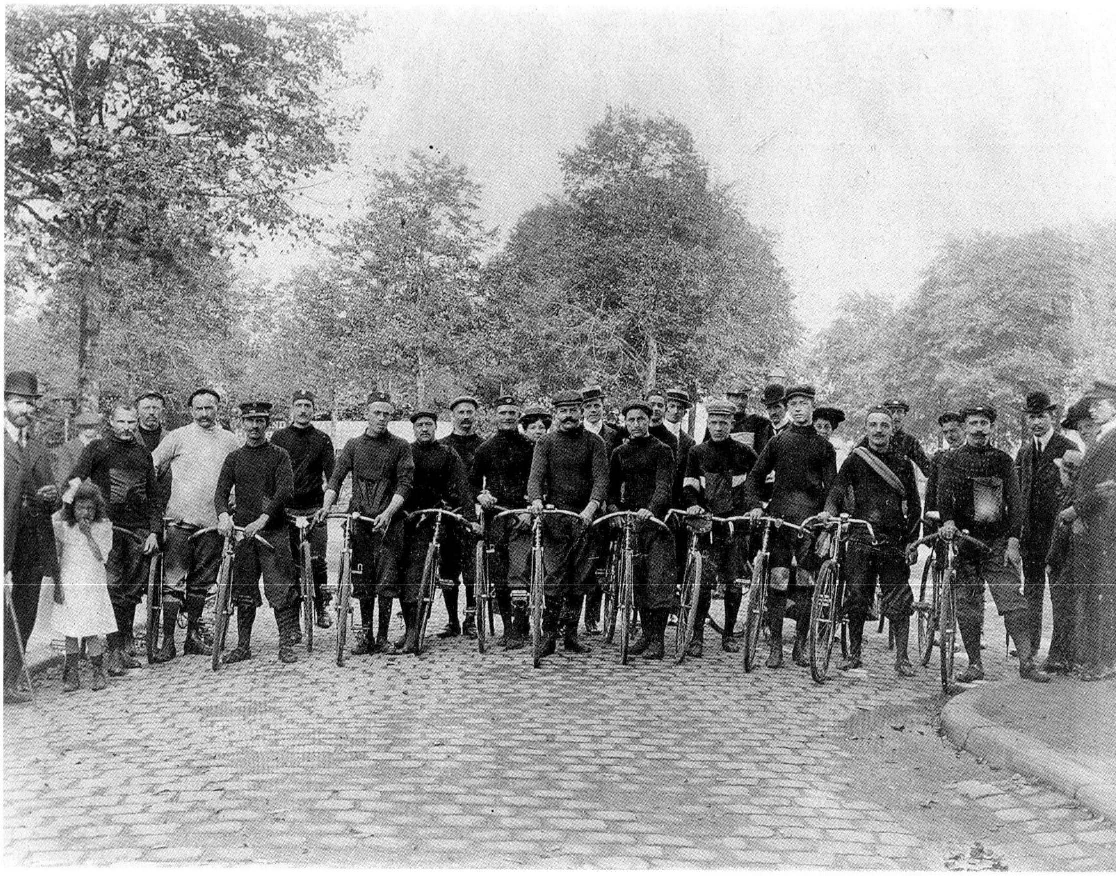

Mannschaftsfahren des Radrennclubs „Mars" um 1905 in Frankfurt. Der Name des 1902 gegründeten Vereins rührte von der damals bekannten Nürnberger Fahrradmarke „Mars" her.

Die Kunst- und Reigenfahrer des 1. Radfahrer-Clubs 1903 Bergen im Jahr 1924. Der Verein gab den Rennsport nach dem Ersten Weltkrieg auf, während das Kunst- und Reigenfahren eine Blütezeit erlebte. 1926 wurde die Kunst- und Reigenmannschaft des 1. Radfahrer-Clubs 1903 Bergen Landes- und ein Jahr später Bezirks- und Gaumeister. ▸

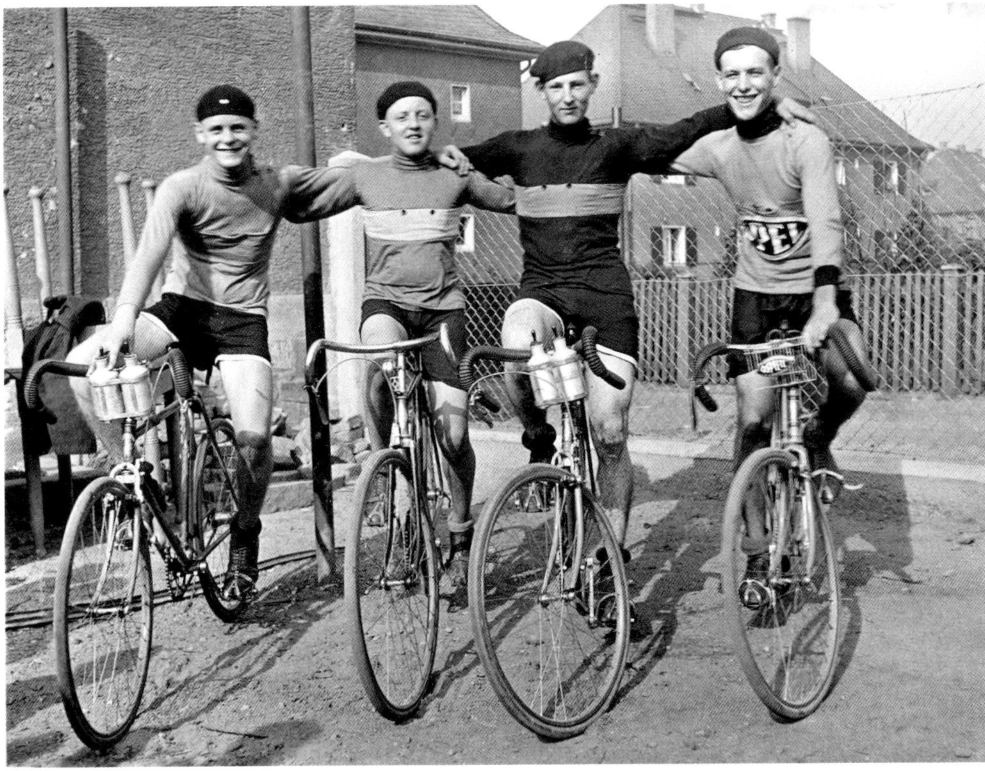

Josef Krieger, Artur Mehl, Hans Pfund und Heinrich Treitz (v.l.n.r.) auf ihren Opel-Rennrädern. Alle vier waren Mitglieder des 1924 von Bewohnern der Eisenbahnersiedlung in Nied gegründeten Radsportclubs „Komet".

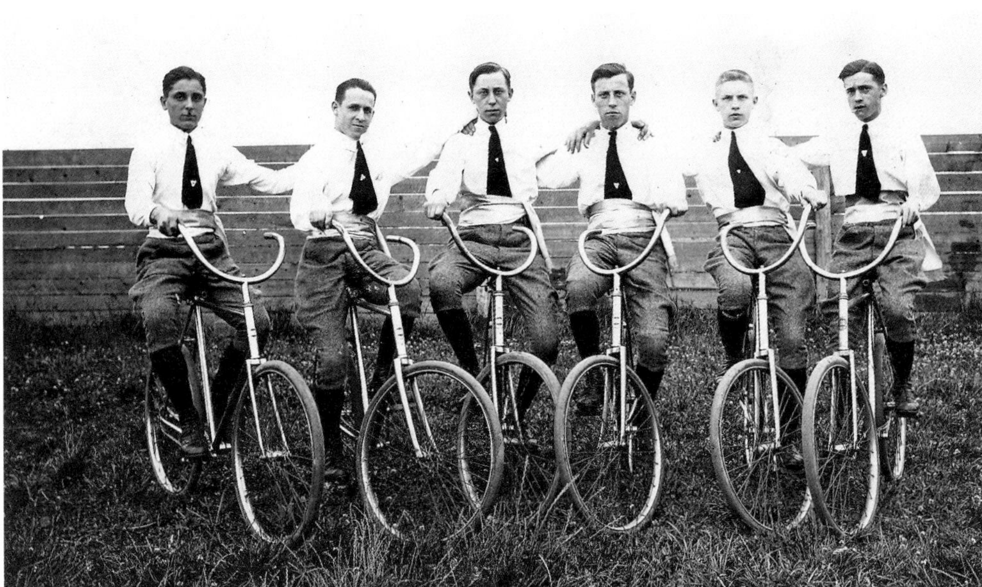

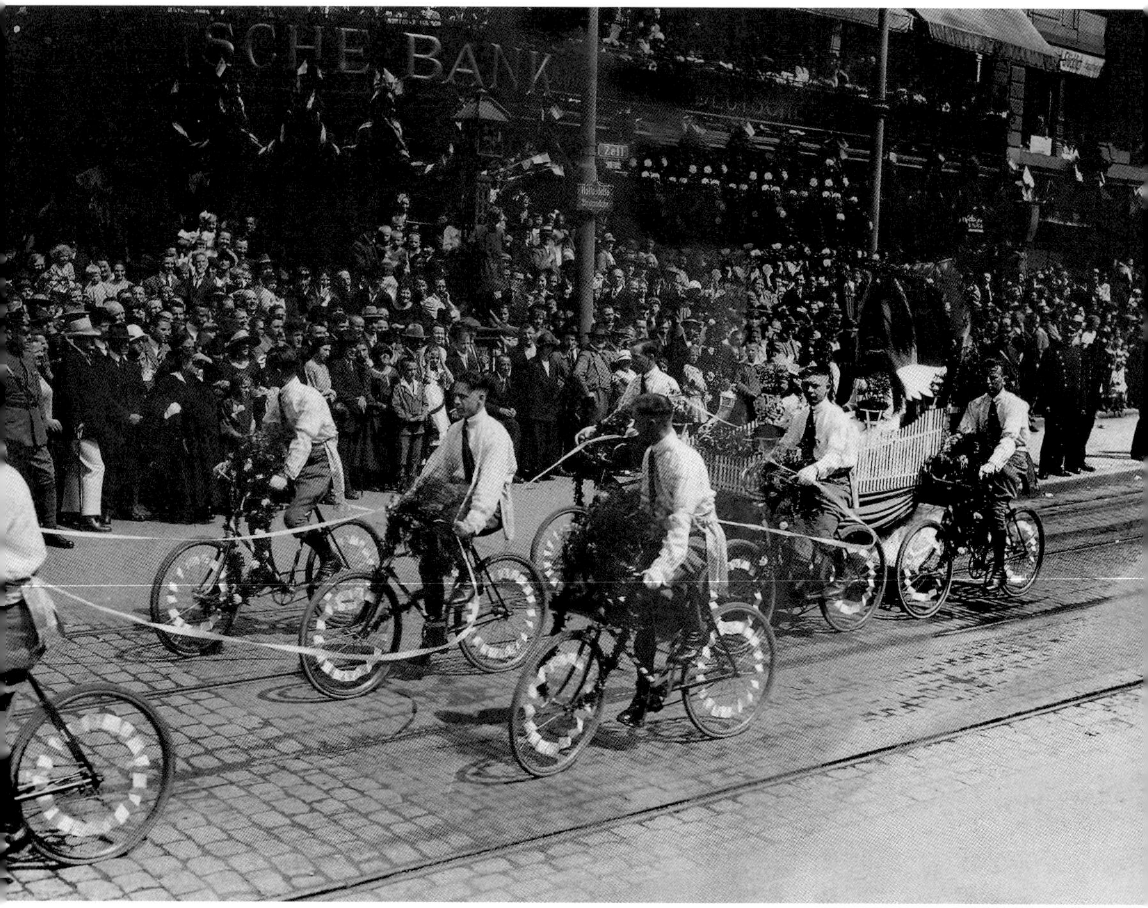

1924 fanden in Frankfurt der 41. Bundestag des Bundes Deutscher Radfahrer (BDR) und die Frankfurter Radsportwoche statt. Höhepunkt war der Festzug am 3. August durch die Stadt zur Festhalle. Dabei war auch eine Gruppe des Radrennclubs „Mars".

Ansichtskarte vom 5. Frankfurter Sechstagerennen 1932 in der Festhalle mit den Porträts der bekanntesten Fahrer. Das traditionsreiche Rennen wurde 1911 erstmals ausgetragen. (Foto Heta, Lünen) ▸

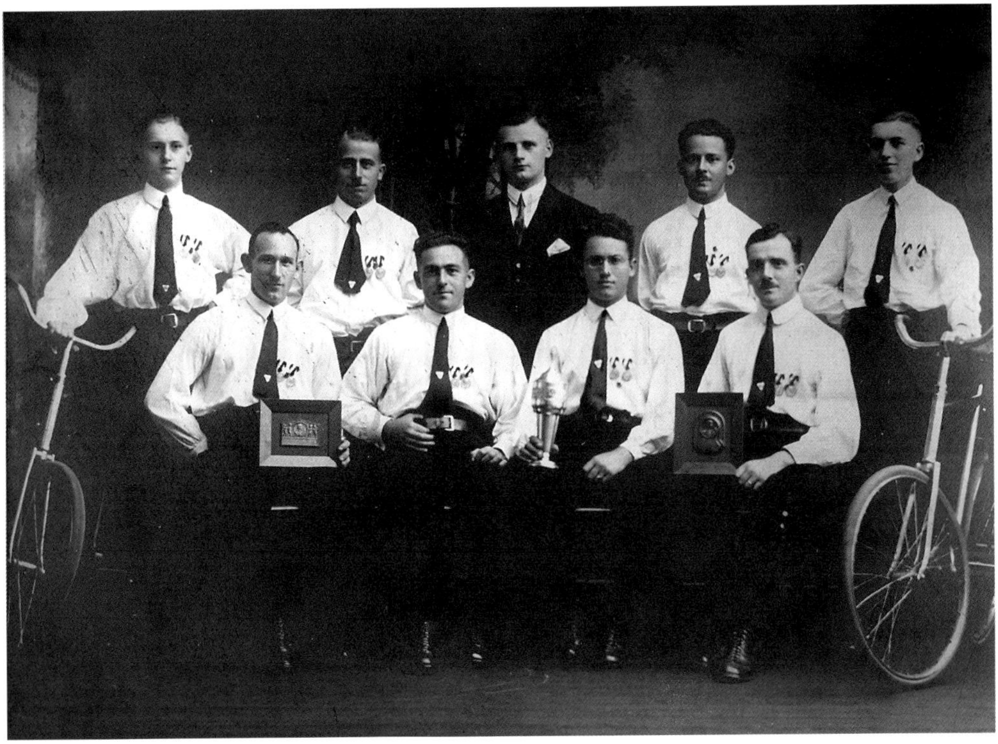

1925 wurde die Mannschaft des Radfahrervereins Nassovia Heddernheim Bezirks- und Gaumeister im 8er-Niederrad-Kunstreigen. Stehend von links Christian Köller, Wilhelm Weishaupt, Trainer R. Straube, Willy Stein und August Keller; sitzend von links Karl Nagel, August Abt, Jean Kling und Paul Stein.

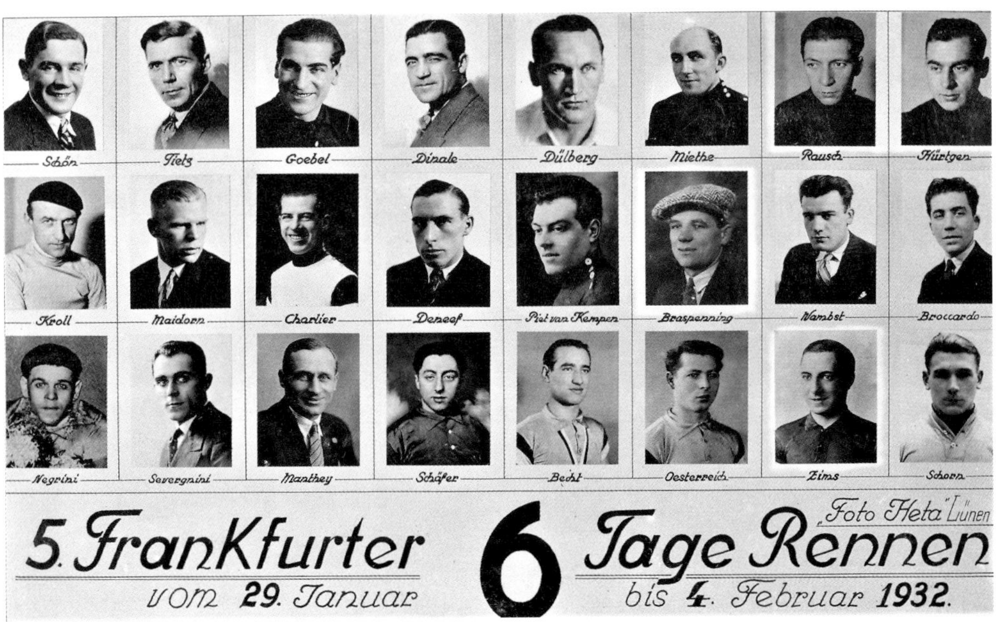

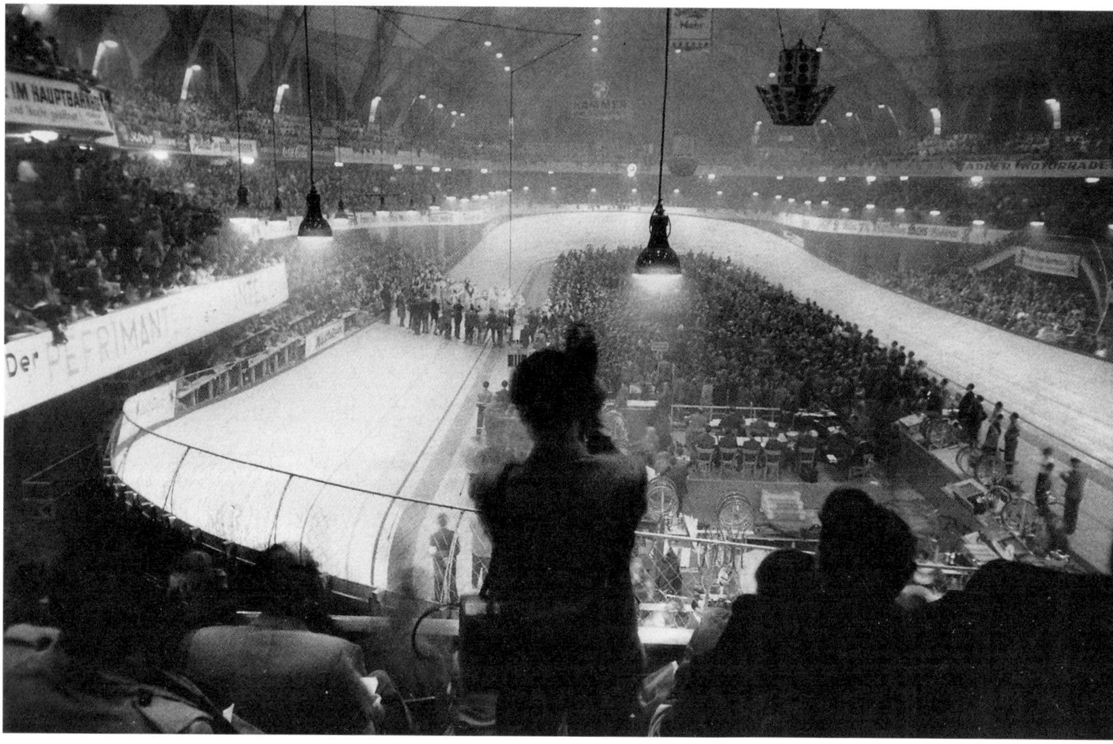

Blick in die Festhalle während des Frankfurter Sechstagerennens 1954. Das Rennen war 1933 letztmals veranstaltet worden, bevor es ab 1951 bis 1983 wieder jährlich (abgesehen von 1957, 1974 und 1982) stattfand. (Foto F. Kiesel, Frankfurt)

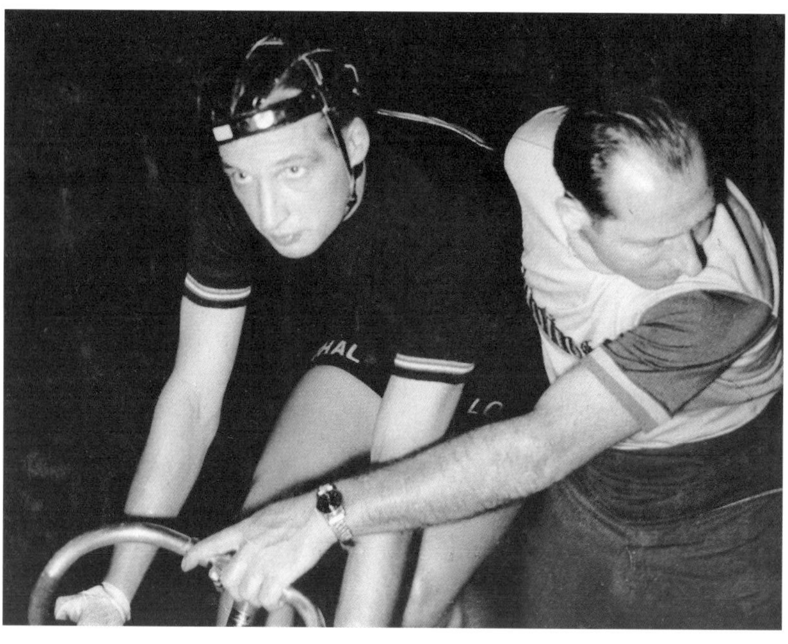

Theo Intra vom RV Sossenheim beim ersten Frankfurter Nachkriegs-Sechstagerennen 1951 in der Festhalle. Nachdem er 1950 deutscher Meister in der Einerverfolgung sowie im Zweier-Mannschaftsfahren geworden war, wechselte er ins Profilager. (Foto Günter Engels, Frankfurt)

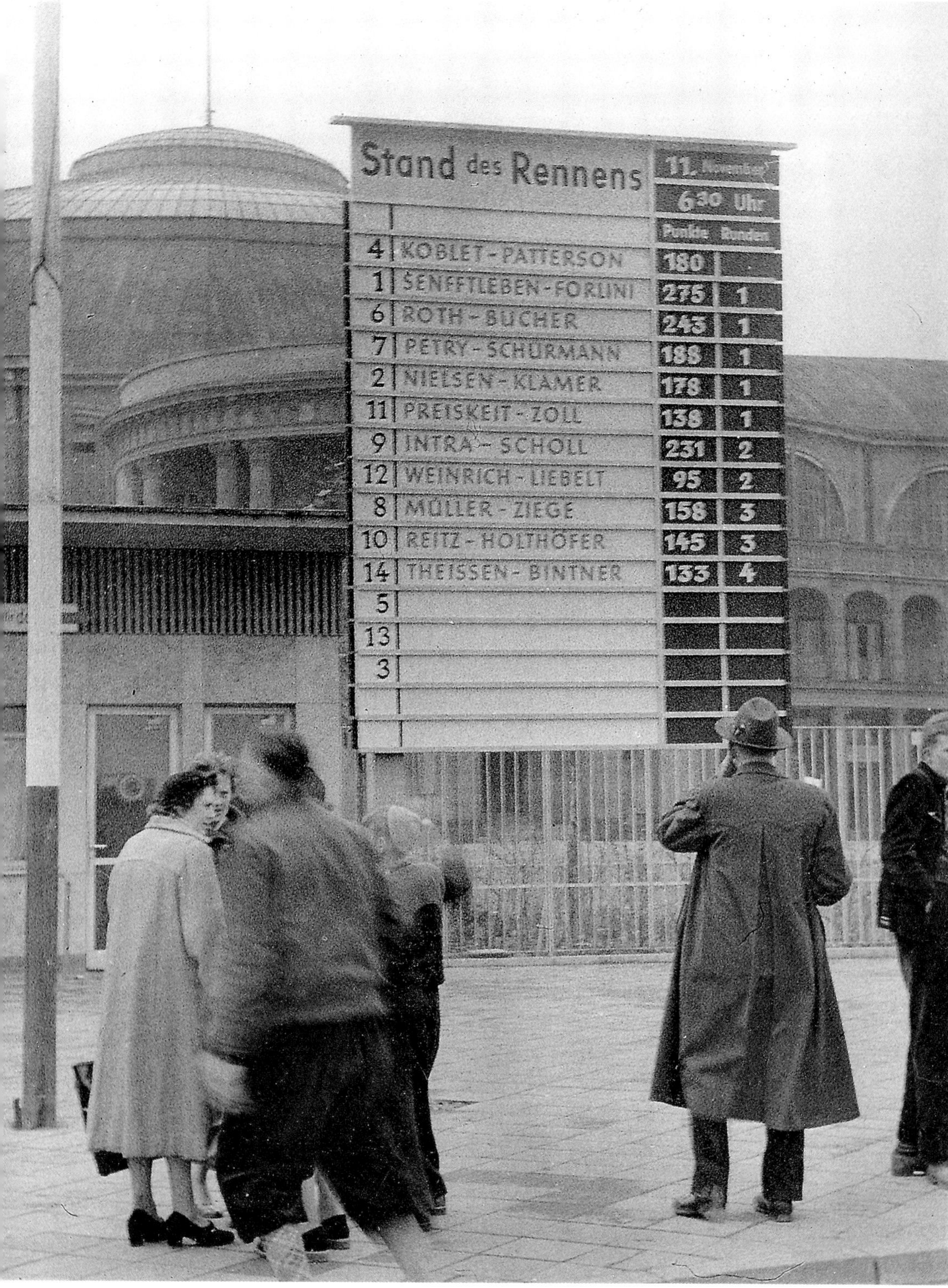

„Live-Berichterstattung" anno 1955: Auf einer Tafel vor der Festhalle wird der aktuelle Stand beim Frankfurter Sechstagerennen festgehalten. (Foto Rudi Reilaender, Frankfurt)

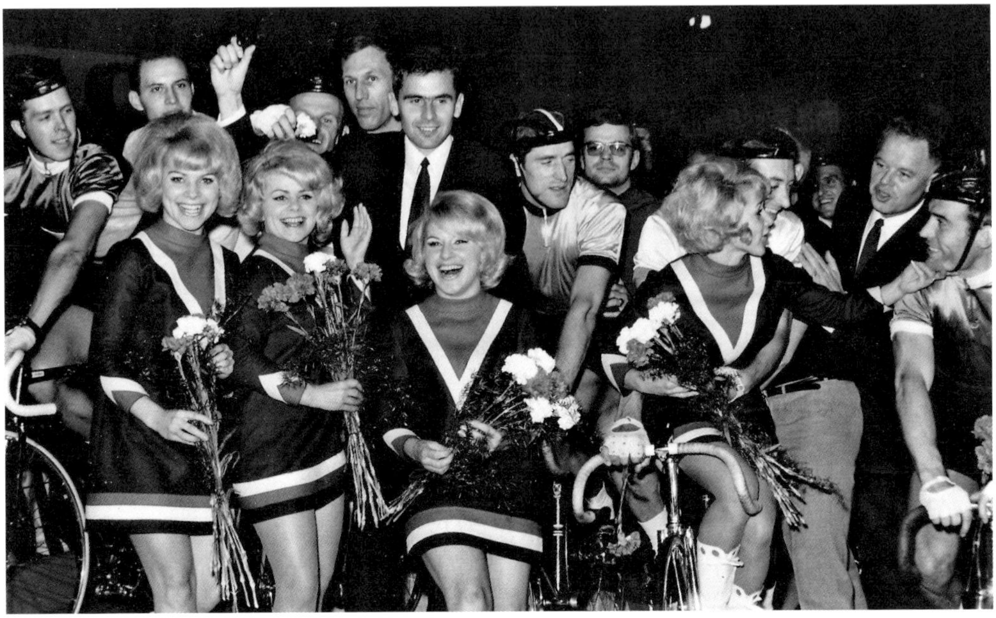

Das Frankfurter Sechstagerennen war nicht nur ein sportliches, sondern auch gesellschaftliches Ereignis, bei dem man Stars und Sternchen traf. 1967 waren die Jacob Sisters in der Festhalle dabei. Hinter ihnen in der Mitte der Mittelstreckenläufer Jürgen May, der 1965 in der DDR zum Sportler des Jahres gewählt worden war und sich 1967 über Budapest in die Bundesrepublik absetzte. (Foto F. Kiesel, Frankfurt)

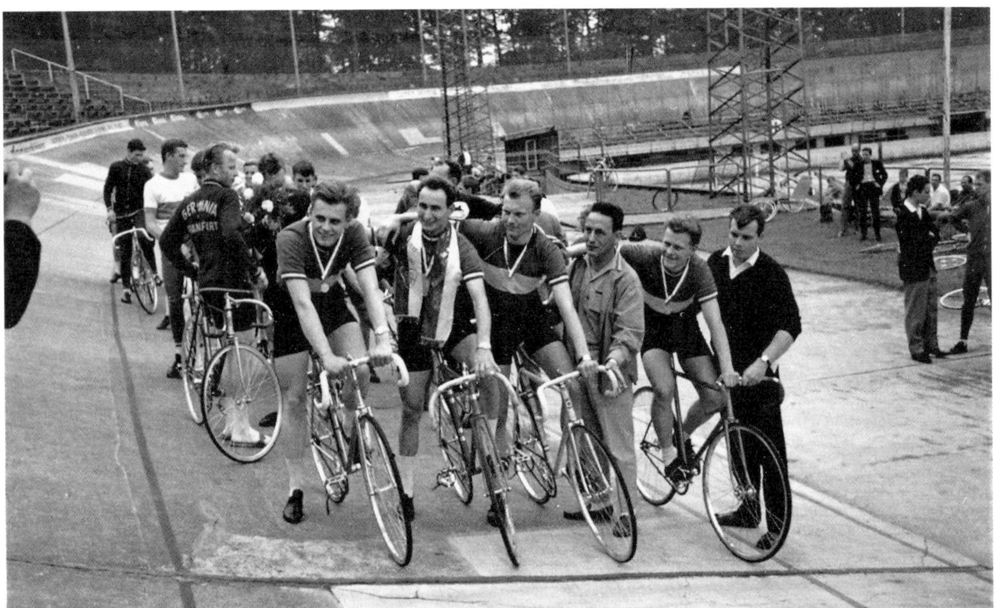

Der Bahn-Vierer des Radsportclubs Mars-Rotweiss 02 nach einem Rennen auf der Radrennbahn am Frankfurter Waldstadion. Offenbar hat er bei der Mannschaftsverfolgung gut abgeschnitten.

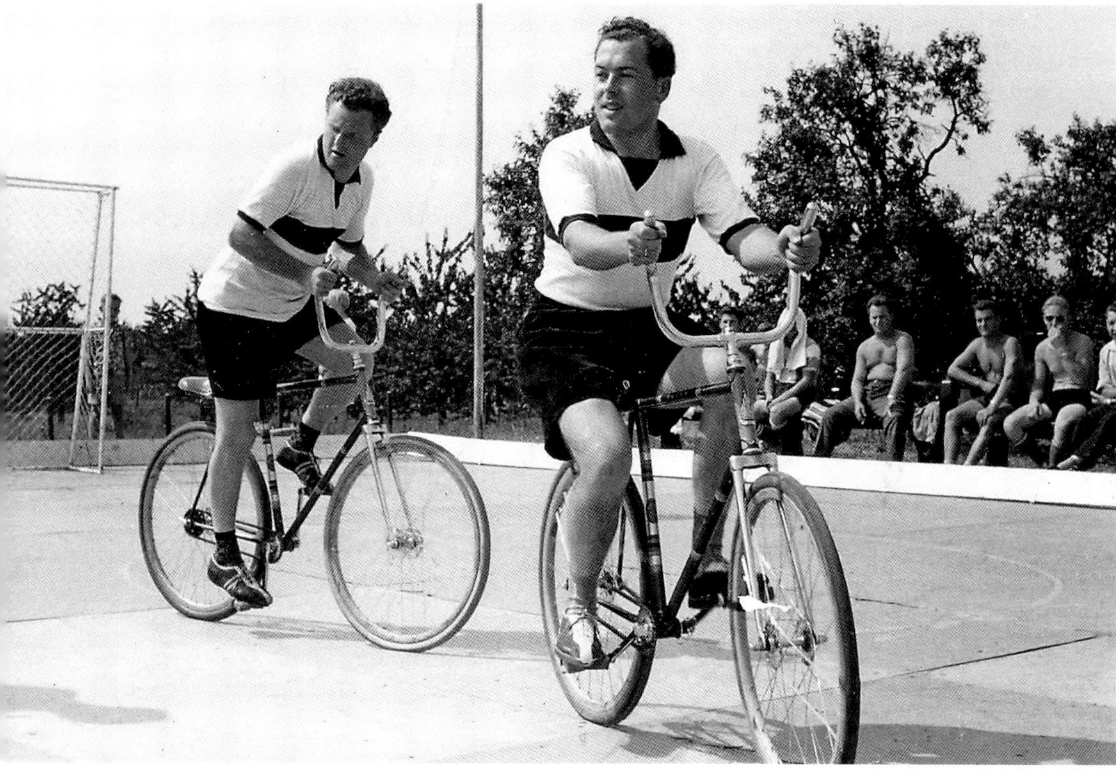

Ende der 1950er-Jahre machten fortschreitende Motorisierung und veränderte Freizeitaktivitäten dem 1. Radfahrer-Club 1903 Bergen zu schaffen. Um den Mitgliederschwund zu stoppen, wurde 1958 als neue Sportart Radball angeboten.

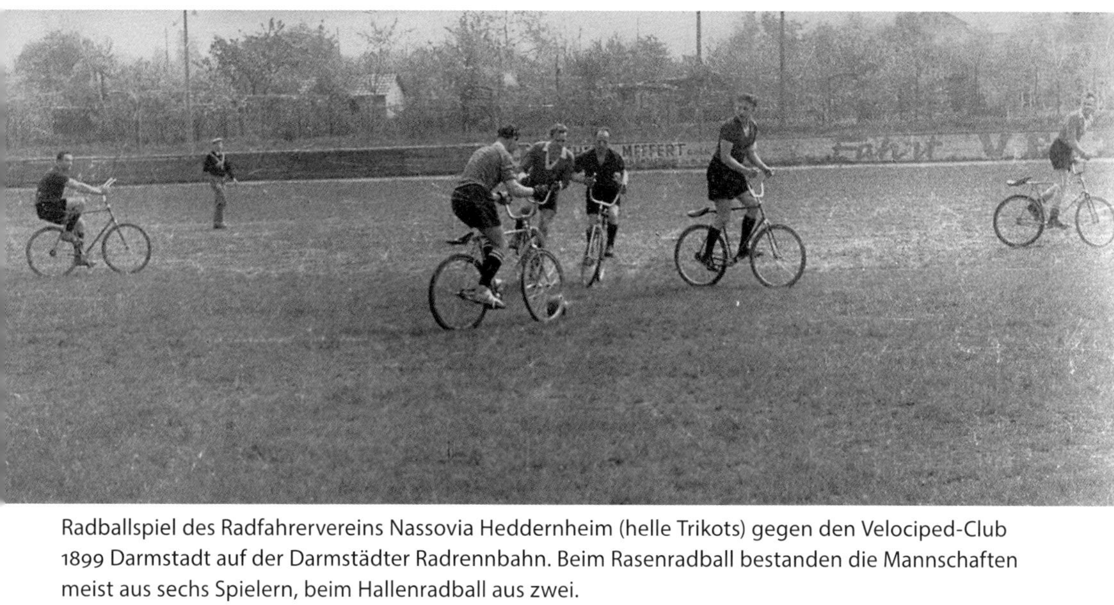

Radballspiel des Radfahrervereins Nassovia Heddernheim (helle Trikots) gegen den Velociped-Club 1899 Darmstadt auf der Darmstädter Radrennbahn. Beim Rasenradball bestanden die Mannschaften meist aus sechs Spielern, beim Hallenradball aus zwei.

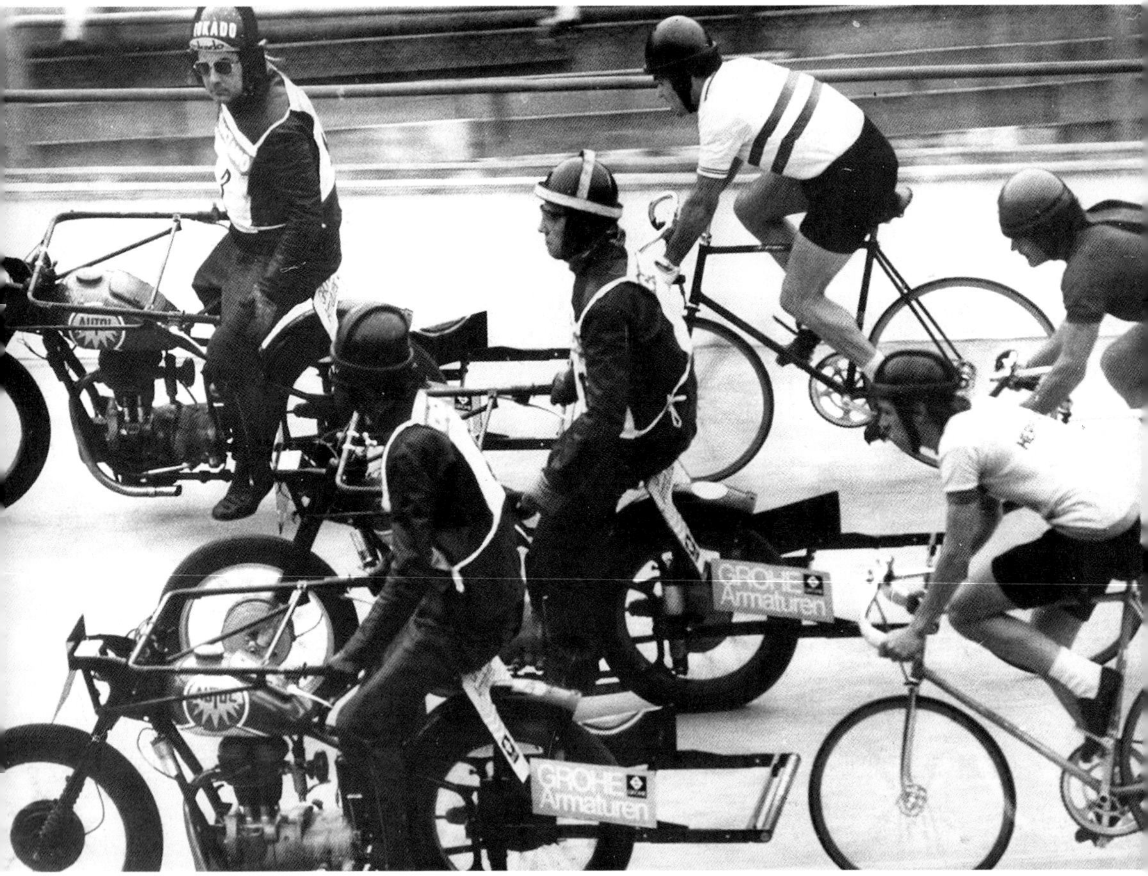

Steherrennen auf der Radrennbahn am Waldstadion, um 1965. Steherrennen gehören zu den Bahnsportarten, bei denen die Radrennfahrer im Windschatten eines Motorrads über längere Distanzen fahren. (Foto Mehrens, Frankfurt)

Zwei erfolgreiche Kunstradfahrer des 1. Radfahrer-Clubs 1903 Bergen: das Duo Eich und Simon 1958 beim Training in der Turnhalle des TV Bergen. ▸

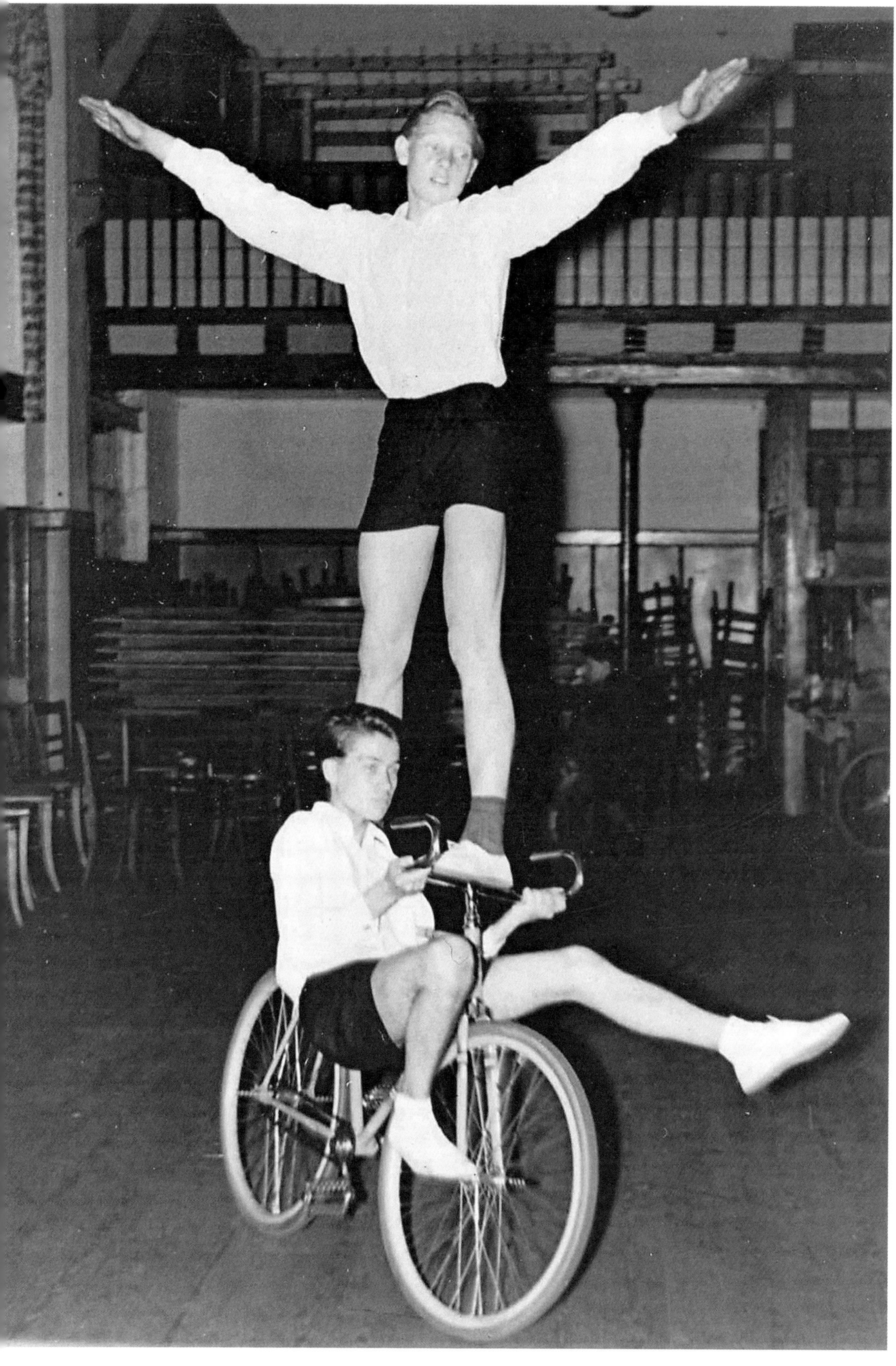

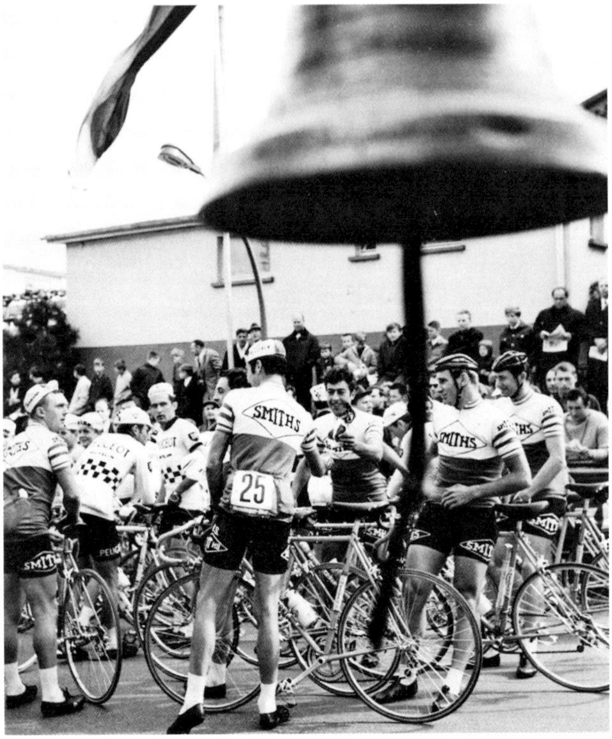

Start des Radrennens „Rund um den Henninger-Turm" 1968 im Hainer Weg in Sachsenhausen. Das Straßenrennen, das zu den wichtigsten deutschen Eintagesrennen gehört, findet seit 1962 statt, seit 1968 jeweils am 1. Mai. (Foto Niko Dumkkow)

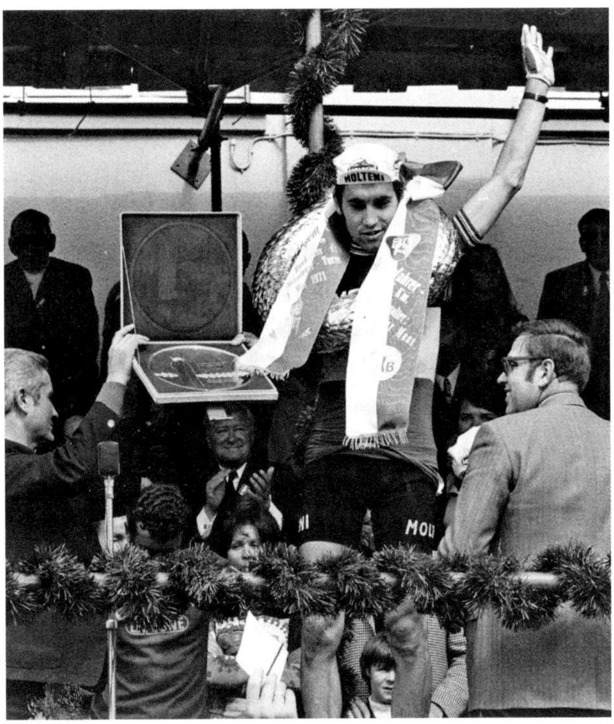

Eddy Merckx, der von den meisten Radsportexperten als der größte Rennfahrer der Radsportgeschichte angesehen wird, gewann am 1. Mai 1971 das Radrennen „Rund um den Henninger-Turm". Das Foto zeigt ihn bei der Siegerehrung.

8 Starke Männer

Gegen Ende des 19. Jahrhunderts erfreute sich die Schwerathletik als neuer Vereins- und Wettkampfsport in Deutschland wachsender Beliebtheit. Unter dem Begriff Schwerathletik werden Sportarten zusammengefasst, in denen es in erster Linie auf individuelle Muskelkraft ankommt wie beim Gewichtheben, Ringen, Boxen und Kunstkraftsport.

Nachdem in den 1880er-Jahren in Deutschland die ersten Athletikvereine entstanden waren und 1891 der Deutsche Athletik-Sportverband gegründet worden war, kam es nach der Jahrhundertwende auch in Frankfurt zu ersten Vereinsgründungen, beispielsweise in den damals noch selbstständigen Vororten Eckenheim, Griesheim und Zeilsheim. Begünstigt wurden sie durch den Umstand, dass Gewichtheben und Ringen seit den ersten Olympischen Spielen der Neuzeit 1896 in Athen zum olympischen Programm gehörten.

Neben den verschiedenen Disziplinen im Gewichtheben wie dem ein- und beidarmigen Stoßen und Drücken und dem Bankdrücken sowie dem Ringkampf wurde in den Athletikvereinen auch das Jonglieren mit Gewichten betrieben. Dabei warfen sich die Athleten etwa 10 Kilogramm schwere Eisenkugeln oder -kegel mit Griffen zu und fingen sie auf. Aus dem Kraftsport entwickelte sich ab den 1950er-Jahren das Bodybuilding. 1960 wurde die erste Bodybuilding-Meisterschaft ausgetragen.

1925 nahm der Deutsche Athletik-Sportverband als neue Sportart den Kunstkraftsport, aus dem sich die heutige Sportakrobatik entwickelte, als Disziplin in die Schwerathletik auf. Kunstkraftsport wurde vor allem in den Turnvereinen betrieben. Die Sportakrobaten aus Fechenheim und Nied – die Fechinis und Niedelis – machten in den 1950er-Jahren weit über Frankfurt hinaus von sich reden.

Boxen gehörte ursprünglich nicht zu den Kraftsportarten, muss aber nach heutigem Verständnis dazu gerechnet werden. 1867 wurden in England die „Queensberry"-Boxregeln verabschiedet, die unter anderem das Boxen mit Handschuhen vorschrieben und den modernen Boxsport begründeten. Reine Boxclubs gibt es in Frankfurt erst seit den 1960er-Jahren. Vorherige Gründungen hatten nur vorübergehend Bestand. Es waren ebenfalls die Turnvereine, die dem Boxsport nach dem Ersten Weltkrieg ein Dach boten.

Die Schwerathletik zählt zu den Sportarten, die sich zuletzt für Frauen öffneten. Weltmeisterschaften für Frauen im Gewichtheben gibt es erst seit 1987. Regina Halmich bestritt im März 1994 den ersten in Deutschland offiziell lizenzierten Profiboxkampf der Frauen.

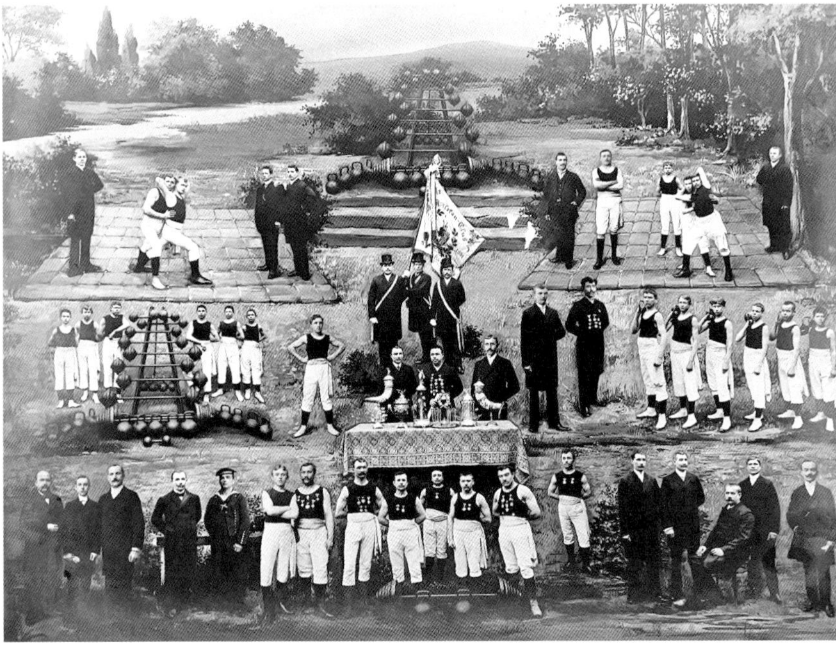

Der Athletik-Sportverein Griesheim kurz nach seiner Gründung, möglicherweise anlässlich der Fahnenweihe 1902. Die Fotocollage zeigt die verschiedenen Abteilungen des Vereins: vorne die Gewichtheber, in der Mitte die Jonglierriege und hinten die Ringer, dazwischen die Vereinsgründer und Vorstandsmitglieder.

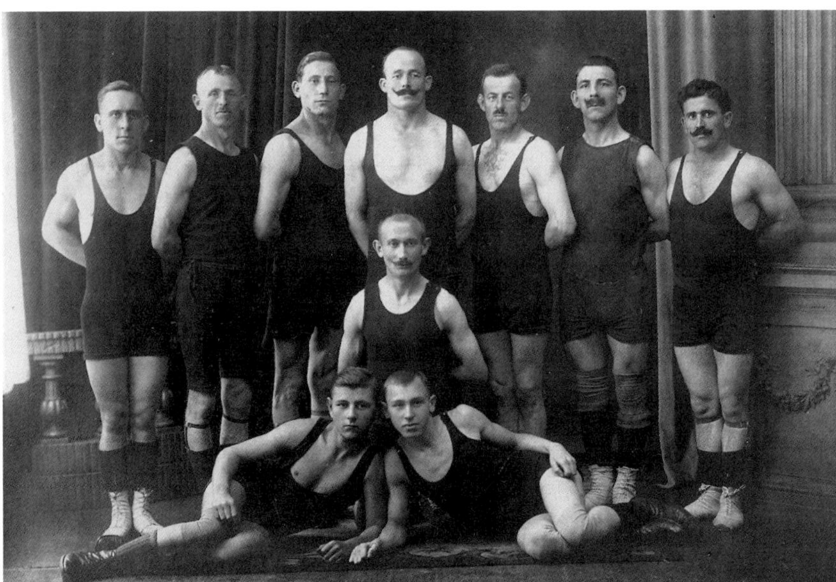

Kraftathleten des Athletik-Sportvereins Griesheim vor dem Ersten Weltkrieg: hintere Reihe von links Müller, Bollmann, Maser, Boss, Trautmann, Baumbach und Weigand, vorne von links Fahrenberg, Kühnberger und Bollmann.

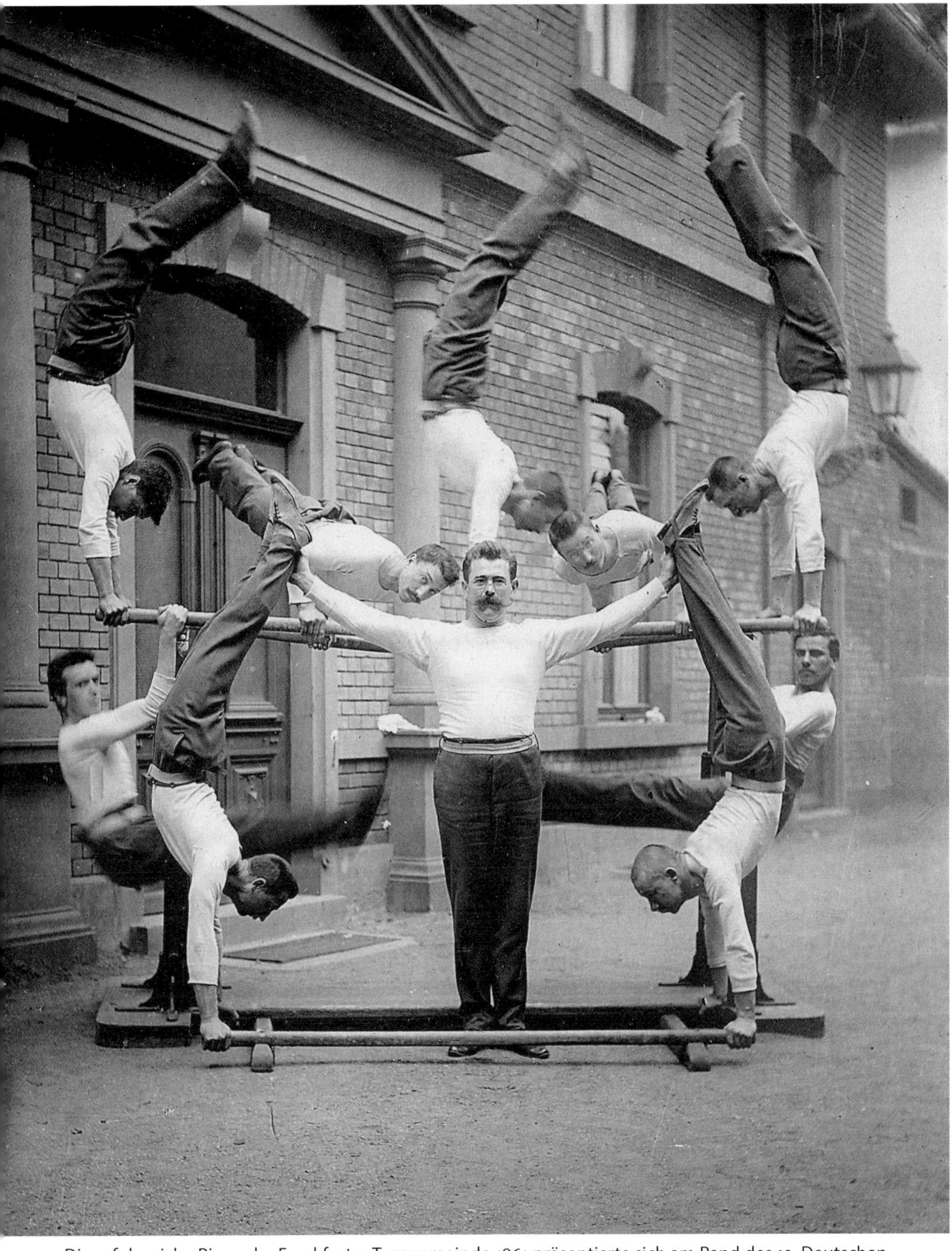

Die erfolgreiche Riege der Frankfurter Turngemeinde 1861 präsentierte sich am Rand des 10. Deutschen Turnfests, das vom 18. bis 23. Juli 1903 in Nürnberg stattfand, mit einer anspruchsvollen Figur.

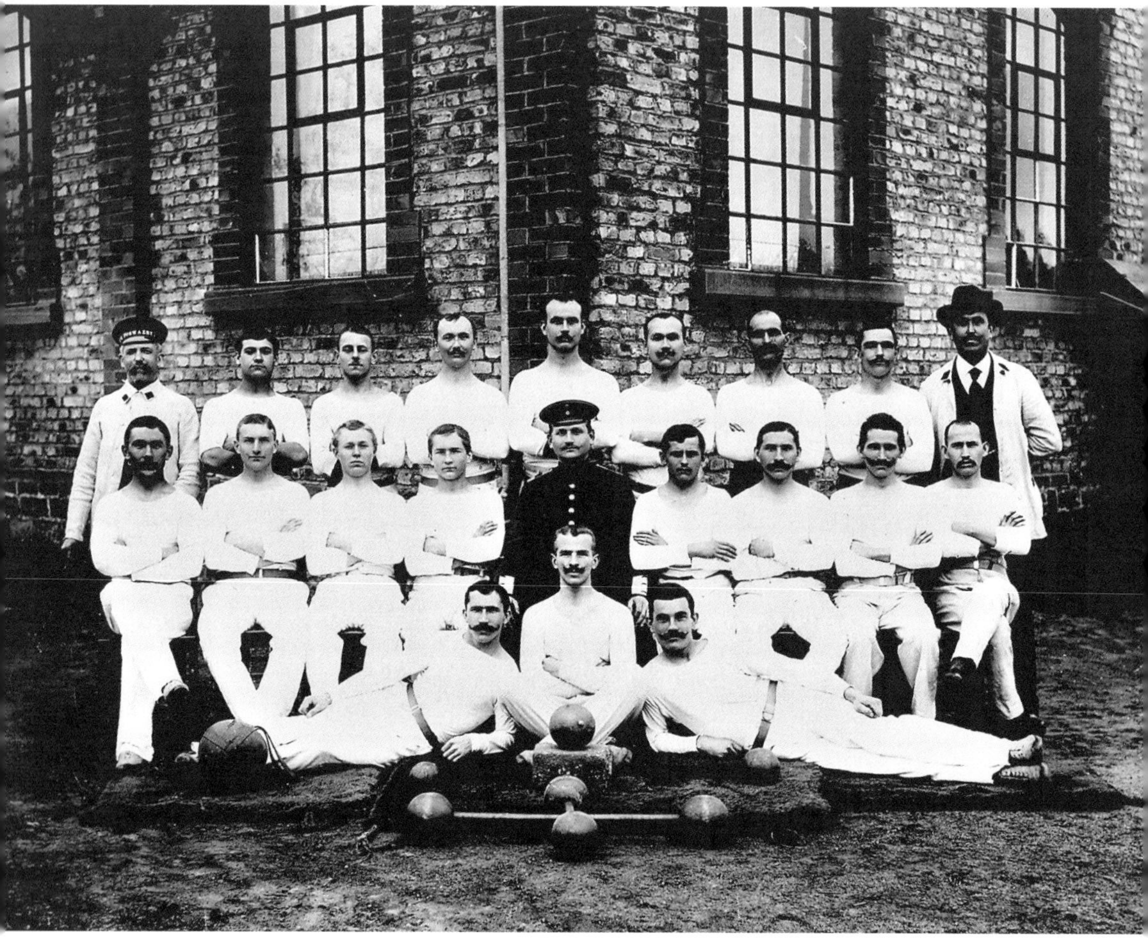

Die Kraftsportgruppe des 1885 gegründeten Turnvereins „Vorwärts" Fechenheim mit ihren Hanteln zu Beginn des 20. Jahrhunderts.

Ansichtskarte des Sportvereins Viktoria 07 Eckenheim anlässlich der Erringung der Südwest-Meisterschaft im Mannschaftsringen 1953/54. Sie zeigt die Mannschaft mit Max Leichter, der zwischen 1939 und 1954 mehrfach deutscher Meister im Schwer- bzw. Halbschwergewicht wurde. ▸

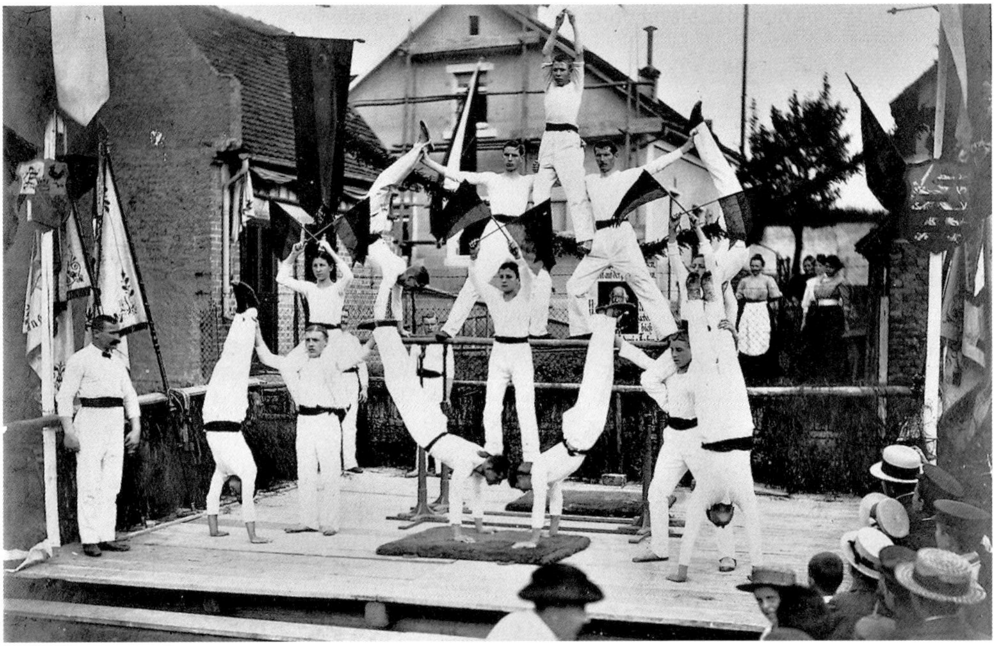

Die Turner des RV Eschersheim zeigten mit dieser Pyramide eindrucksvoll ihr Können. Entstanden ist das Bild wahrscheinlich am 26./27. Juni 1920 bei den Feierlichkeiten zum 25. Vereinsjubiläum. (Foto Paul Beuttler, Frankfurt)

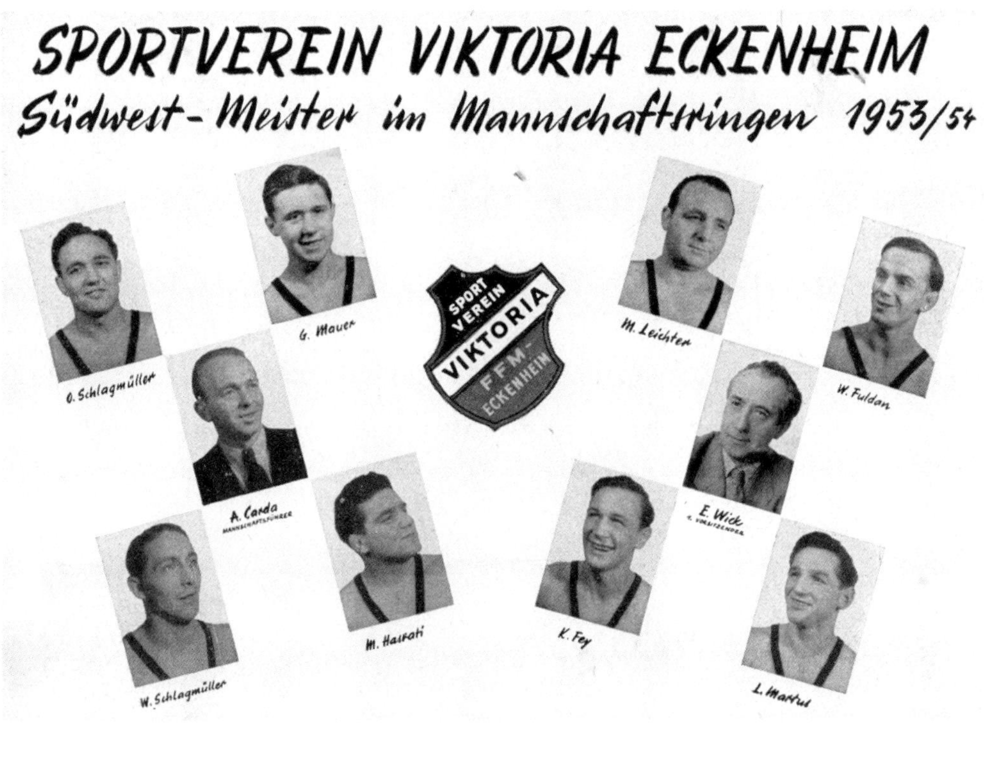

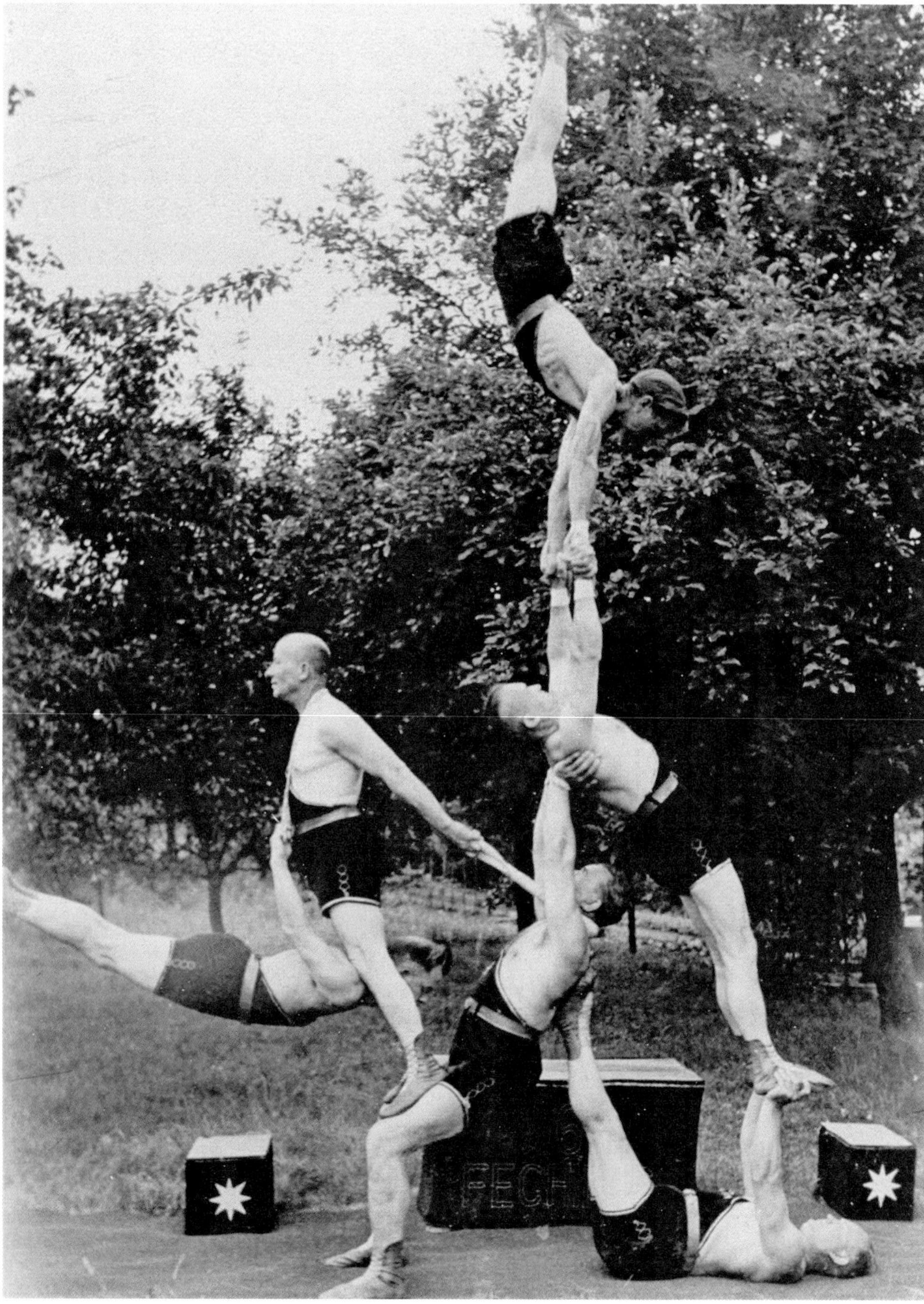

Die sechs „Fechinis" vom TV 1860 Fechenheim, die 1949 und 1950 deutsche Kunstkraftsportmeister wurden. Wenn sie von ihren erfolgreichen Auftritten zurückkehrten, wurden sie in Fechenheim oft von der Musikkapelle „Vorwärts" empfangen.

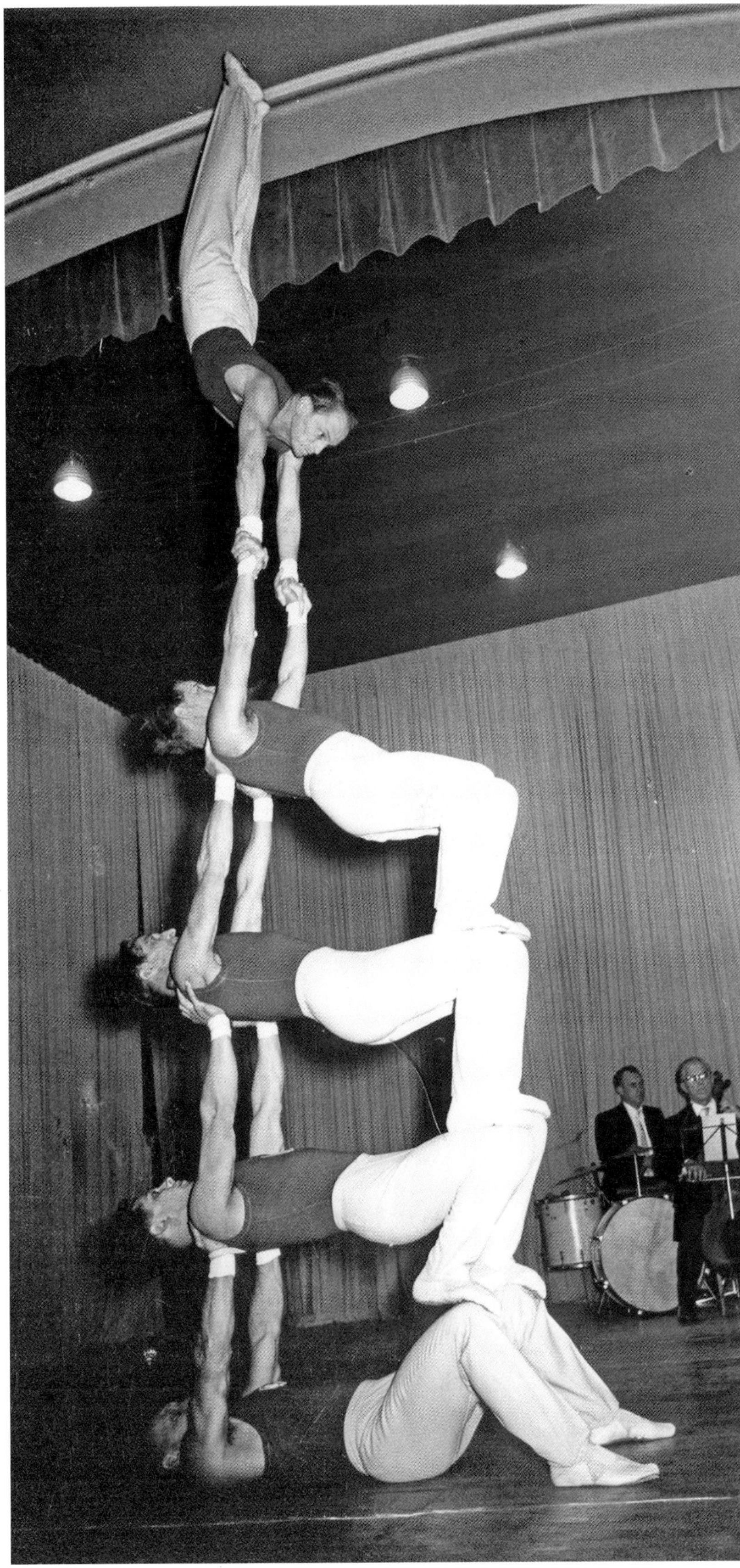

Was die „Fechinis" für Fechenheim, sind die „Niedelis" für Nied, hier Anfang 1952. Mit sechs deutschen Meisterschaften in den 1940er- und 50er-Jahren gehörten sie zu den erfolgreichsten deutschen Amateursportakrobaten. Die SG 1877 Nied war damals eine der ersten Adressen im deutschen Kunstkraftsport.

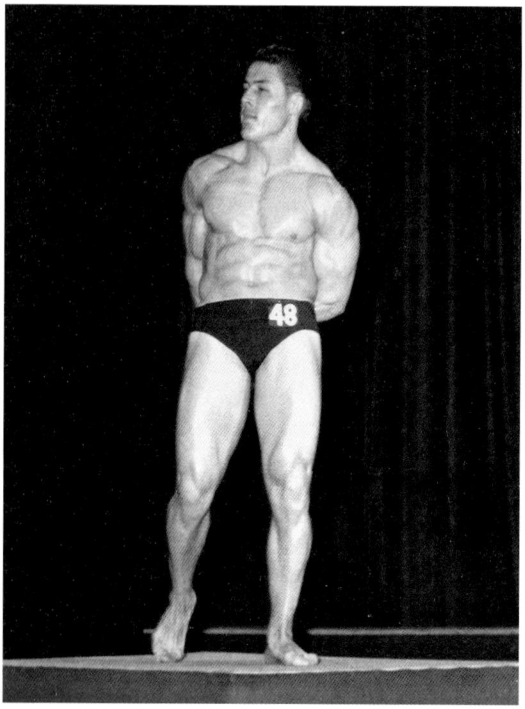

Georg Schipper war mit 15 Hessenmeisterschaften nicht nur einer der erfolgreichsten Gewichtheber des Athletik-Sportvereins Griesheim, sondern wurde auch 1961 in München zum Sieger der deutschen Bodybuilding-Meisterschaft und damit zum „Mister Germany“ gekürt. Bei den deutschen Kraftdreikampfmeisterschaften 1967 in München bezwang er den 19-jährigen Arnold Schwarzenegger.

Die Mitglieder des Boxclubs „Heros“ vor ihrem Vereinslokal in Fechenheim. Die Aufnahme muss bis 1923 entstanden sein, denn in diesem Jahr schloss sich „Heros“ dem Turnverein 1860 Fechenheim als Boxabteilung an. ▾

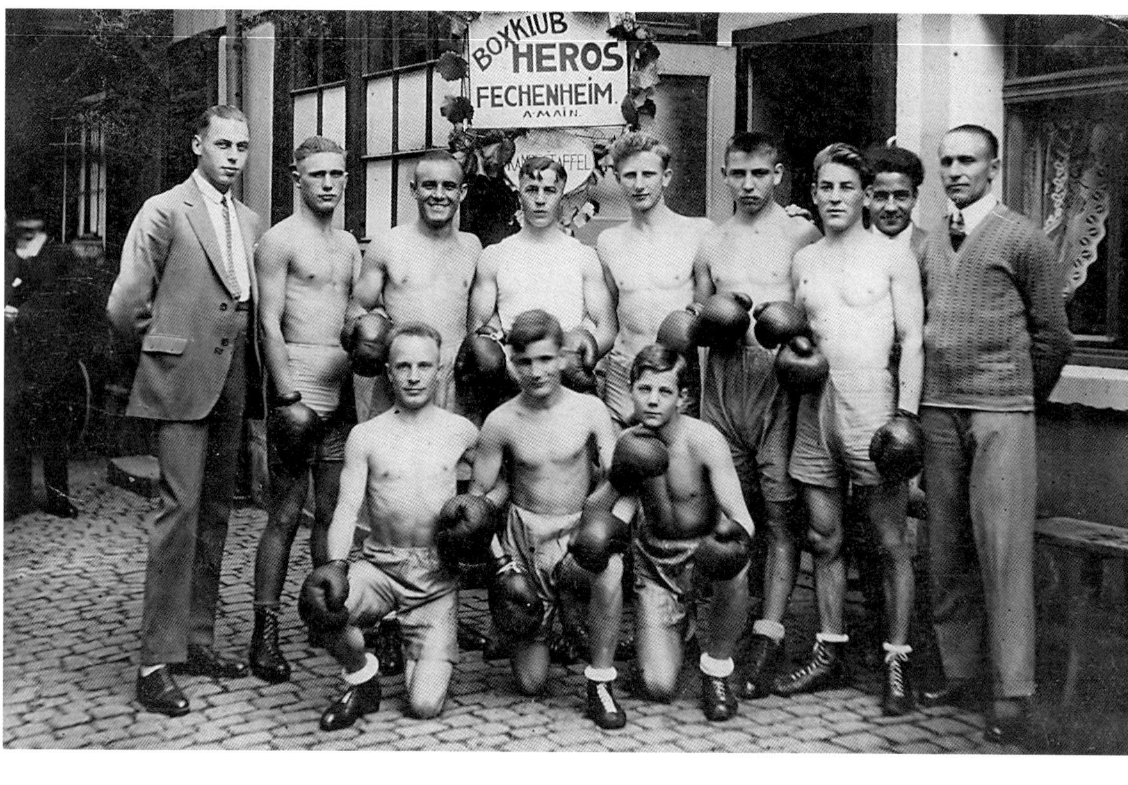

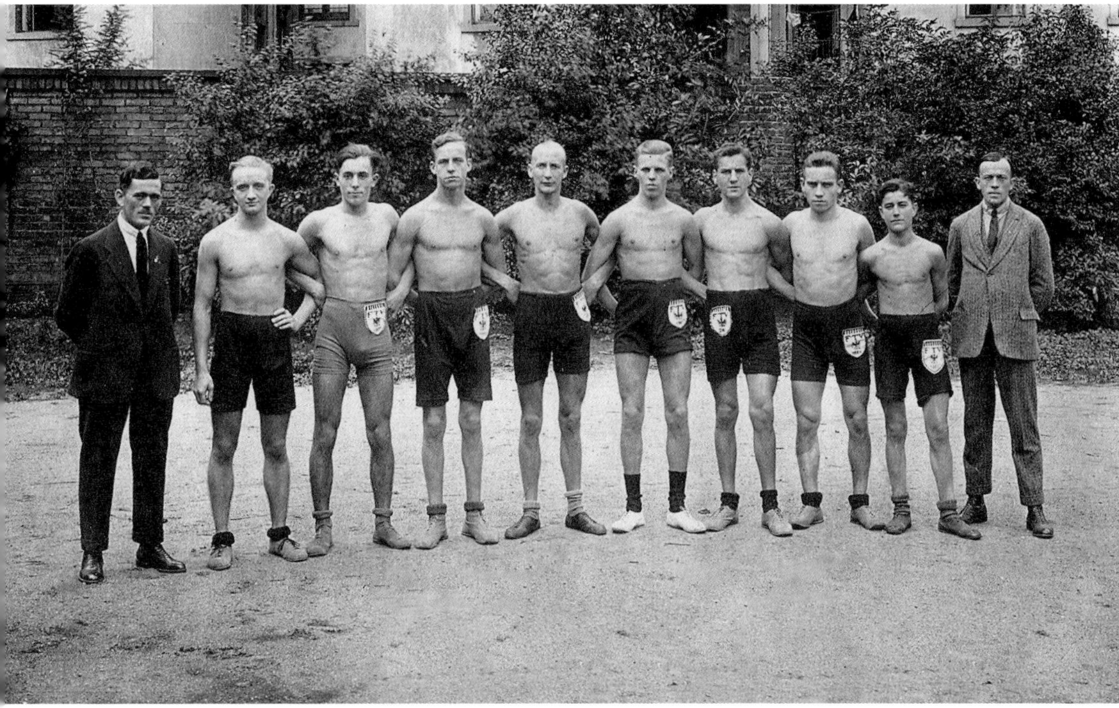

Die Kampfmannschaft der Boxabteilung des Frankfurter Turnvereins 1860 im Jahr 1922. ▲

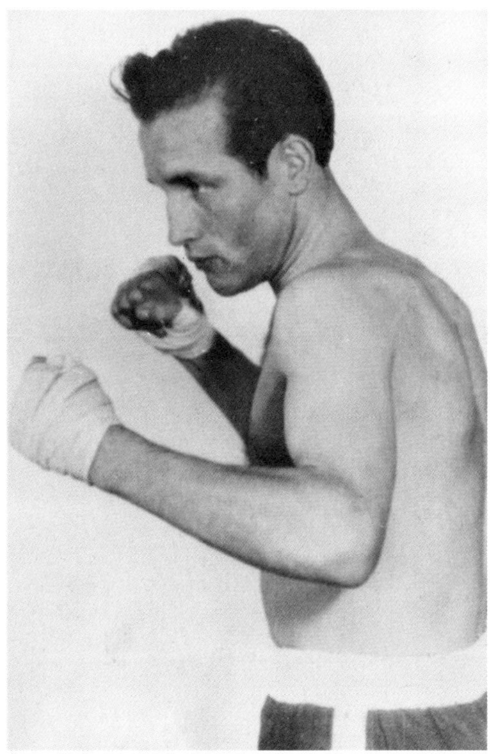

Manfred Wegner, genannt „Rocky von Niederrad", 1955. Wegner begann mit dem Boxen bei Eintracht Frankfurt. Später wurde er Boxtrainer in Niederrad. Daneben trainierte er die Frauenmannschaft von Union Niederrad und machte sich um den Frauenfußball verdient.

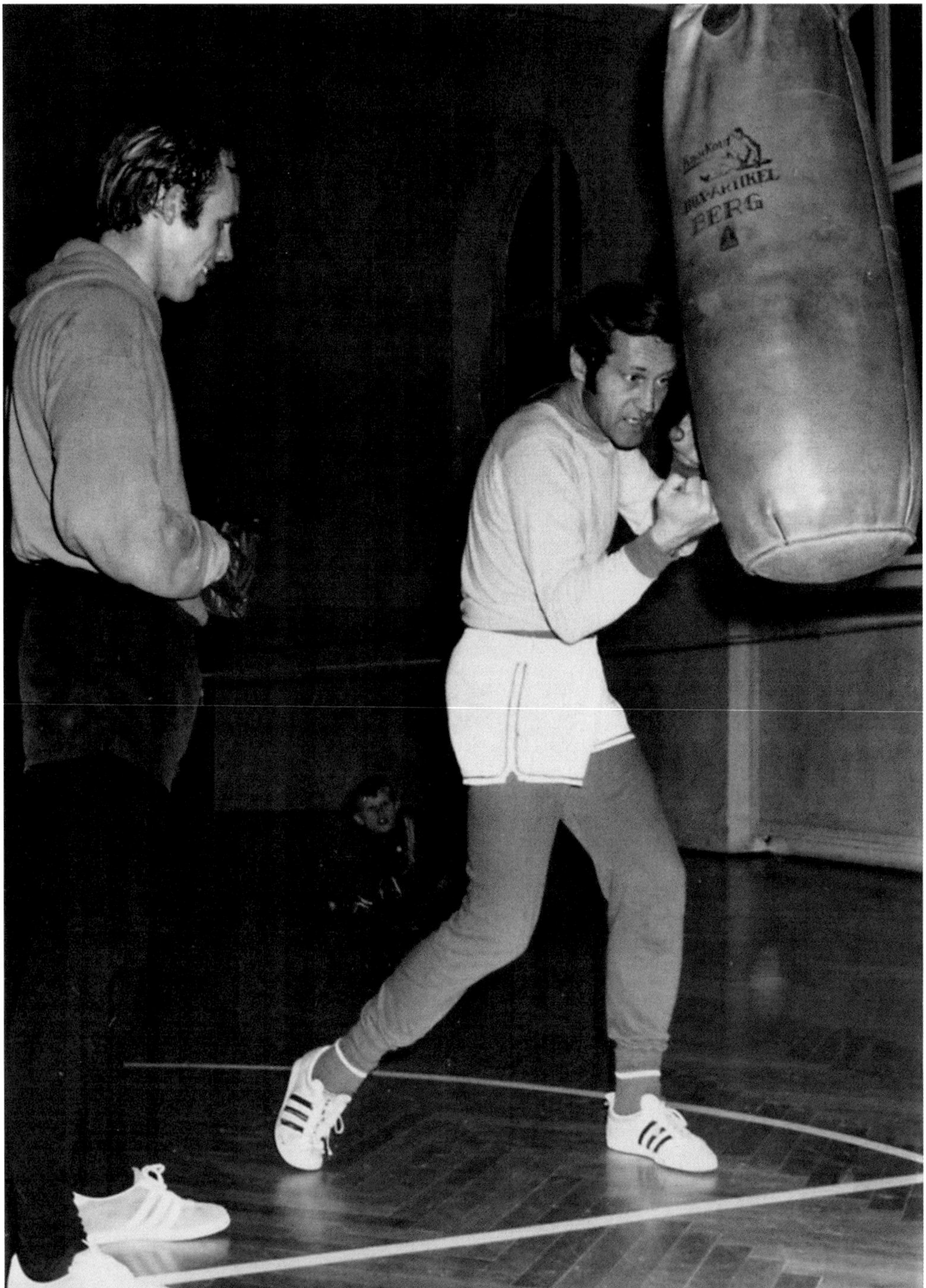

Boxtraining bei Eintracht Frankfurt in der Klingerschule, um 1970. Am Sandsack Trainer Waschke. (Foto S. Weißenberger, Frankfurt)

9

So sehen Sieger und Siegerinnen aus

Nichts ist vergänglicher als der Ruhm. Nur noch wenige Namen Frankfurter Sportler und Sportlerinnen aus der Zeit vor 1970 haben sich im Gedächtnis der Frankfurter und Frankfurterinnen festgesetzt. An die Olympiasiegerin von 1936 im Speerwerfen, Tilly Fleischer, an Armin Hary, den Weltrekordhalter im 100-Meter-Lauf, die Fußballer Richard Herrmann vom FSV Frankfurt und Alfred Pfaff von Eintracht Frankfurt, die 1954 bei der WM in der Schweiz zum Einsatz kamen, oder an Marika Kilius, die zweimalige Weltmeisterin im Eiskunstlauf, werden sich die Älteren vielleicht noch erinnern.

Die zahlreichen anderen Sieger und Siegerinnen in Sportarten, die nicht ganz so im Fokus des Interesses standen, sind längst in Vergessenheit geraten, darunter viele Welt-, Europa- oder deutsche Meister und Meisterinnen im Turnen, Handball, Schlagball, Hockey, Tennis, Fechten, Rudern, Schwimmen, Radsport etc. Sie alle aufzulisten, ist nahezu unmöglich. Nichtsdestoweniger sind ihre Leistungen keineswegs geringer zu bewerten als die der von der Öffentlichkeit gefeierten „Champions".

Der Stolz der Sportler und Sportlerinnen auf das Erreichte ist ihnen anzusehen, wenn sie sich nach den Wettkämpfen den Fotografen stellen. In diesem Moment ist es gleichgültig, ob sie eine Kreis- oder eine Landesmeisterschaft feiern. Idole und Vorbilder sind wichtig für den Sport, doch steht bei der ganz überwiegenden Zahl der Turn- und Sportvereine der Breitensport im Mittelpunkt. Das olympische Motto „Dabeisein ist alles" steht hier über allem.

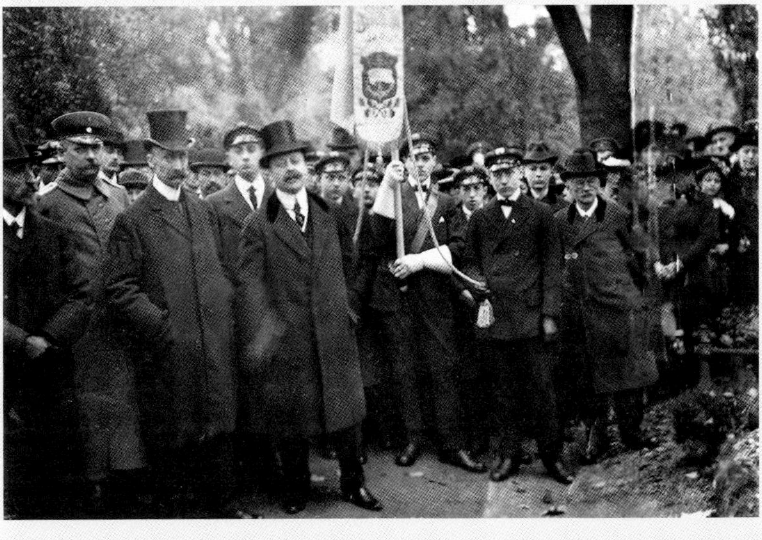

1918 enthüllte die Rudergesellschaft Germania auf dem Frankfurter Hauptfriedhof ein Grabdenkmal für die im Jahr zuvor verstorbene Vereinslegende Achilles Wild. Wild hatte sich in verschiedenen Sportarten versucht, bevor er zum Rudern kam und fünfmal deutscher Meister im Einer wurde.

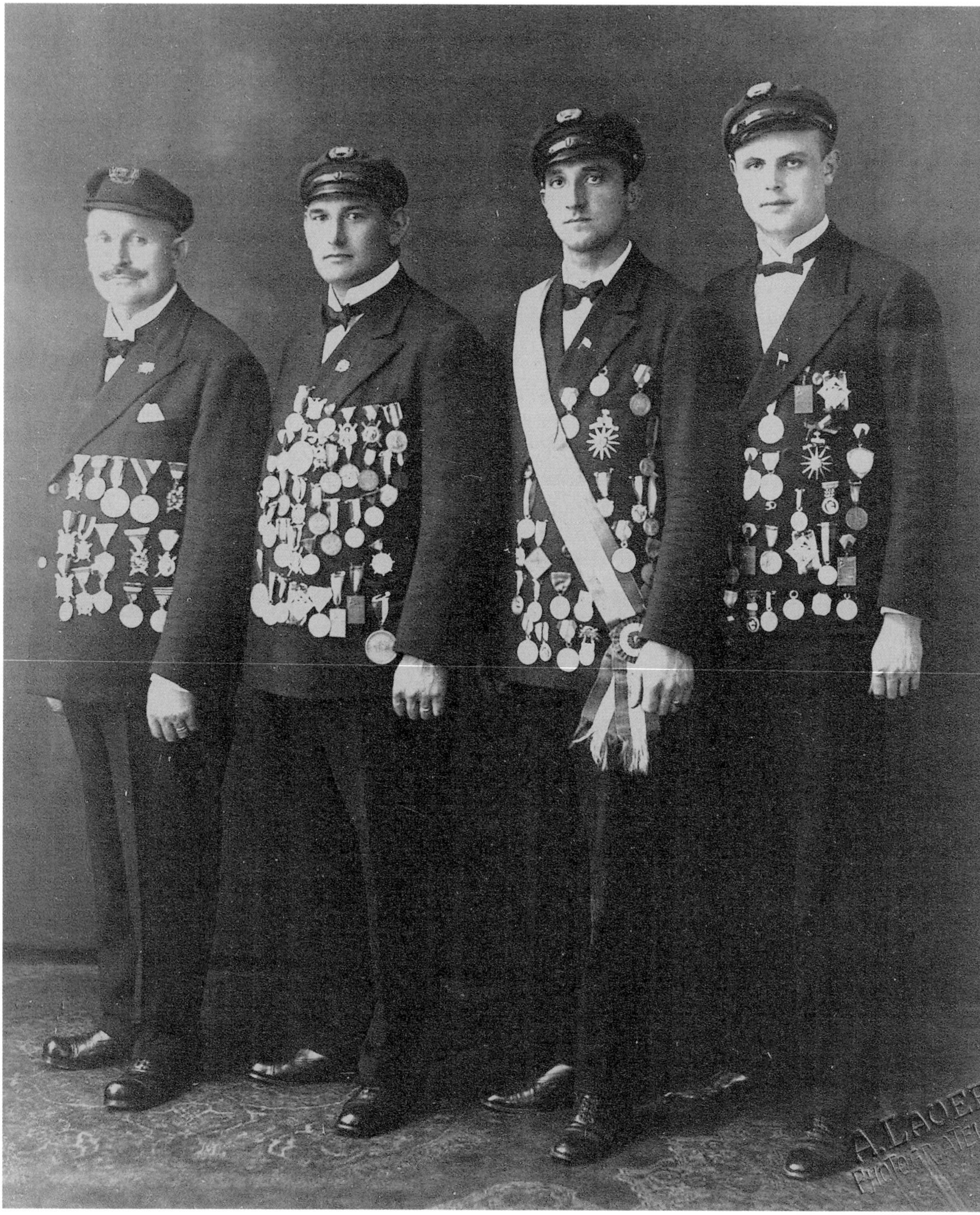

Das erfolgreiche Skuller-Kleeblatt der Frankfurter Ruder-Gesellschaft Oberrad 1879 in den Jahren 1901 bis 1931: von links nach rechts Georg Klee (1901–1903), Jean Borck (1919–1923), Eduard Paul (1928–1931), Jakub Buhl (1926). (Foto A. Lauer, Frankfurt)

Heinrich Müller, genannt Pfeifenmüller, ein erfolgreicher Turner des Turnvereins 1860 Fechenheim. Die vielen Medaillen legen davon beredtes Zeugnis ab. Die Aufnahme entstand Anfang der 1920er-Jahre.

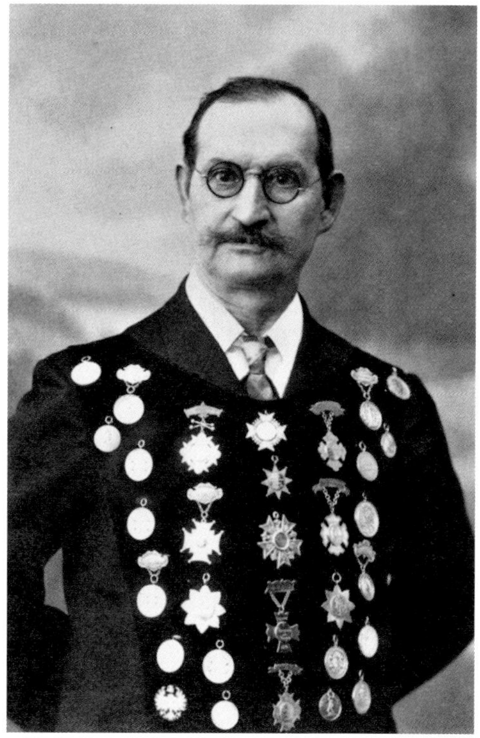

Der Vierer der Frankfurter Ruder-Gesellschaft Oberrad mit Ph. Martin, K. Richter, M. Dietz, Steuermann Ph. Strohecker und H. Krämer (v.l.n.r.) blieb im Jahr 1885 ungeschlagen. ▾

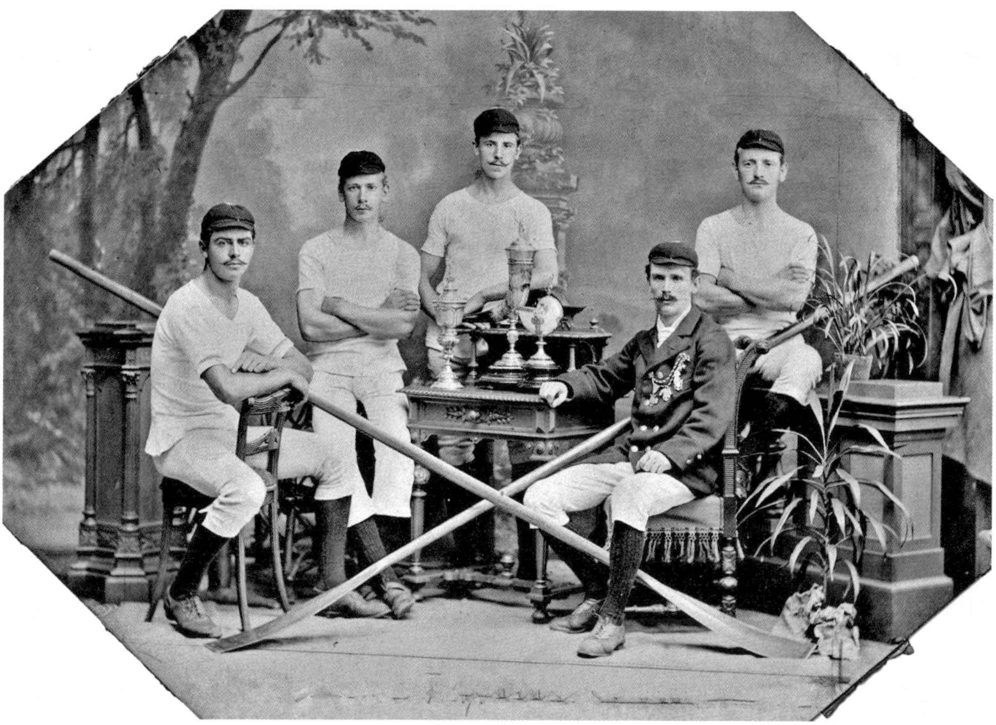

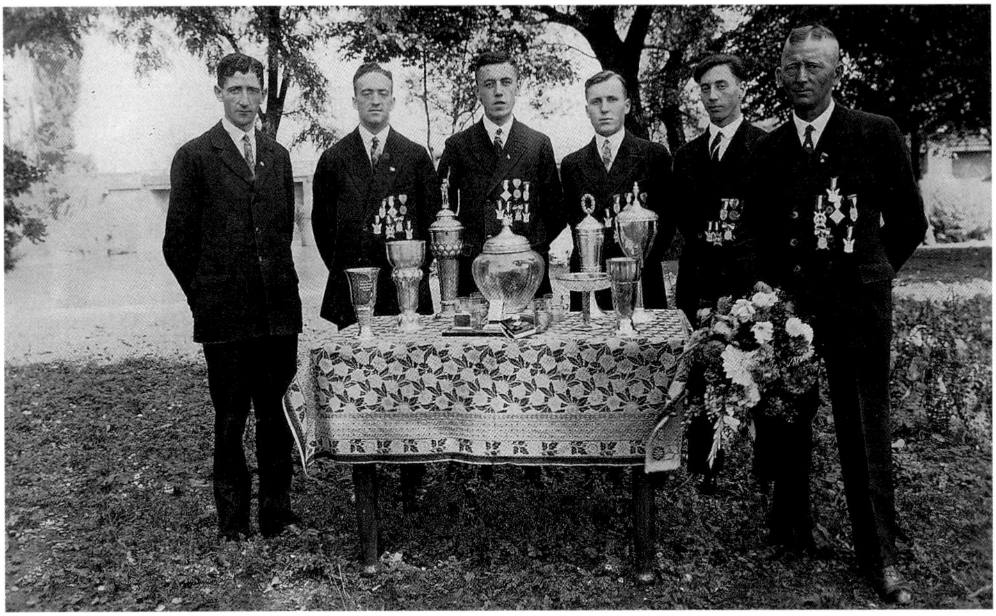

1928 konnte der Vierer der Frankfurter Rudergesellschaft Nied in der Besetzung (v.r.n.l.) August Reinecke (Steuermann), Lorenz Betz, Alfred Hahner, Karl Struth und Andreas Thorwarth zahlreiche Siege einfahren. Davon zeugen die Pokale, vor denen sich die Ruderer mit Trainer Jakob Hässler aufgestellt haben.

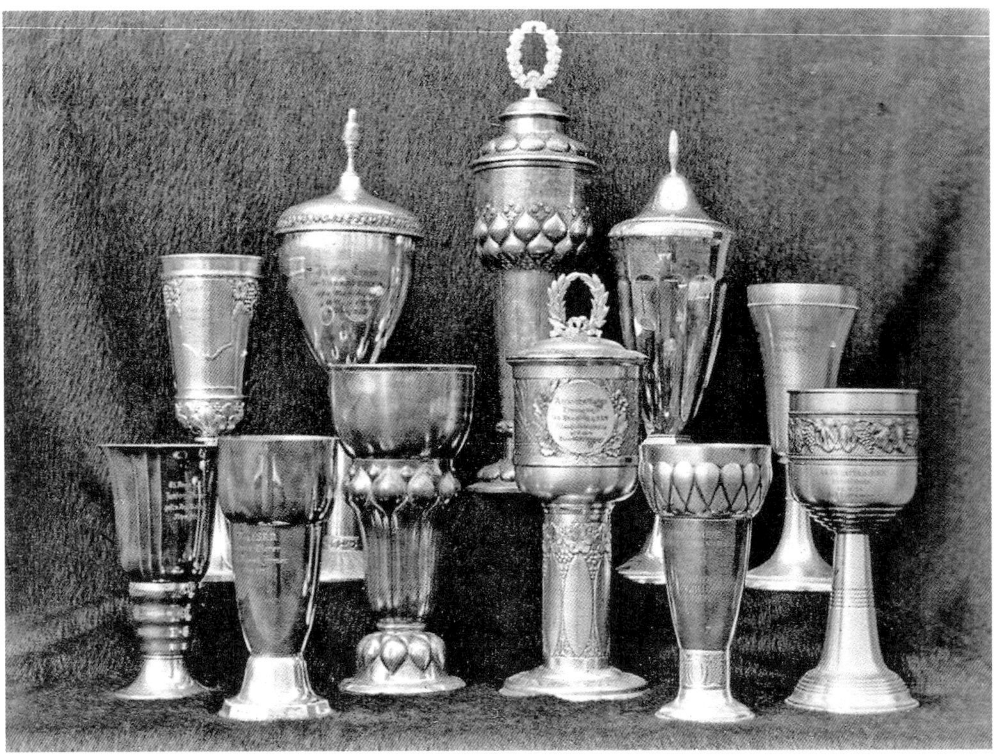

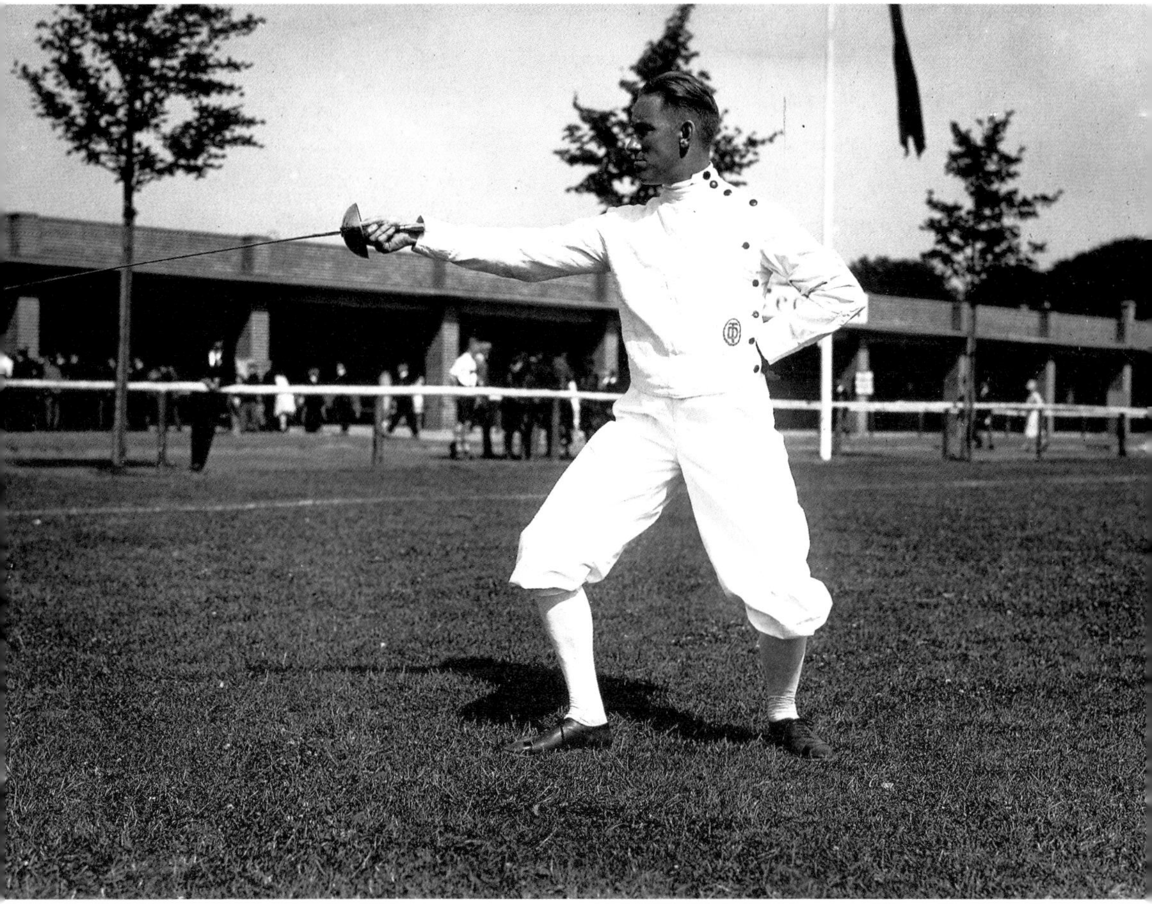

Dr. Wilhelm Schöndube bei den Fechtmeisterschaften der Deutschen Turnerschaft 1928 in Köln, wo er den Degenwettbewerb gewann. Schöndube war in Frankfurt als medizinischer Direktor des St.-Markus-Krankenhauses und erster Direktor der Senckenbergischen Naturforschenden Gesellschaft eine angesehene Persönlichkeit. Bei der Fusion der Frankfurter Turngemeinde von 1861 mit dem FFV zur Turn- und Sportgemeinde Eintracht im Jahr 1920 war er erster Präsident des neuen Großvereins geworden.

◂ Anlässlich des bevorstehenden Geburtstags Hitlers hat Hermann Göring am 27. März 1940 einen Aufruf zur Metallspende erlassen. Bunt- und Edelmetall wurde dringend für die Rüstung benötigt. Bevor die Rudergesellschaft Nied ihre Pokale 1941 für die Metallspende opferte, ließ sie sie noch einmal fotografieren.

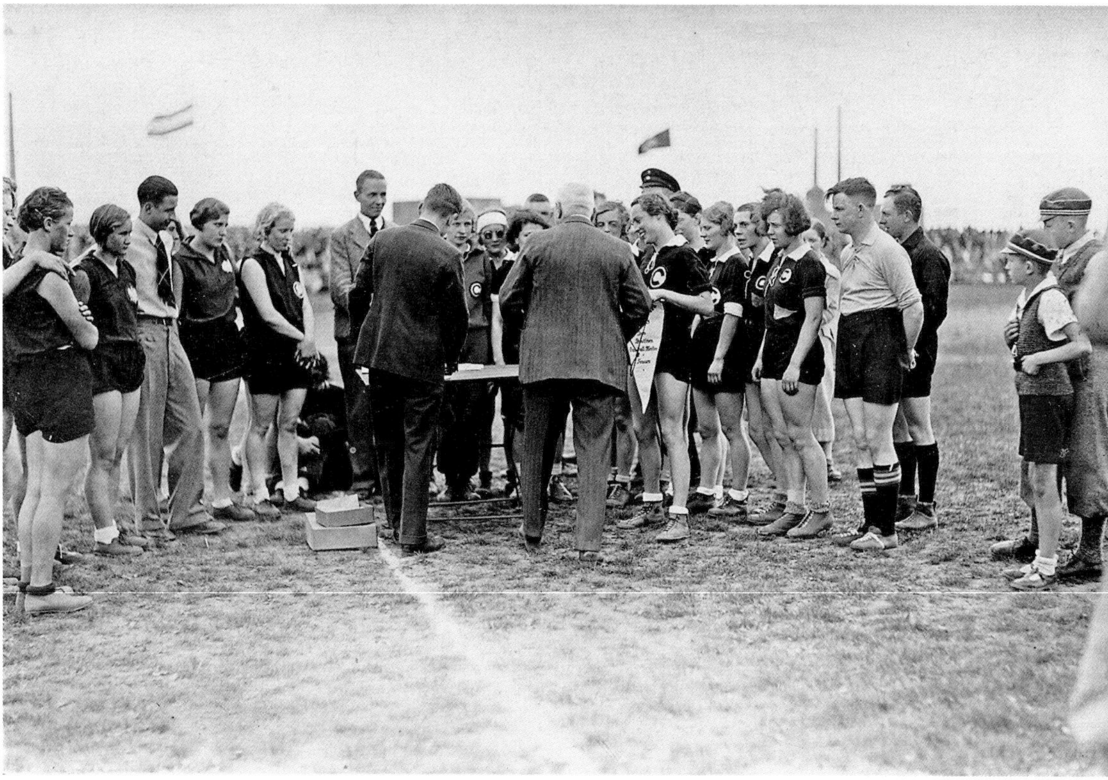

Überreichung der Urkunden nach dem Endspiel um die deutsche Meisterschaft im Feldhandball der Damen 1933. Links die unterlegenen Spielerinnen von Eintracht Frankfurt, rechts die siegreiche Mannschaft des SC Charlottenburg. Zehn Jahre später holten die Eintracht-Handballerinnen dann doch noch die deutsche Meisterschaft.

Karl Eyerkaufer vom FSV Frankfurt (links), der spätere Landrat des Main-Kinzig-Kreises, gewann am 14. Oktober 1962 beim Leichtathletik-Länderkampf Deutschland – Polen im Frankfurter Waldstadion den 1.500-Meter-Lauf. Der Vizeeuropameister Witold Baran aus Polen musste sich geschlagen geben. ▸

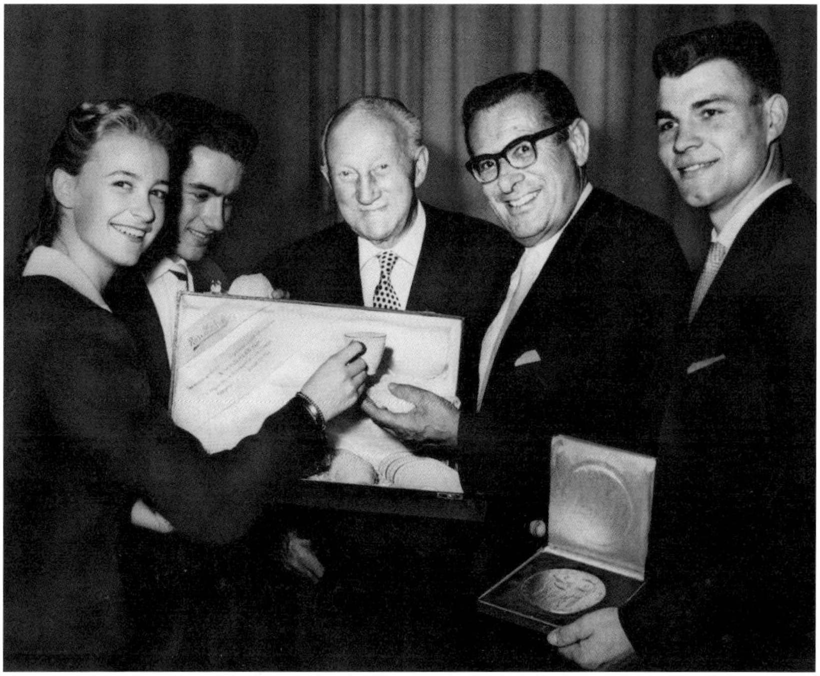

Jedes Jahr ehrt die Stadt Frankfurt ihre erfolgreichsten Sportler und Sportlerinnen. 1960 sind dies Marika Kilius und Hans-Jürgen Bäumler, die in Garmisch-Partenkirchen die Weltmeisterschaft im Eiskunst-Paarlauf gewonnen haben, und Helmut Herz vom Frankfurter Kanu-Verein, der in Prag die Weltmeisterschaften im 4x500-Meter-Kajakwettbewerb gewonnen hat. Links neben Herz der Frankfurter Oberbürgermeister Werner Bockelmann.

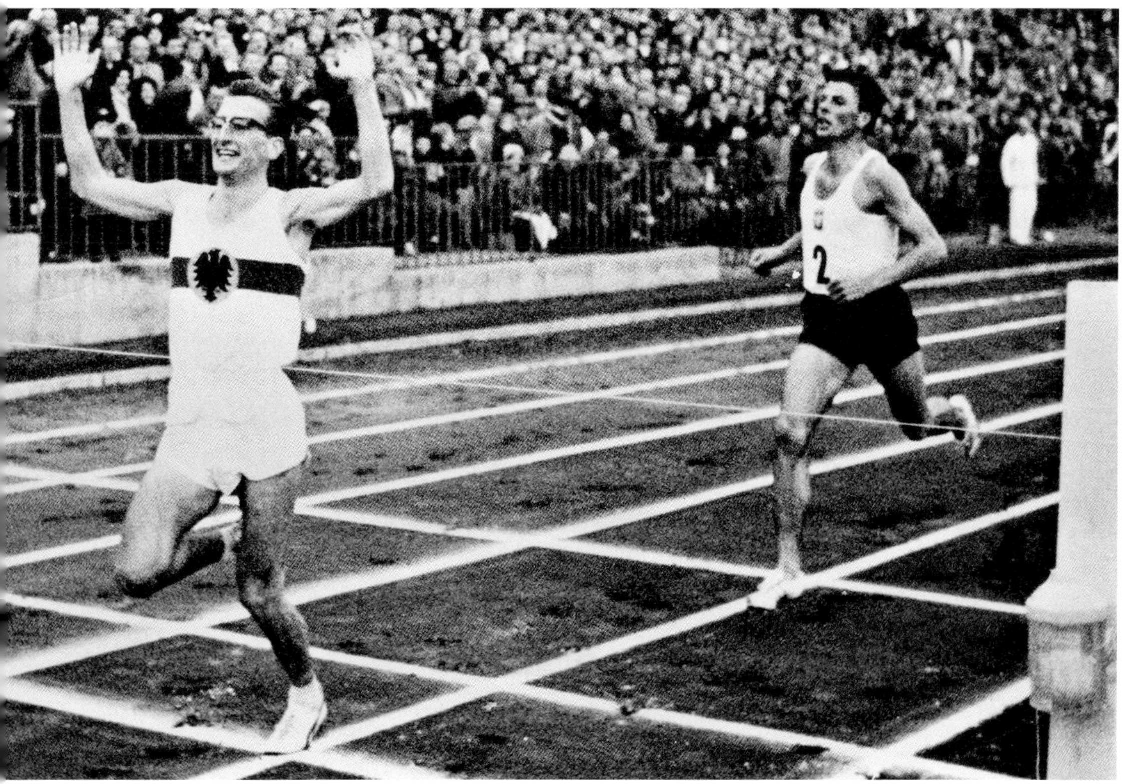

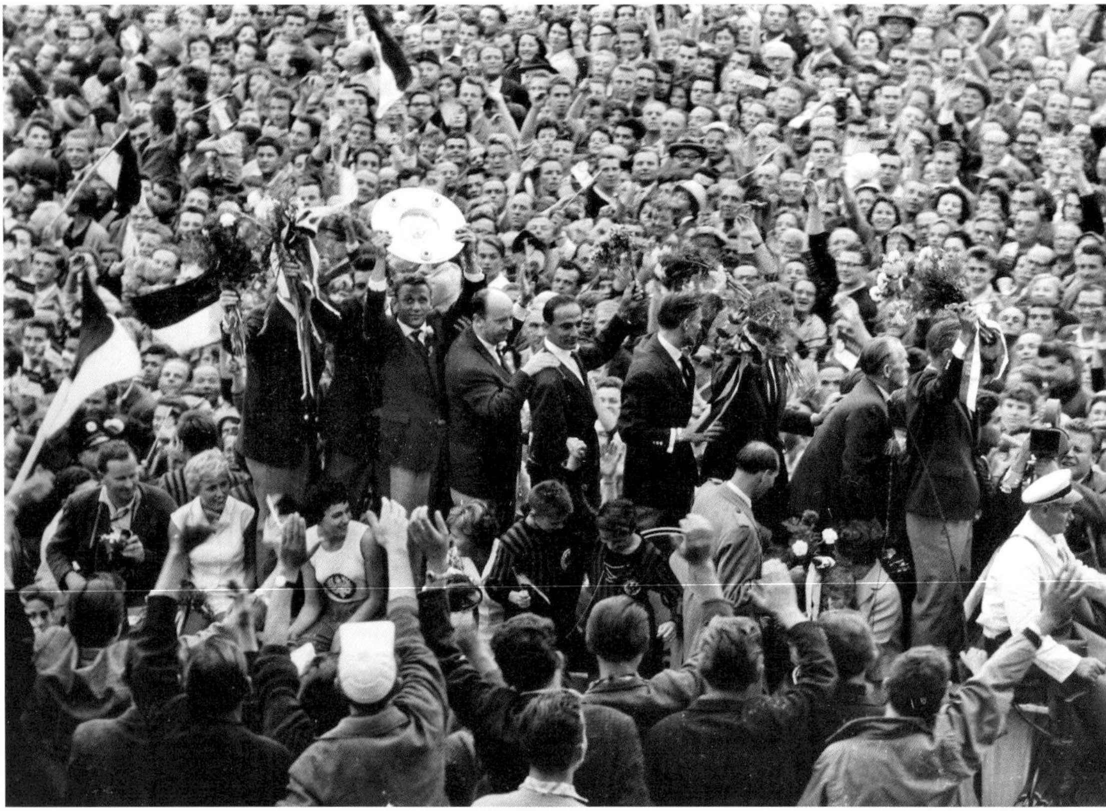

Nach dem Gewinn der deutschen Fußballmeisterschaft im Endspiel gegen Kickers Offenbach (5:3 n.V.) am 28. Juni 1959 in Berlin bereiteten die Frankfurter Fußballfans der Mannschaft einen triumphalen Empfang.

Bei der Regatta in Nied 1962 errang der Vierer des Frauen-Rudervereins „Freiweg" den 100. Sieg der Vereinsgeschichte. Im Boot sitzen (v.l.) Ingrid Dahlke, Marlis Wagner, Ruth Reich, Isa Trampert und Steuerfrau Gudrun Kramer. Im Hintergrund ist der Turm der Kirche St. Mauritius in Schwanheim zu sehen. ▸

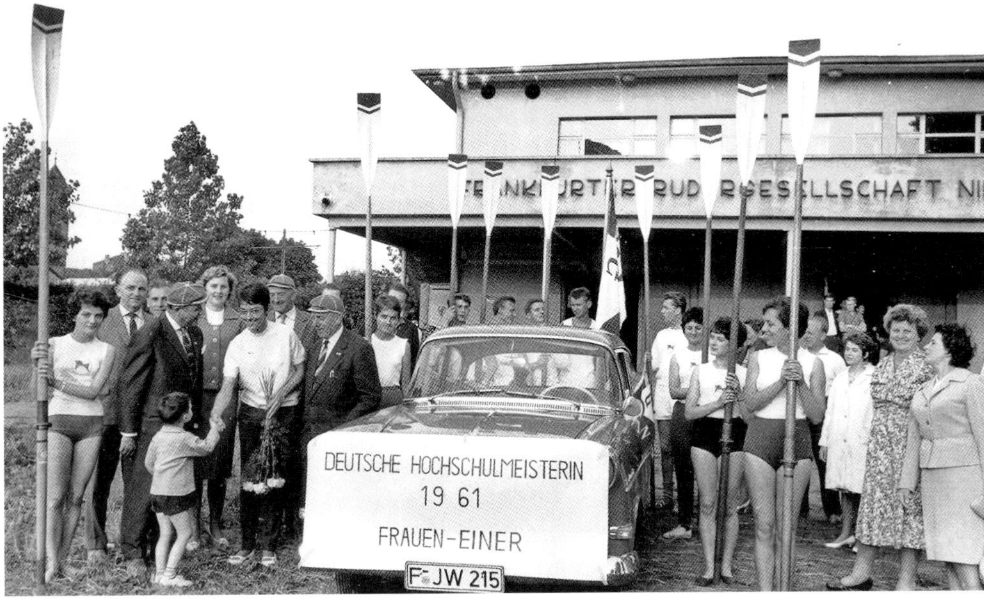

Herma Hessemer wurde bei den deutschen Hochschulrudermeisterschaften am 24. Juni 1961 in Berlin-Gatow deutsche Meisterin im Frauen-Einer. Nach ihrer Rückkehr bereitete ihr ihr Verein, die Rudergesellschaft Nied, am Bootshaus einen triumphalen Empfang. Rechts neben der frischgebackenen deutschen Meisterin ihr Trainer Gustav Klein, links Vereinsvorsitzender Walter Stanger.

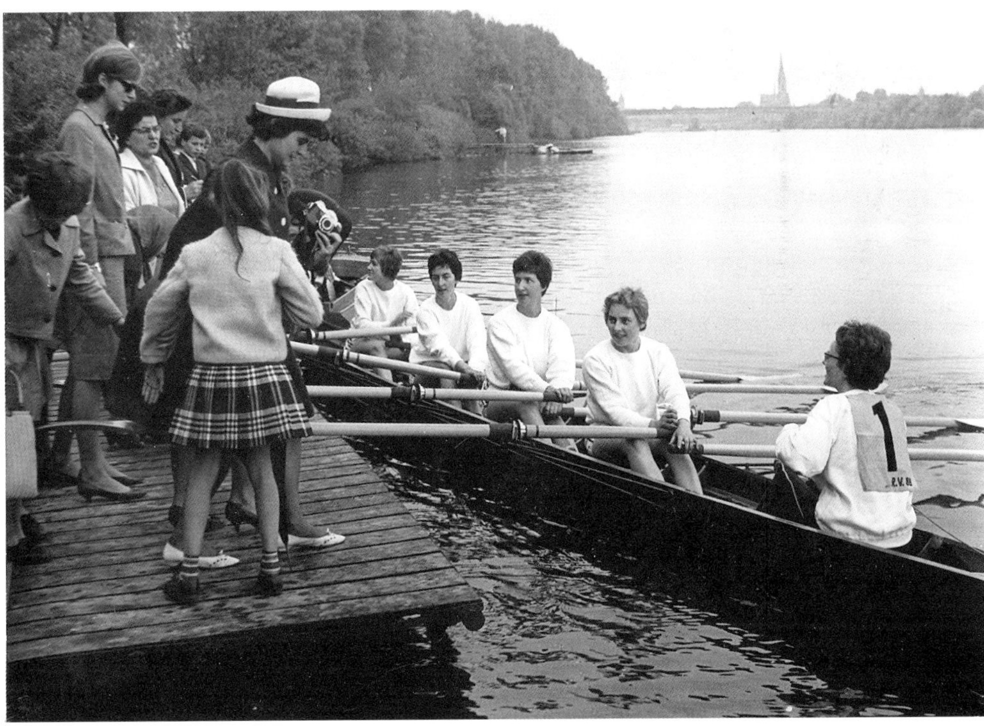

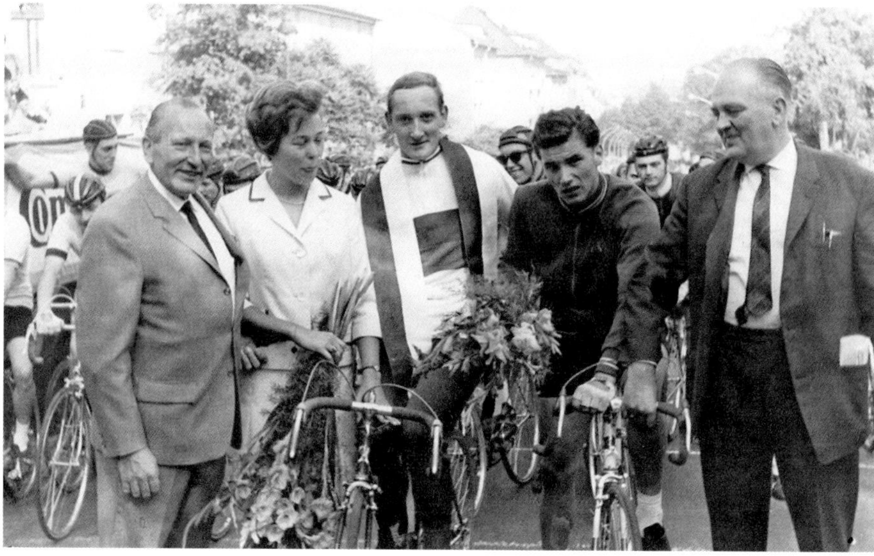

Jugendstraßenradrennen am 23. August 1964 über 24 Kilometer um den Großen Pepsi-Cola-Preis. In Sachsenhausen werden der Sieger Otto Bennewitz vom Radfahrverein Adler Frankfurt und der Zweitplatzierte Pustoslemscheck vom Radfahrverein Edelweiß 02 Frankfurt beglückwünscht.

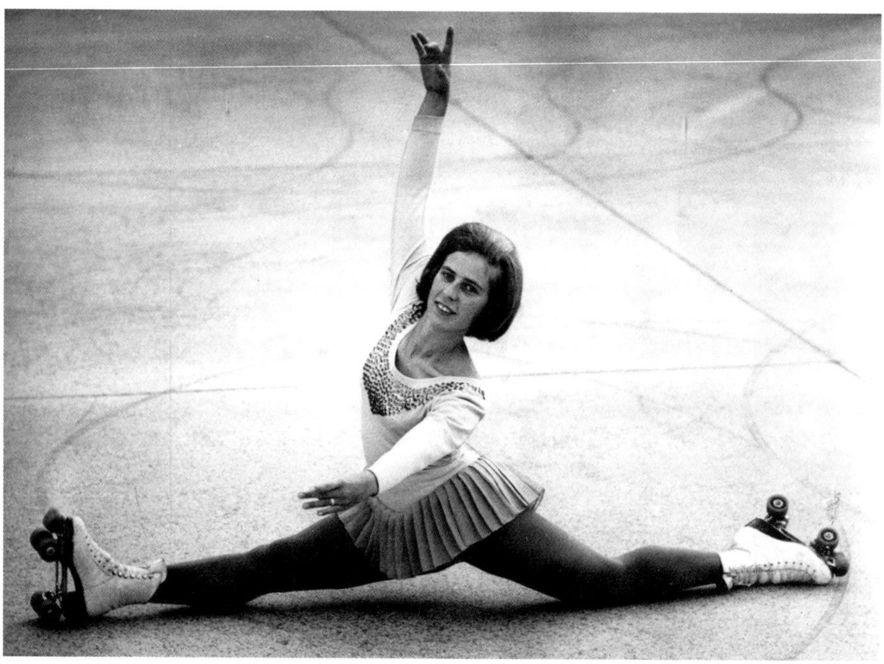

Die 20-jährige Christine Kreutzfeldt von der TG Rödelheim bei den Weltmeisterschaften im Rollschuh-Kunstlauf 1966, bei denen sie die Bronzemedaille gewann. Vier Jahre später gewann sie bei den Weltmeisterschaften in Lincoln, Nebraska, die Goldmedaille. (Foto Mehrens, Frankfurt)

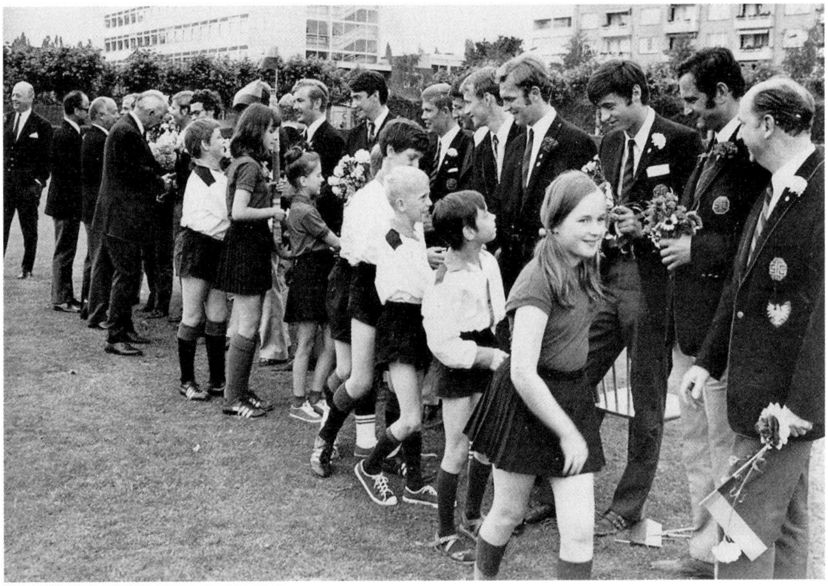

Die Hockeymannschaft des SC 1880 wurde in der Saison 1968/69 deutscher Feldhockeymeister. Fans und Vereinsmitglieder empfangen sie auf der Sportanlage an der Adickesallee, ganz links Vereinspräsident Fritz Dietz.

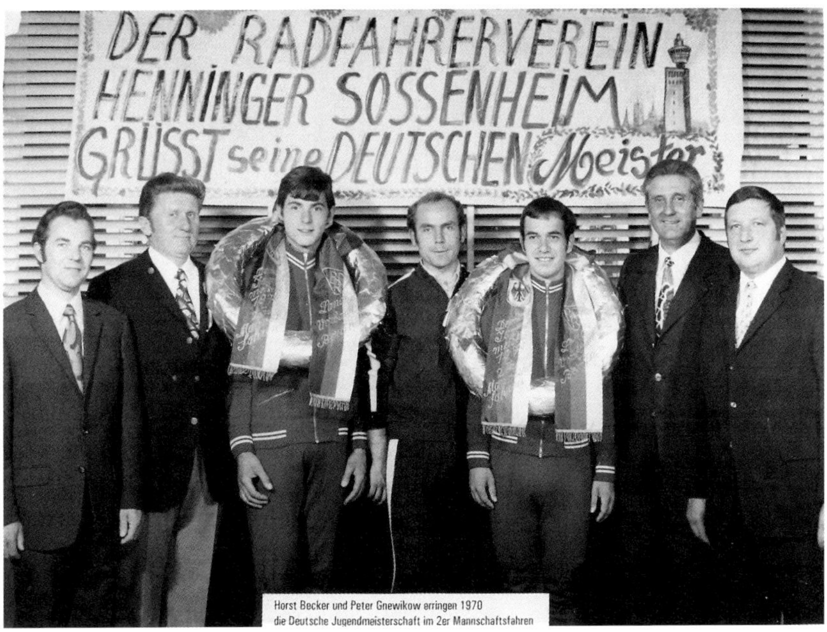

Die beiden 18-jährigen Radsportler Horst Becker und Peter Gnewikow sicherten sich 1970 bei den deutschen Jugendmeisterschaften in Berlin den Titel im Zweier-Mannschaftsfahren. Ihr Verein, der RV Sossenheim 1895, bereitet ihnen einen herzlichen Empfang. Zweiter von links Edwin Moos, Zweiter von rechts sein Bruder Hermann Moos, die zusammen das Rennen „Rund um den Henninger-Turm" initiiert haben.

Bildnachweis

1. Frankfurter Schwimmclub von 1891: S. 2, 64 o, 65 u, 70, 71, 72 o, 97; 1. Radfahrer-Club 1903 Bergen: S. 87, 89 u, 95 o; Archiv der Frankfurter Messe GmbH: S. 91 u, 92, 93 o, 93 u, 94 o; Athletik-Sportverein Griesheim 1900: S. 100 o, 100 u; Bezirksverein Niederrad: S. 46 u; DJK Schwarz-Weiß Griesheim 1921: S. 39 o, 54, 69 o; Eintracht Frankfurt Museum: Einband vorn, Vorsatz, S. 12, 15 u, 17, 18 u, 40 o, 40 u, 49 o, 52, 53 o, 55, 57, 58 o, 58 u, 59, 60, 61, 62, 74 o, 84, 96, 101, 103 u, 107 u, 108, 113, 114, 115 u, 116, 118 u, Nachsatz, Einband hinten; Evonik Industries AG, Konzernarchiv, Hanau: S. 54 o, 56 u; FC Union Niederrad: S. 50 u; FFC Olympia 07: S. 49 u; Förderkreis Historisches Bornheim: S. 41, 44/45, 48 o; Frankfurter Kanu-Verein 1913: S. 27 o, 32 u; Frankfurter Poloclub 1902: S. 77 o, 77 u; Frankfurter Ruder-Club Griesheim: S. 32 o, 34 o; Frankfurter Rudergesellschaft „Borussia“ 1896: S. 24 o; Frankfurter Rudergesellschaft Nied: S. 25, 27 u, 31 o, 34 u, 112 o, 112 u, 117 o; Frankfurter Rudergesellschaft Oberrad 1879: S. 26, 30, 31 u, 110, 111 u; Frankfurter Ruderverein von 1865: S. 4, 22, 29 o; Frauen-Ruderverein „Freiweg“ Frankfurt von 1927: S. 29 u, 33, 117 u; FTC 1914 Palmengarten: S. 82 o, 82 u, 83 u; Heimat- und Geschichtsverein Fechenheim: S. 11 u, 42 o, 51, 102, 104, 106 u, 111 o; Heimat- und Geschichtsverein Nied: S. 13 u, 66 u, 67 o, 89 o, 105; Hessisches Landesarchiv, Abt. Wiesbaden: S. 115 o; Hessisches Wirtschaftsarchiv Darmstadt: S. 56 o, 68 o, 68 u, 72 u; Höchster Kanuclub Wiking 1921: S. 36; Höchster Schwimmverein 1893: S. 65 o, 67 u, 69 u; Höchster Tennis- und Hockey-Club 1886: S. 81 o, 81 u; https://commons.wikimedia.org/wiki/Category:Franz_Verheyen: S. 86 u; Institut für Stadtgeschichte Frankfurt am Main: S. IV, 8, 11 o, 15 o, 16 u, 23 o, 23 u, 35, 38, 39 u, 42 u, 47, 48 u, 64 u, 74 u, 75 o, 75 u, 78 o, 78 u, 79 o, 79 u, 80 o, 83 o, 98 o, 98 u, 107 o, 109; Nachlass Harry Gelbfarb: S. 106 o; Polizeisportverein Grünweiß Frankfurt: S. 53; Radsportclub Mars-Rotweiss 02: S. 88, 90, 94 u, 118 o; Radsportverein Nassovia Wanderlust 1896: S. 91 o, 95 u; Renn-Klub Frankfurt/Pro Rennbahn: S. 76 o, 76 u; RV Sossenheim 1895: S. 86 o, 119 u; Sammlung Buck, Archiv Hessischer Ruderverband: S. 24 u; Sammlung Dr. Othmar Hermann: S. 13 u, 43, 46 o, 50 o; Sammlung Jan Krug: S. 119 o; Sammlung Paul Schmidt, Frankfurt a.M.: S. 5, 28; SC SAFO Frankfurt: S. 80 u; Turnerschaft 1856 Griesheim: S. 16 o, 20 u; Turngemeinde Bornheim 1860: S. 66 o; Turngesellschaft Bornheim 1879: S. 18 o; TV Eschersheim 1895: S. 10, 13 o, 14 o, 19, 103 o; TV 1882 Harheim: S. 20 o.

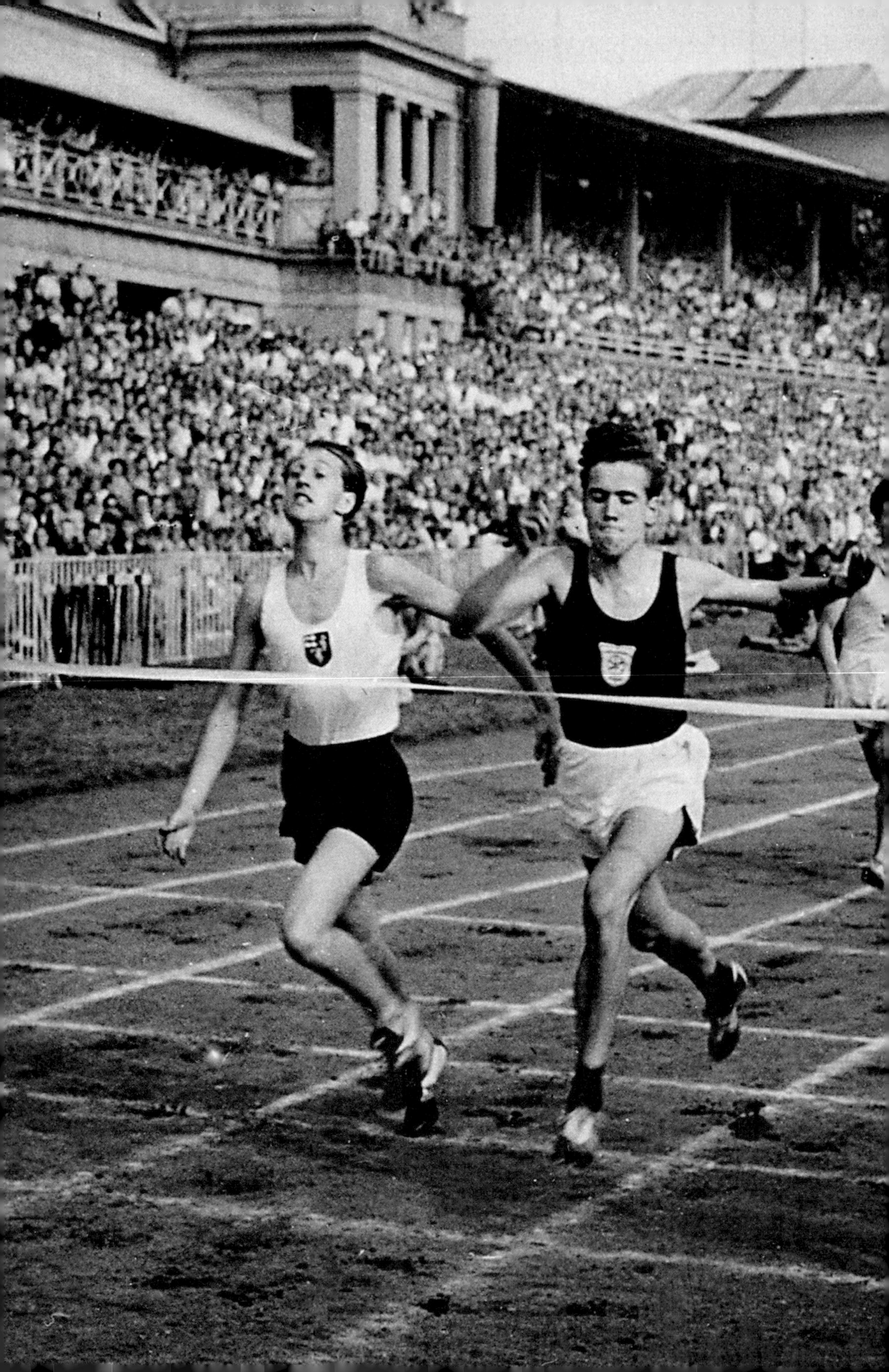